U0695200

鼎鐫金陵三元合評選

戰國策孤白

王宇 等 點校

〔明〕湯賓尹 精選
〔明〕朱之蕃 詳注
〔明〕龔三益 撧評

長江出版傳媒
崇文書局

圖書在版編目（CIP）數據

鼎鐫金陵三元合評選戰國策狐白／（明）湯賓尹精遴；
（明）朱之蕃詳注；（明）龔三益撼評；王宇等點校．——
武漢：崇文書局，2021.12
　ISBN 978-7-5403-6619-3

　Ⅰ．①鼎… Ⅱ．①湯… ②朱… ③龔… ④王… Ⅲ．
①中國歷史－戰國時代－史籍 Ⅳ．① K231.04

中國版本圖書館 CIP 數據核字（2022）第 006681 號

責任編輯　陳金鑫　張雲芳
封面設計　甘淑媛
責任校對　董　穎
責任印製　李佳超

鼎鐫金陵三元合評選戰國策狐白
DINGJUAN JINLING SANYUAN HEPINGXUAN ZHANGUOCE HUBAI

出版發行　長江出版傳媒｜崇文書局
地　　址　武漢市雄楚大街 268 號 C 座 11 層
電　　話　(027)87677133　郵　編　430070
印　　刷　武漢市金港彩印有限公司
開　　本　710 mm×1000 mm　1/16
印　　張　15
字　　數　215 千
版　　次　2021 年 12 月第 1 版
印　　次　2021 年 12 月第 1 次印刷
定　　價　68.00 元

（如發現印裝品質問題，影響閱讀，由本社負責調換）

　　本作品之出版權（含電子版權）、發行權、改編權、翻譯權等著作權以及本作品裝幀設計的著作權均受我國著作權法及有關國際版權公約保護。任何非經我社許可的仿製、改編、轉載、印刷、銷售、傳播之行爲，我社將追究其法律責任。

參與人員名單

顧　問	潘德利	朱　凡		
點　校	王　宇	邢春艷	胡永强	
	吳　瑾	郝繼東		
參編人員	王　輝	胡萬德	張若琦	
	劉　菁	李天碩		

前　言

　　《戰國策》是一部記録戰國時期游説之士的言行、策謀的書，因按國别分類，史稱國别體，約成書於戰國末年。該書記事上自智伯滅范氏，下逮秦滅六國，所載史事大多可信，也有淺陋不實之處。書中語言奇巧，内容結構安排獨特，故成爲後世研究歷史和文學的重要參考資料。

一

　　關於《戰國策》的版本與注疏情况。《戰國策》最早形成於西漢末年。劉向奉敕編訂國家藏書，見有《國策》《國事》《短長》《事語》《長書》《修書》等，他認爲這都是關於戰國時期的事情，故彙集並定名爲《戰國策》，删去各書的重複，最後確定爲三十三篇。其書流傳至東漢時，有延篤作《戰國策論》（又稱《戰國策音義》）一卷，開啓了對《戰國策》進行專門研究的先河，但該書久佚，其内容不得而知。此後高誘作《戰國策注》，對此書進行了細緻的研究，成爲史上公認的治《戰國策》第一人。後經魏晋南北朝流傳，由於社會動蕩等原因，此書出現一些散佚和改編的現象。據《隋書·經籍志》記載，此時的《戰國策》題爲二十一卷，雖可看作是劉向編定後較爲完整的本子，但篇卷差異還是存在的。再經唐五代，至北宋時此書已基本看不到有完整的本子了。據《崇文總目》載，《戰國策》“今篇卷亡闕，第二至十、三十一至三闕。又有後漢高誘注本二十卷，今闕第一、第五、第十一至二十，止存八卷”。顯然缺失嚴重，可以看出，這時的《戰國策》出現了兩個系統，劉向校定的三十三篇只剩二十一篇，高誘校注的二十一卷僅存八卷。

北宋時期圖書的散佚，由《戰國策》可見一斑。仁宗時招納賢才，齊聚崇文院校補藏書，曾鞏成爲校補圖書的一員。他在校理史籍時，面對缺損嚴重的《戰國策》，決定重新加以校定。在整理《戰國策》時，他主要使用了三類本子：一是宮中所藏《戰國策》的不完整本，一是各地獻書而來的本子，一是士大夫家藏的本子。三類本子互通有無，互求互校，從而使劉向校定之“《戰國策》三十三篇復完”（曾鞏《戰國策目録序》語）。事實上，曾鞏校定的《戰國策》只是形制上具備了劉向校定本的三十三篇，不致於使劉向校定本出現整篇整卷的散佚，字詞、語句、語段的佚失不可避免。但應該看到曾鞏在《戰國策》的流傳與校補方面所做的貢獻是卓越的。比曾鞏略晚，李格非、王覺、孫朴等又進一步校補了《戰國策》，從而使崇文院所藏《戰國策》成爲北宋時期流傳的最好版本。

南宋初，姚宏又在曾鞏等人工作的基礎之上搜羅爬梳，重加校定，形成續注本。之所以命名爲“續注”，是因爲他的校注是高誘、曾鞏、孫朴等人的續作。《戰國策續注》以曾氏本、孫氏本爲基礎，參照了當時可見的十幾種本子，時下己意，補注和校正達四百八十餘處，使《戰國策》日臻完善。姚氏續注本共有兩種刻本，一爲南宋紹興年間刻，曾被梁溪高姓藏書家收藏，故世稱“梁溪高氏本”；一爲南宋重刻本，曾被梁溪安姓藏書家收藏，故世稱“梁溪安氏本”。姚本成爲沿高注、曾校一路下來的刻本，既保存了高、曾系統的舊貌，又增加了自己校注的內容。與姚宏同時出現的另一個著名版本是鮑彪重定次序的新注本。鮑彪對《戰國策》所做的最大改動是對全書進行重新編次，改劉向、曾鞏編定的三十三篇爲十卷，以西周爲正統，章節排列以時間爲序，因而改編後的《戰國策》兼具國別體和編年體的特色，條理更加清晰。正是由於有如此特色的叙事結構，符合更多人的閱讀習慣，從而廣爲流傳，即使有不少學者對鮑氏的魯莽滅裂多所詬病。

　　元代學者吳師道，以鮑本爲底本，作《戰國策校注》。他參考了之前的各家注本，對鮑注加以校勘，徐下己意，評價頗爲客觀中正。元代至正十五年（1355）首次刊印即爲流行，直到清乾隆年間仍大爲風行。明代刻本大多是《戰國策校注》的重印本，如嘉靖年間的王廷相本、葛鼐本、龔雷本、杜詩本等，萬曆年間的張一鯤本、張文爝本、閔齊伋本等。因此，在元明時期直至清初，以鮑彪注、吳師道校注的鮑、吳系統主導了《戰國策》的流傳，風頭蓋過了高、曾、姚系統。

　　《戰國策》在明代的流傳較有特色。隨著明代的發展，版刻技術有了較大的進步。閔齊伋裁注三色套印本《戰國策》十二卷成爲這一時期極爲著名的刻本。閔齊伋是明代後期吳興著名的出版家，以刊刻精美套印本聞名。該本正文夾注主要採用了高誘、鮑彪、吳師道三家注，頁眉上刻評，朱、藍、墨三色套印，錄有蘇洵、劉辰翁、王鏊、茅坤、楊維禎等諸家評語，既有校注字句的異同，亦有論文章内容、藝術特色。另外，從閔本的表現形態上看，反映了明代在《戰國策》流傳及研究上注重評注這一特色。評注這一形式由來已久，三言兩語，隨心所欲，表達己意。《戰國策》奇崛詼詭的特色，宋明以來義理説解的獨擅，二者相合，倒也成了明代《戰國策》流傳研究最爲亮眼的部分。除閔本外，張文爝所輯《戰國策譚棷》十卷、穆文熙所輯《戰國策評苑》十卷《七雄策纂》八卷、張鼐選輯《鐫侗初張先生評選戰國策雋》四卷、張榜輯《戰國策纂》四卷、陳仁錫編纂《戰國策奇鈔》八卷、鍾人傑輯評《戰國策》十卷、鍾惺訂《戰國策》八卷、戴文光輯《必有齋戰國策選》、蔣謹撰《短長》、王篆輯注《張陸二先生批評戰國策抄》等。以上諸書全部或部分精選《戰國策》文本及前賢時彥評注編纂，各有特色。本書整理所用《鼎鐫金陵三元合評選戰國策狐白》亦在此列。除專書評注外，明代《戰國策》整理研究的另一表現是學者或出版者在其他著述或出版物中大量引用了《戰國策》的文字，並且也有一定的評點，也從一個側面反映了明人對評注這一形式的鍾愛。如鍾惺的《史懷》

十七卷《周文歸》二十卷、唐順之的《文編》六十四卷、馮有翼的《秦漢文鈔》十二卷、歸有光的《文章指南》五卷、陳仁錫的《奇賞齋古文彙編》二百三十六卷等，都不同程度和範圍收錄了《戰國策》的內容，也有一定的評點內容。

明代末期，絳雲樓主人錢謙益發現了宋刻姚本，即梁溪高氏本和安氏本。清乾隆年間盧見曾以陸典貽藏安氏本爲底本，用高氏本過校，刊行了雅雨堂本，從此高、姚系統流行於世。清嘉慶年間黃丕烈以高、姚系統爲底本刊行了士禮居本，又用吳師道《戰國策校注》校勘，成《戰國策劄記》三卷，彙集了宋、元、明、清四朝的主要校勘成果，成爲清後期的最佳版本。至此，《戰國策》兩大版本系統合流，成爲後世刊刻收藏的最佳選擇。

二

本書點校整理的是明代刻本《鼎鑴金陵三元合評選戰國策狐白》（卷二至四書名中"合評選"爲"合選評注"，本書以下簡稱《戰國策狐白》）四卷，藏於瀋陽師範大學圖書館。該書於《中國古籍善本書目》中無載，其他書目亦未見著錄，目前國內外也未見其他存藏，故被列入文化部確定的《第三批國家珍貴古籍名錄》，編號爲 07929。

《戰國策狐白》共四卷，1 冊，25.5cm×14.8cm，兩截板。上欄框爲眉欄，寫批評注語，行 6 字；下欄框爲正文，半頁 10 行，行 20 字，小字雙行同。書白口，單黑魚尾，四周單邊。卷前有書名頁，題曰"十二戰國（橫排小字），國策狐白（豎排大字），余紹崖梓（豎排小字）"，有《刻戰國策狐白序》，序後有《鼎鑴金陵三元合評戰國策狐白目錄》，文中有佚名墨筆圈點。每卷卷端題名"鼎鑴金陵三元合評選戰國策狐白"，卷端書名下鑴"會元霍林湯賓尹精邃，狀元蘭嵎朱之蕃詳注，解元蘭谷龔三益摭評，後學豪卿父林世選彙編，書林自新齋余良木繡梓"。第四卷末有長方形荷葉蓮花牌記，上鐫"萬曆新歲孟秋月自新齋余紹崖梓"。

《戰國策狐白》卷端書名下所鐫信息表明，此書的出版聚集了許多人的力量，"三元"是編撰者，是圖書內容的主要完成者，另外，林世選和自新齋余氏家族爲圖書的彙編和出版起了關鍵作用。下面僅介紹本書的編撰者"三元"。

"會元"湯賓尹（1567—？　），字嘉賓，號睡庵，別號霍林，安徽宣城人。明神宗萬曆二十二年（1594）鄉試中舉，翌年會試第一（會元），殿試第二（榜眼）。授翰林院編修一職，從事誥敕起草、史書編撰、經筵侍講等。任職號稱得體，常受到神宗的獎賞。後晉升爲南京國子監祭酒，掌大學之法與科舉考試。曾三次出任鄉試、會試考官，録取許多當世名士。他好獎掖人才，廣收門徒，見有才能但仕途坎坷者便盡力舉薦。居家孝友，兄弟友善，見兄弟們經濟拮据便慷慨解囊。萬曆三十八年（1610），湯賓尹做會試分校官，爲門生考試一事被上疏彈劾。翌年官府考察京官，湯賓尹被降職外調，後罷官。崇禎初年，有朝廷大臣薦舉起用湯賓尹，可惜未及重用他便離世。一生著述頗豐，據考證有 44 種之多，以《睡庵文集》《宣城右集》《一左集》《再廣曆子品粹》等最爲有名。

"狀元"朱之蕃（1557—1624），字元升，號蘭嵎、定覺主人。祖籍山東聊城荏平縣，後定籍金陵（今南京）。萬曆二十三年（1595）會試後參加殿試，又取得殿試第一（狀元），授翰林院修撰。後歷任左諭德、庶子、少詹事、禮部侍郎、吏部侍郎等職。萬曆三十三年（1605）奉命出使朝鮮，期間做事言行得體，不辱朝廷使命，還朝時拒絶接受饋贈。一些朝鮮雅士仰慕朱狀元的大名，紛紛以貂皮、人參等名貴物品來求朱之蕃的畫與字。朱之蕃將其全部出售，來購買書法作品、名畫名器，一時收藏富甲南都。爲母服喪期滿後，朝廷屢次徵召，他都堅辭不仕。天啓四年（1624）辭世，卒贈禮部尚書。朱之蕃以畫作著稱於世，擅長山水、竹石、花卉，其畫宗米芾、吳鎮。著有《奉使稿》《蘭嵎詩文集》《南還雜著》等。他對後世極有影響，南京至今仍有朱狀元巷。

　　"解元"龔三益（生卒年不詳），字仲友，號蘭谷，江蘇武進人。萬曆二十二年（1594）鄉試第一（解元），二十九年（1601）進士，因才華出衆，入任翰林院庶吉士、左春坊諭德兼侍講、翰林院編修等職。歷任東宮侍講、湖廣參政、順天鄉試主考等職，後因病乞歸。著有《木庵稿》等。

　　《戰國策狐白》是從《戰國策》中精選出一百六十二篇進行評注，釐爲四卷，一卷西周、東周、秦，共三十七篇；二卷齊、楚，共四十三篇；三卷趙、魏，共四十二篇；四卷魏、韓、燕、宋、衛、中山，共四十篇。全書序二頁，目錄十一頁，正文二百三十三頁，共二百四十六頁。上接春秋，下至秦並六國。此書由金陵"三元"合作，遴選、評注、彙編而成，評注出現在兩截版的上欄、正文夾注或篇首、篇尾處，除三人的評注外，還引前人時賢注釋評語八百餘條，引用次數較多的學者如楊慎、陸深、穆文熙、許應元、張洲、鮑彪、田汝成、唐順之、張之象、董份、丘濬、歸有光、茅坤、朱焯等。

　　《戰國策狐白》刻自建陽余氏家族書坊，具體鐫刻者爲余紹崖自新齋，是當時當地名氣最大的出版商，曾引領了明代"建本"的流行。《戰國策狐白》的出現，彌補了存世明刻建本《戰國策》的空白，對研究《戰國策》和建陽版刻發展史極有裨益，也是研究明代人文、政治、民俗的第一手資料。隨着時間的推移，天災人禍的破壞，現存明刻越來越少，"建本"也已極爲罕見，因此，《戰國策狐白》的文獻價值會越來越大。

三

　　關於本書對《戰國策狐白》的整理情況。《戰國策狐白》的整理，主要做了以下工作。一是同通行的《戰國策》進行校勘，我們選取了當下比較常見的版本如《叢書集成初編》《四庫全書》等，同《戰國策狐白》進行文字校勘，如有不同，以脚注的形式標出，供讀者參考。二是全文標點，將《戰國策狐白》全文標點，除正文外，還包括所有出現的評注文字，以利讀者閱讀。三是爲保留原著兩截版的形式，整理本採用左右雙欄的形式展示《戰國策狐白》比較有特色的眉評部分（即上截版），《戰國策狐白》正文、夾注、首章節附注在別一欄（即下截版），保持了原著的風格。

　　本書是全國高校古籍整理委員會項目的成果，是對中國善本古籍原典的追尋、整理、點校、編纂或其編著者的研究，是指原不爲人所知的具體史料實物本身的直接發現、保護與傳承，有極其重要的意義。第一，它是對《戰國策狐白》的保護。面對數字化時代，古籍保護是一項事關中華民族文化的綿延、傳承與發展的重大文化事業，此書重新面世和研究，讓研究者得以瞭解珍稀古籍的風貌。第二，它是《戰國策狐白》的再造傳承。紙質古籍是不可再生資源，《戰國策狐白》爲海内稀見孤本，一直爲瀋陽師範大學圖書館所珍藏，不爲外人所知。通過本次整理，使其化身千百，“繼絕存真，傳本揚學”，將原已湮没的善本爲學界所用，爲全球華人和海外大衆所共用。三是填補《戰國策狐白》研究的空白。本書的整理出版填補了對這一版本歷史研究的空白，爲古籍善本研究提供新的素材，發現拓展研究的視野和領域，同時也糾正一些錯誤。四是本書的整理既能够滿足普通讀者的閱讀需求，也能滿足研究者的深度研究，大大提高了圖書的利用率。

　　本書所用版本及參校情況。本書校點所用底本爲瀋陽師範大學圖書館獨藏善本《戰國策狐白》，《戰國策》原文參校所用版本有：1.《四庫全書》本《戰國策》（漢高誘注，宋姚宏續注，以下簡稱姚本）；2.《四庫全書》本《戰國策》（宋鮑彪注，以下簡稱鮑本）；3.《四庫全書》本《戰國策校注》（宋鮑彪原注，元吴師道補正，以下簡稱吴本）；4.《四部叢刊》初編本《戰國策校注》（宋鮑彪原注，元吴師道補正，以下簡稱《四部叢刊》本）；5.清嘉庆十九年黄丕烈影宋刻《剡川姚氏本戰國策》

（東漢高誘注，宋姚宏續注，以下簡稱黃氏影宋本）。此外，還參考了明代學者的部分《戰國策》評點類著作，如張文爟的《戰國策譚棷》、穆文熙的《戰國策評苑》《七雄策纂》、王篆的《張陸二先生批評戰國策抄》等。儘量客觀公正地描述底本與這些版本和著作的差別，不妄下結論，留給讀者去判斷。但也有個別明顯的錯誤則出注指出，不改原文，保持底本不變，讀者可參照後半部分所附的影印材料進行研究。

　　《戰國策狐白》與諸本及評點本相比勘，自然會發現有某些不同之處。一方面有文字方面的不同，如《戰國策狐白》卷一《司馬錯張儀論伐楚蜀》章“韓，周之與國也”，吳本爲“齊、韓，周之與國也”。吳師道認爲底本原文不對，應無“齊”，正與《戰國策狐白》本同。一方面還有文字引用方面的不同，如也是在《戰國策狐白》卷一《張儀惡陳軫》章：“故賣僕妾售乎閭巷者，良僕妾也；出婦嫁於鄉曲者，良婦也。臣不忠於君，楚亦何以軫爲忠乎？忠且見棄，吾不之楚，何適乎？”吳本此段文字與《戰國策狐白》不在同一章，且文字略有出入：“故賣僕妾不出里巷而取者，良僕妾也；出婦嫁於鄉里者，善婦也。臣不忠於王，楚何以軫爲忠？忠且見棄，軫不之楚而何之乎？”意思大致一樣，孰是孰非，待研究者深入探討。再如《戰國策狐白》卷一《蔡澤説應侯辭位》章：“夫人之立功，豈不期於成全耶？身與名俱全者，上也；名可法而身死者，其次也；名在僇辱而身全者，下也。”此句高本、鮑本、吳本皆無，疑爲《戰國策》脱文。另外，《戰國策狐白》所集前人時賢評點文字和明代同時期出現的其它評點本有文字和評點者的不同，如《戰國策狐白》卷一《范雎因王稽獻書秦王》章：“朱焯曰：遠交近攻，即假道滅虢，故智。齊、楚不悟，使范雎成荀息之計而秦，而秦人收晉獻之功，愚矣。”穆文熙《戰國策評苑》所引該條不重複“而秦”二字，疑《戰國策狐白》本衍。

　　本書校點凡例如下：

　　1.本書校點所用底本爲瀋陽師範大學圖書館所藏明萬曆余紹崖自

新齋所刻《戰國策狐白》，正文以《四庫全書》鮑本、吳本、姚本及《四部叢刊》本參校，評注文字以同時期各評點本參校。

2. 本書整理部分以左右雙欄形式排列，單頁左欄爲正文，相當於原著的下截版；右欄爲眉評，相當於原著的上截版。雙頁與單頁相反。

3. 正文部分依舊用大字單行排原文，用小字單行排鮑注等，篇首和篇尾的評注用比原文略小字單行排列。采用現代新式標點符號斷句。

4. 眉評部分用小字單行排列。經過和原著對比發現，彙編入《戰國策狐白》的眉評、首評和尾評有相當部分與原著有文字出入，故而在標點時避免直引錯誤不用或少用雙引號。

5. 本書整理部分全用繁體字排版。遇異體、俗體字，如果不影響閱讀及文義，則改用通用規范字。遇繁、簡共用，除必用之簡體外（如底本原爲簡體字等），一律改用通用繁體。

6. 對於底本出現的問題，本書一律不作改動，而是在當頁下出校語。底本和其它版本、評點本比勘不同時，也不在正文中改動，而是在當頁下出校語，如不能判斷孰是孰非時，只作客觀描寫；如能作出判斷時，則在校語中指明。

7. 章首標題與通行本標題有不同時，於章首頁下出注説明。

前賢對校書有掃塵、掃葉之嘆，想來如此。本書整理者極其認真，但錯誤也在所難免，希望讀者不吝批評指正，鞭策我們前行，以便在今後修訂時精益求精，也激勵我們在今後的工作中更加謹慎細緻，多出精品。

目録

---

① 趙，當爲"齊"，據正文。

---

① 王，當爲“人”，據正文。

卷　三

◘ 趙

卷　四

○ 魏

安釐王

---

① 座，當爲“痤”，據正文。
② 訢，當爲“訴”，據正文。

---

① 會, 當爲 "噲", 燕易王之子姬噲。

○ **衛**

悼公

嗣君

○ **中山**

刻戰國策狐白序

　　湯賓尹曰：諸凡書非出六經者，亡能絕純而亡訾。顧其純而可觀可多識者在，其訾而不可訓者亦在。如夏璜之潤考，蜀錦之文繡，紕纇莫得而揜也，然卒莫得棄也。孔子坲而有戰國捭闔短長，譎誑相傾奪之説，即不根諸理道，然縱之以陽，閉之以陰，其文之可讀者具是。是文家之郭郛也。山東之主愚於策士矜激氾濫之説而傾其國，故秦閉關謝客。儀、秦、衍、軫之徒，亦自愚於其説而殺其軀，故蕭曹輩興，宗黄老而塞兑。關中之主又自愚于狙詐武健而亡其天下，故漢解網。是主臣之轍鑑也，胡可棄也？故讀是書者，政如求魚海濱，伐材山林，至於鱗介之修短，柯條之鉅細，在漁匠者審擇之而已。

○ 西周

赧王

司寇布爲周最説周君

司寇周官布爲周最謂周君曰：“君使人告齊王以周最不肯爲太子也，齊閔王善最，欲其爲太子，以賂進之。最時讓立，周以最不肯立告齊。臣爲君不取也。函姓冶氏鐵官爲齊太公田和買良劍，公不知善，歸其劍而責之金。歸，還也。責，取也。越人請買之千金，折而不賣。雖千金，猶未盡其本價，故折其劍而不買①也。將死，而屬其子曰：‘必無獨知。’欲使衆識其良。今君之使最爲太子，周雖以最不肯立告齊，齊猶欲立之，特未定耳。獨知之契也，天下未有信之者也。臣恐齊王之謂君實立果亦周子而讓之於最，讓，飾説也。以嫁之於齊。言欺齊。君爲多巧猶詐，最爲多詐，心欲之而言不肯言。君何不買信貨哉？可信之貨，非獨知也。奉養無有愛吝於最也，使天下見之。”然則立最信矣。

許應元曰：布爲最游説，雖不足道，然謂太子不可獨知，則深有得於重國者之道焉。

□深曰：契猶符□也。①

田汝成曰：契獨知，猶相契也。故曰“天下未有信之”。

① 原書斷爛缺二字，前一字當爲“陸”，據上下文補；後一字當爲“驗”，據穆文熙《戰國策評苑》補。

① 買，當爲“賣”，據《四部叢刊》本及吳本、姚本。

游騰爲周説楚

秦令樗里疾秦惠王弟以車百乘入周，周君迎之以卒，甚敬。楚王懷怒，讓周，以其重秦客謂重疾也。游騰周人謂楚王曰："昔智伯欲伐厹由，遺之大鐘，載以廣車欲開道也，因隨入以兵，厹由卒亡，無備故也。桓公伐蔡也，號聲言伐楚，其實襲蔡。今秦，虎狼之國也，兼有吞周之意；使樗里疾以車百乘入周，周君懼焉，以蔡、厹由惑之，故使長兵在前，強弩在後，名曰衛疾，而實囚之。周君豈能無愛國哉？恐一日之亡國恐秦亡之，而憂大王爲楚王憂。"楚王乃説。

周最説趙存周

秦攻魏將犀武軍於伊闕兩山相對若闕，進兵而攻周。周最謂李兌趙司寇曰："君不如禁止也秦之攻周。趙之上計，莫如令秦、魏復戰。趙、魏隣，秦攻魏，則趙無事。今秦攻周而得之，則衆必多傷矣。秦欲持周之得，持，猶保也。必不攻魏；秦若攻周而不得，前有勝魏之勞，後有攻周之敗，又必不攻魏。今君禁之，而秦未與魏講也。講，和解也。而全趙令其止，必不敢不聽，是君却秦而定周也。秦去周，必復攻魏，魏不能支，必因君而講與秦和，則君重矣。若魏不講，而疾支之，是君存周而戰秦、魏也。重亦盡在趙。"

王鏊曰：先下"甚敬"二字，而後云"重秦客"，自有節奏。
按：厹由①，夷國，屬臨淮。《漢志》作"猶"。又《九域圖》并州有仇猶城，引此。

張洲曰：游騰説楚，委曲情至，開諭明確，自足傾聽。

湯賓尹曰：此篇僅百六十字，而章法、句法奇崛不凡。讀之，令人擊節。乃知文章之妙，果不貴多。

許應亨曰：戰秦、魏而坐收其弊，非在爲周，實爲趙也。

① 厹由，當作"厹由"，據正文。

或説周足免相

犀武敗，周使周足周相之秦。或謂周足曰："何不謂周君曰：'臣之秦，秦、周之交必惡美惡之惡。主君之臣稱周君，又秦重秦之所重而欲相者欲得相周，且惡臣於秦，而臣不能爲使矣。臣願免而行。免己之相，以順欲者。君因相之，彼得相，不惡周於秦矣。'君重秦，故使相往，行而免，是輕秦也，公必不免。請[1]以免自请，勢不可免也。公言是而行，交善於秦，是公之事成也；交惡於秦，不善於公者且誅矣意其惡足於秦。"

田藝衡曰：一輕重，一善惡，是低昂説法。

楊慎曰：此人欲代足相周，故敗其使事，此二國所以必惡。

蘇厲説武安君善息

蘇厲謂周君曰："敗韓、魏，殺犀武，攻趙，取藺、離石、祁者，皆白起。是攻工字通用用兵，又有天命也。今攻梁，梁必破，破則周危，君不若止之。"謂白起曰："楚有養由基者，善射，去柳葉者百步而射之，百發百中。左右皆曰'善'。有一人過曰：'善射，可教射也矣意欲其息。'養由基曰：'人皆善，子乃曰可教射，子何不代我射之也？'客曰：'我不能教子支左屈右。支，如支撐之支。左右謂臂。夫射柳葉者，百發百中，而不以善息不以善射息，少焉氣力倦，弓撥矢鈎，撥弓，反。鈎矢，鋒屈也。一發不中，前功盡矣。'今公破韓、魏，殺犀武，而北攻趙，取藺、離石、祁者，公也。公之功甚多。

朱輝曰：東野畢之御，養由基之射，貪功競進者，可爲座右箴銘。

陸深曰：善射乃不然之詞，可教射，正欲教以射也。

又曰：武安杜郵之禍，盖基于於善息矣。

---

① 請，當爲"雖"，據鮑注："雖以免自請。"

今公又以秦兵出塞，過兩周，踐韓而以攻梁，一攻而不得，前功盡滅，公不若稱病不出也。"

周最説齊[①] 王勿攻周

秦欲攻周，爲周最謂秦王昭曰[②]："爲國之計者，不攻周。國實不足以利國[③]，而聲畏天下。聲，名也。畏，猶惡也。周地狹不足以利國，而有攻天子之惡名，見惡於天下。天下以聲畏秦，必東合於齊。兵敝於周，而合天下於齊，則秦孤而不王矣。是天下欲罷秦疲同，故勸王攻周。秦與天下俱罷，天下合齊而與秦戰，戰則必疲。則令不橫行於周矣。"橫行，無畏忌也。

張洲曰：當戰國時，王綱不振，區區以犬戎之秦，敢於攻周，上下之分，蕩然矣。最説秦王言攻周之利害，而不言天王不當攻之義，是習於戰國之俗者也。

宮他諫恃援

宮他周人謂周君曰："宛恃秦而輕晋，秦饑而宛亡。秦饑，故晋滅宛。鄭恃魏而輕韓，魏攻秦而鄭亡。鄭君二十一年，韓哀侯滅之。邾、莒亡於齊，二國恃齊，後卒爲楚所滅。陳、蔡亡於楚。陳，舜後。楚惠王十年滅陳，二十四年滅蔡，皆恃楚不備也。此皆恃援國而輕近敵也。今君恃韓、魏而輕秦，國恐傷矣。君不如使周[④]陰合於趙以備秦，則不毀。"

許應元曰：恃援輕敵，未必不亡。況微弱之周哉？且援又不可終恃者。

① 齊，當爲"秦"，據正文。
② 爲，衍字，據《四部叢刊》本及《四庫全書》諸本。昭，夾注闌入正文，亦據《四部叢刊》本。
③ 國實不足以利國，當爲"攻周，實不足以利國"，據《四部叢刊》本及《四庫全書》諸本。
④ "周"字後脱"早"或"最"字。鮑注："最，元作'早'。"吳師道補曰："姚本正作'最'。"

朱之蕃曰：西周策大都皆戰國氣習，其近理而稍正者，惟宮他之謂。恃韓、魏，輕秦，爲不可固矣。然陰合於趙，又豈可乎？必如孟軻氏鑿池築城，效死弗去，始得。

○ 东周

惠公

顏率爲周欺齊以過秦師

秦興師臨周而求九鼎，周君患之，以告顏率_{周人}。顏率曰："大王勿憂，臣請東借救於齊。"顏率至齊，謂齊王_閔曰："夫秦之爲 ① 無道也，欲興兵臨周而求九鼎，周之君臣，内自盡_{盡其心思計}，與秦，不若歸之大國。夫存危國，美名也；得九鼎，厚寶也。願大王圖之。"齊王大 ②，發師五萬人，使陳臣思_{即田臣思} ③ 將以救周，而秦兵罷。

齊將求九鼎，周君又患之。顏率曰："大王勿憂，臣請東解之。"顏率至齊，謂齊王曰："周賴大國之義，得君臣父子相保也，願獻九鼎，不知 ④ 大國何涂之從而致之齊？"齊王曰："寡人將寄徑於梁。"顏率曰："不可。夫梁之君臣欲得九鼎，謀之暉臺之下，沙海之上，其日久矣。鼎入梁，必不出。"齊王曰："寡人

洪邁曰：秦之問鼎，本以窺周，不可謂無，但顏率至齊請救與却鼎事，則似好事者飾之，且其文大摻縱爲不類，而中間寄徑於梁、楚，尤可疑也。

按：暉臺，梁之臺名。《孟子》稱"梁有臺池之樂"，王此 ①。
又按：《九域圖》，開封府有沙海，引此。

---

① 爲，同鮑本、吳本，《四部叢刊》本作"於"。

② 齊王大，同《四部叢刊》本及鮑本、吳本，姚本作"齊王大悦"。

③ 由臣思，當爲"田臣思"，據《四部叢刊》本及鮑本。

④ 知，當爲"識"，據《四部叢刊》本及《四庫全書》諸本。

---

① 王此，於義不通，疑爲"正此"。

將寄徑於楚。"對曰："不可，楚之君臣欲得九鼎，謀之於葉庭之中，其日久矣。若入楚，鼎必不出。"王曰："寡人終何涂之從而致之齊？"顏率曰："敝邑固竊爲王患之。夫鼎者，非效壺醯一作醯壺醬瓿耳，可懷挾提挈以至齊者；非效鳥集烏飛，兔興馬逝，灘然止於齊者。灘，滲流貌。昔周之伐殷，得九鼎，凡一鼎而九萬人輓之，九九八十一萬人，士卒師徒，械器被具士卒服用之具，所以備者稱此。士衆貲械具備輓鼎之役者，又且八十一萬。今大王縱有其人，何涂之從而出？竊爲大王私憂之。"齊王曰："子之數來，猶無與耳。"言許之而實不與。顏率曰："不敢欺大國，疾定所從出，敝邑遷鼎以待命。"齊王乃止。

杜赫說周以重景翠

吳澄曰：葉庭，即南陽葉也，《後語》作"章華之庭"。

愚按：《左氏》嘗載楚子問鼎事，當時爭欲得鼎，以見其強，不可以爲無此事。

杜赫周人欲重景翠於周，謂周君曰："君之國小，盡君之重寶珠玉以事諸侯，不可不察也。不可勝賂，故宜察。譬之如張羅者，張之於無鳥之所，則終日無所得矣；張於多鳥處，則又駭鳥矣；必張於有鳥無鳥之際，然後能多得鳥矣。今君將施於大人，大人輕君；施於小人，小人無可以求求之無益，又費財焉。君必施於今之窮士，不必且爲大人者，言不終窮，或且爲大人者，指翠。故能得欲矣。"

羅洪先曰：天下有道，諸侯修其職貢，惠公盡重寶珠玉以事人，積弱之勢然也，可慨夫。

湯賓尹曰：有鳥無鳥之處易見，而且爲大人之士難識，故必有杜赫之論，而後景翠可重。

○秦

惠文君①

蘇秦始以連衡説秦

蘇秦始將連橫以利合曰從，以威勢相脇曰衡。說秦惠王曰："大王之國，西有巴、蜀、漢中之利，北有胡貉、代馬之用，南有巫山、黔中之限，東有崤、函之固。田肥美，民殷富，戰車萬乘，奮擊百萬，沃野千里，蓄積饒多，地勢形便，此所謂'天府'，天下之雄國也。以大王之賢，士民之衆，車騎之用，兵法之教，可以並諸侯，吞天下，稱帝而治。願大王少留意，臣請奏其效。"

秦王曰："寡人聞之，毛羽不豐滿者不可以高飛，文章法令不成者不可以誅罰，道德不厚者不可以使民，政教不順者不可以煩大臣。逆人心，則行之難，故大臣勞。今先生儼然不遠千里而庭教之，願以異日。"

蘇秦曰："臣固疑大王之不能用也。昔者神農伐補遂，黃帝伐涿鹿而禽蚩尤九黎氏之後，堯伐驩兜，舜伐三苗，國名，縉雲氏之後。禹伐共工，湯伐有夏，文王伐崇即崇侯虎，武王伐紂，齊桓任戰而霸天下。作內政，寄軍令是也。由此觀之，惡有不戰者乎？古者使車轂擊馳，言語相結約親也，天下爲一；約從連橫，兵革不藏；文辯士並飭，諸侯惑亂；萬端俱起，不可勝理；科條既備，民多偽態；書策稠濁，言有司文書多，閲者昏亂。百姓

楊慎曰：此太史公列傳体也。

蘇子由曰：季子本説秦爲橫，不合而激於燕、趙。甘心於所難，爲之期年而歃血於垣水之上，可不謂能乎？

林子曰：此策士游説之辭，下言五帝、三王，不能坐而致地，故以戰續，此不過欲售其攻戰之説耳。凡戰國言帝王事，類如此。

《正義》曰：稠，多；濁，乱也。

---

① 原本無"秦""惠文君"之字，依上下文體例及《戰國策》補入。

不足；上下相愁，民無所聊賴也^①；明言章理_{文章法理，}兵甲愈起；辯言偉服，戰攻不息；繁稱文辭，_{明言者，教}_{令；辯言者，游説；文辭者，書策。明言章理，即科條既備；辯言偉}_{服，即言語相結；繁稱文辭，即書策稠濁。}天下不治；舌敝耳聾，不見成功；行義約信，天下不親。於是，乃廢文任武，厚養死士，綴甲厲兵，效勝於戰場。夫徒處而致利，安坐而廣地，雖古五帝、三王、五霸，明主賢君，常欲坐而致之，其勢不能，故以戰續之。寬則兩君相攻，迫近則杖戟相撞，_{撞，手撝也。}然後可建大功。是故兵勝於外，義強於內；_{論戰，故獨言義。}威立於上，民服於下。今欲並天下，凌萬乘，詘敵國，制海內，子元元，臣諸侯，非兵不可！今之嗣主，忽於至道，皆惛於教，亂於治，迷於言，惑於語，沉於辯，溺於辭。以此論之，王固不能行也。”

說秦王書十上而説不行。黑貂之裘敝，黃金百斤盡，資用乏絕，去秦而歸。嬴縢_{嬴，與纍通。縢，行纏也。}履蹻_{屩也，}負書擔囊，形容枯槁，面目黧黑，狀有愧色。歸至家，妻不下紝，嫂不爲炊，父母不與言。蘇秦喟然嘆曰：“妻不以我爲夫，嫂不以我爲叔，父母不以我爲子，是皆秦之罪也！”乃夜發書，陳篋數十，得《太公陰符》之謀，伏而誦之，簡練以爲揣摩。讀書欲睡，引錐自刺其股，血流至足。曰：“安有説人主不能出其金玉錦繡，取卿相之尊者乎？”期年揣摩成，曰：“此真可以説當世之君矣！”

於是乃摩燕烏集闕，_{摩，切近過之。}見説趙王_{肅侯}於

朱之藩曰：蘇秦説惠王，雖煩辭濫説，總之惟攻戰一事耳。然秦自非子啓土，世世以威力雄伯諸侯，攻戰乃其習也，何必秦言，故書十上而卒不行。及後合從六國，則謲切時事，如指諸掌，而六國遂從風而聽。由此觀之，説士之遇合，蓋以辭哉。

唐順之曰：《太公陰符》是鬼谷所傳，秦游説之術本此。

鮑彪曰：秦之自刺，可謂有志矣。而志在金玉卿相，故其所就，適足誇嫂婦，而此《史》乃極口稱頌，是亦利祿徒耳，惡睹所謂大丈夫之事哉。

---

① 賴也，夾注闌入正文，據《四部叢刊》本。

華屋之下，抵掌而談。趙王大説，封爲武安君，受相印。革車百乘，錦繡千純_{四端曰純}，白璧百雙，黃金萬鎰，以隨其後，約從散橫，以抑强秦。

　　故蘇秦相於趙而關不通。小^①_{國之關，不通於秦。}當此之時，天下之大，萬民之衆，王侯之威，謀臣之權，皆欲決於蘇秦之策。不費斗糧，未煩一兵，未戰一士，未絶一絃，未折一矢，諸侯相親，賢_勝於兄弟。夫賢人在而天下服，一人用而天下從。故曰：式_{猶用}於政，不式於勇；式於廊廟之内，不式於四境之外。當秦之隆，黃金萬鎰爲用，轉轂連騎_{後車之盛}，炫燴於道，山東之國，從風而服，使趙大重。且夫蘇秦特窮巷掘門_{鑿垣爲門}、桑户棬樞之士耳，_{樞，門牡^②也，楺木爲之，如棬。}伏軾撙銜，頓^③。_{銜，勒也。}橫歷天下，庭説諸侯之主，杜左右之口，天下莫之伉。

　　將説楚王_威，路過洛陽，父母聞之，清宮除道，張樂設飲，郊迎三十里。妻側目而視，傾耳而聽；嫂蛇行_{蛇不直行}匍伏，四拜自跪而謝。蘇秦曰："嫂，何前倨而後卑也？"嫂曰："以季子位尊而多金。"蘇秦曰："嗟乎！貧窮則父母不子，富貴則親戚畏懼。人生世上，勢位富厚，蓋可以忽乎哉！"

尹起華曰：昔蘇軾有言"秦之爲從也，合天下之異以爲同，聯六姓之疏以爲親"，以爲事之甚難者。當是時也，秦人併吞之勢已形，六國之君皆不能如孟子所謂行仁政，修忠信，以撻其堅甲利兵，則爲目前救急之計者，舍合從之外，亦未有他策。蘇秦適逢其机，故不旋踵，遂合於一。惜乎！秦特偷取一時之富貴，非真能爲六國深謀遠慮。學者當知，詐謀游説，果不足恃；而合從連橫之術，果不足尚也。

伯子曰：炎涼世態，自古及今皆然。讀此數句，戰國之習俗，蘇子之人品，居然見矣。

① 小，當爲"六"，據鮑注："六國之關不通秦也。"
② 牡，當爲"牝"，據鮑注。
③ 頓，此字前疑有脱漏。鮑注："《集韻》'撙，挫也。'蓋猶頓。"

寒泉子請使張儀

秦惠王謂寒泉子曰："蘇秦欺寡人言以虛聲恐之，欲以一人之智，反覆山東之君，從以欺秦。趙固負其衆恃也，故先使蘇秦以其幣帛約乎諸侯。諸侯不可一，猶連雞之不能俱止於棲亦明矣。連，謂繩繫之；棲，雞所宿也。寡人忿然，含怒日久，吾欲使武安子起往喻意焉告諸侯以不可一之意。"寒泉子曰："不可。夫攻城墮邑，請使武安子。善我國家能美善我國家，請①諸侯，請使客卿張儀。"魏人，仕秦惠爲客卿。秦惠王曰："敬受命。"

田藝蘅曰：灼見合從之弊。

王鏊曰：寒泉子不欲使武安子，而欲使張儀，合從成敗之機，有如此者。

田莘爲陳軫説秦王

田莘之爲陳軫二皆齊姓説秦惠王曰："臣恐王之如郭號同君。夫晋獻公欲伐郭，而懼②舟之僑存。荀息曰：'《周書》有言，美女破舌舌指諫臣。'乃遺之女樂，以亂其政。舟之僑諫而不聽，遂去。因而伐郭，遂破之。又欲伐虞，而懼宫之奇存。荀息曰：'《周書》有言，美男破老老成人。'乃遺之美男，教之惡宫之奇。宫之奇以諫而不聽，遂亡。因而伐虞，遂取之。今秦自以爲王，時亦未至，謂其欲之。能害王之國者，楚也。楚知横門君秦將之善用兵，與陳軫之智，故驕張儀以五國。驕寵之也。言楚使韓、魏、趙、燕、齊以事屬之，以重其權。來，必惡是二人。願王勿聽也。"張儀果來辭，因言軫也，

穆文熙曰：破舌、破老二語，奇甚，故秦聽之而不信張儀，乃止兵息謀之意也。

何洛文曰：田莘之爲陳軫作説客，其言曲而中，理確情真，自足取信，此得善説之術者。

---

① 請，當爲"使"，據《四部叢刊》本及《四庫全書》諸本。
② 懼，當爲"憚"，據《四部叢刊》本及《四庫全書》諸本。

王怒而不聽。

張儀惡陳軫

陳軫去楚之秦。本其始。仕秦時，自楚來，爲"輸楚"張本。張儀謂秦王曰："陳軫爲王臣，常以國情輸楚。情，謂國事之隱者。儀不能與從事，願王逐之。即復之楚，願王殺之。"王曰："軫安敢之楚也。"

王召陳軫告之曰："吾能聽子，子欲何之？請爲子約車。"約，纏束之。對曰："臣願之楚。"王曰："儀以子爲之楚，吾又自知子之楚。子非楚，且─作宜安之也！"軫曰："臣出，必故之楚，以順王與儀之策籌度，而明臣之楚與不也。楚人有兩妻者，人誂其長者，長者詈之；誂其少者，少者許之。居無幾何，有兩妻者死。客謂誂者曰：'汝取長者乎？少者乎？''取長者誂者對。'客曰：'長者詈汝，少者和汝，汝何爲取長者？'曰：'居彼人之所，則欲其許我也；今爲我妻，則欲其爲我詈人也。'今楚王懷明主也，而昭陽賢相也。軫爲人臣，而常以國情輸楚，楚王必不留臣，昭陽將不與臣從事矣。以此明臣之楚與不。"

軫出，張儀入，問王曰："陳軫果安之？"王曰："夫軫天下之辯士也，熟視寡人曰：'軫必之楚。'寡人遂無奈何也。寡人因問曰：'子必之楚也，則儀之言果信也。'軫曰：'非獨儀之言也，行道之人皆知之。昔者，子胥忠其君，天下皆欲以爲臣；五[1]子胥，楚人。

---

① 五，當爲"伍"，據《四部叢刊》本。

許應元曰：軫之計常出儀右，而不如儀之得秦者，儀心乎秦，而軫心乎楚也，然而不見害者，其智勝也。

鮑彪曰：軫之辯[1]論捷給，其所稱譬，皆當於人心，不詭於正論。周衰，辯士未有若軫之絕類離群者。

楊慎曰：順王一言，已令人洒然。而兩妻之喻，以文爲戲，念自高手。戰國策士，軫其錚錚狡狡[2]者乎。

田汝成曰：人謂軫之計出張儀右，予謂文亦出張儀右。

---

① 辨，通"辯"。古二字此義上通用，後同，不再注。
② 狡狡：當爲"佼佼"，語出自《後漢書·劉盆子傳》。

伯子曰：數語議論正大，詞緩而意深，最易動人之聽。

平王殺其父奢，胥奔吳，仕吳王夫差，入楚鞭平王之屍。後吳伐齊，胥諫請釋齊，先越之賂吳太宰嚭讒之，賜劍以死。孝己愛其親，天下皆欲以爲子。殷高宗有賢子孝己，母早死，高宗惑後妻之言，放之而死。故賣僕妾售乎閭巷者，良僕妾也；出婦嫁於鄉曲者，良婦也。臣不忠於君，楚亦何以軫爲忠乎？忠且見棄，吾不之楚，何適乎？ ①’”秦王以爲然，遂善待之。

黃震曰：戰國策士，率多欺詐之習，虛誕之詞，而陳軫之楚之對，辨給不詭於正，猶爲彼善於此耳。

司馬錯張儀論伐楚蜀

顧起元曰：司馬錯之策，不特忠於秦，且商略事勢，又多格言，殊不類戰國諸人。

司馬錯秦人與張儀爭論於秦惠王前。司馬錯欲伐蜀，張儀曰：“不如伐韓。”王曰：“請聞其説。”對曰：“親魏善楚，下兵三川，塞轘轅、緱氏之口，當屯留之道，魏絕南陽，楚臨南鄭，秦攻新城、宜陽，以臨二周之郊，誅討也周主之罪，侵楚、魏之地。周自知不救，九鼎寶器必出。據九鼎，按圖策②，挾天子以令天下，天下莫敢不聽，此王業也。今夫蜀，西僻之國，而戎狄之長也，敝兵勞眾不足以成名伯王之名，得其地不足以爲利。臣聞‘爭名者於朝，爭利者於市’。今三川、

穆文熙曰：周雖微弱，名器猶存。張儀乃教秦兵臨二郊、誅周主之罪，何其無人心乎？司馬錯之論，既遏暴亂，又致富强，可謂正大。

① “故賣僕妾售乎閭巷者，良僕妾也；出婦嫁於鄉曲者，良婦也。臣不忠於君，楚亦何以軫爲忠乎？忠且見棄，吾不之楚，何適乎？”據《四部叢刊》本，此句應爲“張儀又惡陳軫於秦王”一篇之内容。本篇原句應爲“故賣僕妾不出里巷而取者，良僕妾也；出婦嫁於鄉里者，善婦也。臣不忠於王，楚何以軫爲忠？忠且見棄，軫不之楚而何之乎？”二句意同。

② 策，當爲“籍”，據《四部叢刊》本及《四庫全書》諸本。

周室，天下之市朝也，而王不爭焉，顧爭於戎狄，去王業遠矣。"

司馬錯曰："不然。臣聞之，欲富國者，務廣其地；欲彊兵者，務富其民；欲王者，務博[1]其德。三資者備，而王隨之矣。今王之地小民貧，故臣願從事於易。夫蜀，西僻之國也，而戎狄之長也，而有桀、紂之亂。以秦攻之，譬如使豺狼逐群羊也。取其地，足以廣國也；得其財，足以富民；繕兵不傷衆，而彼已服矣。故拔一國，而天下不以爲暴；利盡西海蜀川，諸侯不以爲貪。是我一舉而名實兩附，不貪暴，名也；得國，實也。而又有禁暴正亂之名。今攻韓劫天子，劫天子，惡名也，而未必利也，又有不義之名韓無罪而伐之，而攻天下之所不欲，危！天下皆有尊周之志。臣請謁其故：周，天下之宗室也；韓，周之與國也[2]。周自知失九鼎，韓自知亡三州[3]，則必將二國并力合謀，以因乎齊、趙，而求解乎楚、魏。解，免秦兵。以鼎與楚，以地與魏，王不能禁。此臣所謂'危'，不如伐蜀之完也。"惠王曰："善！寡人聽子。"

卒起兵伐蜀，十月取之，遂定蜀。蜀主更號爲侯，而使陳莊相蜀。蜀既屬，秦益強富厚，輕諸侯。

王應祥曰：老泉謂秦之憂在六國，蜀最僻小，最先取，楚最強大，最後取。非其憂在蜀也，愚謂取蜀則楚在掌中。此曰[1]起所以再戰而燒夷陵也。

楊道賓曰：孔明定滇南諸夷，而後謀伐魏，即此意，而我太祖先平張士誠、方谷珍；而後平蜀，亦用此策。蓋英雄見事略同也。

李東楊[2]曰：儀長於間諜，不長於料戰。錯之策真庶國、富民、強兵之術也。

---

① 博，當爲"博"，據《四部叢刊》本及《四庫全書》諸本。又"博"，俗作"博""博"，或因形近而誤。

② "韓，周之與國也"，《四部叢刊》本及《四庫全書》諸本均爲"齊、韓，周之與國也"。吳師道補曰："'齊'字恐衍。"

③ 三州，當爲"三川"，據上文。

---

① 曰，當爲"白"，據《戰國策評苑》。

② 李東楊，當爲"李東陽"，據上下文。

張儀欺楚絕齊交

齊助楚攻秦，取曲沃。其後，秦欲伐齊，齊、楚之交善，惠王患之，謂張儀曰：“吾欲伐齊，齊、楚方歡，子爲寡人慮之，奈何？”張儀曰：“王其爲臣約車並幣_{非一物也}，臣請試之。”

張儀南見楚王_懷，曰：“敝邑之王所説甚者，無大大王；唯儀之所甚願爲臣者，亦無大大王。敝邑之王所甚憎者，無大齊王_閔；唯儀之所甚憎者，亦無大齊王。今齊王之罪，其於敝邑之王甚厚_{言得罪於秦重}，敝邑欲伐之，而大國與之歡，是以敝邑之王不得事令_{事，猶聽從}。而儀不得爲臣也。大王苟能閉關絕齊，臣請使秦王獻商於之地，方六百里。若此，齊必弱_{失楚援故}，齊弱則必爲王役矣。則是北弱齊，西德於秦，而私商於之地以爲利也，則此一計而三利俱至。”

楚王大説，宣言之於朝廷，曰：“不穀得商於之地，方六百里。”群臣間[1]見者畢賀，陳軫後見_{時去秦在楚}，獨不賀。楚王曰：“不穀不煩一兵，不傷一人，而得商於之地六百里，寡人自以爲智矣！諸士大夫皆賀，子獨不賀，何也？”陳軫對曰：“臣見商於之地不可得，而患必至也，故不敢妄賀。”王曰：“何也？”對曰：“夫秦所以重王者，以王有齊也。今地未可得而齊先絕，是楚孤也，秦又何重孤國？且先出地絕齊，秦計必弗爲也。先絕齊後責地，且必受欺於張儀。受欺於

余有丁曰：按蘇説六國自是實事，儀全是欺詐反覆，觀其説楚可知。

王鏊曰：此段[1]文氣爽朗跌宕，連用四“無大”字，不覺其復。

凌約言曰：儀之詭計，不待智者能辨之，王之駁懸無足怪，而群臣畢賀，則舉朝可知矣，設無一軫，楚幾無人哉。

林子曰：軫之見，又出張儀之右矣。

鮑彪曰：軫之策此，可謂明矣，而懷王不聽，宜其入秦不出也夫。

———
① 段，底本形似“叚”字，概因“段”之行書似之致。後同，不再注。

———
① 間，當爲“聞”，據《四部叢刊》本及《四庫全書》諸本。

張儀，王必悁猶恨之。是西生秦患，北絕齊交，則兩國兵必至矣。"楚王不聽，曰："吾事善矣！子其弭口無言，以待吾事。"楚王使人絕齊，使者未來，又重絕之。

張儀反，秦使人使齊，齊、秦之交陰合。楚因使一將軍受地於秦。張儀至，稱病不朝。楚王曰："張子以寡人不絕齊乎？"乃使勇士往詈齊王。張儀知楚絕齊也，乃出見使者曰："從某至某，廣從橫直六里。"使者曰："臣聞六百里，不聞六里。"儀曰："儀固以小人貧窶之稱，安得六百里？"使者反報楚王，楚王大怒，欲興師伐秦。陳軫曰："臣可以言乎？"王曰："可矣。"軫曰："伐秦非計也，王不如賂之一名都，與之伐齊，是我亡於秦而取償於齊也。楚國不尚全事。不尚，尚也。言無所喪。王今已絕齊，而責欺於秦，是吾合齊、秦之交也，國必大傷。"

楚王不聽，遂舉兵伐秦。秦與齊合，韓氏從之。楚兵大敗於杜陵。故楚之土壤士民非削弱，僅以救亡，計失於陳軫，過聽於張儀。

> 許應元曰：張儀商於之欺，雖豎子猶能知之，以陳軫之智，固不爲難也。儀之肆意而無忌者，知懷王之愚，而軫之言必不入也。不然，他日楚之請，儀將懼其甘心焉，而儀請自往，卒不能害，非中其所料也哉。

凌約言曰：軫於儀之詐而獨吊，可謂善料事者。而王欲伐秦，又勸曰不如賂秦，夫齊東與國，無故而絕之，不義甚矣！然則當何如？曰：移其賂秦者，賂齊以收舊好，庶乎兵出有名。

洪邁曰：軫前後皆明計也，而王不听，是以知楚王之悍也，安能用屈原哉？

陸深曰：末二結語徵健。

陳軫爲楚說秦以止救齊

楚絕齊，齊舉兵伐楚。陳軫謂楚王懷曰："王不如以地東解於齊，西講於秦。"王使陳軫之秦。秦王謂軫曰："子，秦人也，寡人與子故也言有舊，寡人不佞，佞，

楊起元曰：戰國之伏軾而游者，大抵傾危哉！若出入秦、楚，能忠楚而不忤於秦者，陳軫哉！

穆文熙曰：秦王語意微婉，可謂能馭策士。

孫應鰲曰：兩虎之喻，似若不患於楚，然楚不被吳，而齊不失援，不可言彼事而其事自解，策士之巧如此。

陸深曰：楚已遣人解齊，軫之媾秦欲其不助齊耳，非實勸秦收齊、楚之敝也。

羅洪先曰：窺周，逆節也；要盟，不義也。躬逆節而甘不義，此其爲僇①大矣！而徒區區曰息壤在彼，爲人臣者，果徒以拔宜陽

① 僇，當爲"謬"，據上下文意。

高才也。不能親國事也，故子棄寡人事楚王。今齊、楚相伐，或謂救之便，或謂救之不便，子獨不可以忠爲子主計，主，懷王。以其餘爲寡人乎？"陳軫曰："王獨不聞吳人之游楚者乎？楚王先王甚愛之，病吳人，故使人問之，曰：'誠病乎？意亦思乎？'左右曰：'臣又知其思與不思，誠思，則將吳吟作吳人呻吟。'今軫將爲王'吳吟'。言不忘秦。王不聞夫管與之説乎？有兩虎爭人而鬥，孟①莊子將刺之，管與止之曰：'虎者戾蟲；人者甘餌也。今兩虎爭人而鬥，小者必死，大者必傷。子待傷虎而刺之，則是一舉而兼兩虎也。無刺一虎之劳，而有刺兩虎之名。'齊、楚今戰，戰必敗。敗謂齊敗也，王起兵救之，有救齊之利，而無伐楚之害。計聽知覆逆者，覆，謂事之未露；逆，謂事之未至。言能計善聽知二國之覆逆。唯王可也。計者，事之本也；聽者，存亡之機。計失而聽過，能有國者寡也。故曰：'計有一二者難悖，一二，言反覆計之。聽無失本末者難惑。'"

武王

甘茂拔宜陽

秦武王謂甘茂曰："寡人欲車通三川，以窺周室，而寡人死不朽乎？"甘茂對曰："請之魏，約伐韓。"王令向壽輔行。

甘茂至魏，謂向壽："子歸告王曰：'魏聽臣矣，然願王勿攻也。'事成，盡以爲子功。"茂欲壽告王勿攻，

① 孟，當爲"管"，據《四部叢刊》本及《四庫全書》諸本。

王必疑其故，而茂得以薦其言。向壽歸以告王，王迎甘茂於息壤。

　　甘茂至，王問其故勿攻之故。對曰：「宜陽，大縣也，上黨、南陽積之久矣二縣財賦歸之，名爲縣，其實郡也。今王倍背同數險，行數千里而攻之，難矣。臣聞張儀西并巴、蜀之地，北取西河之外，南取上庸，天下不以多張儀而賢先王惠文。魏文侯令樂羊將，攻中山，三年而拔之，樂羊反而語功，文侯示之謗書一篋，樂羊再拜稽首曰：『此非臣之功，主君之力也。』今臣羈旅之臣也，樗里疾、公孫衍二人者，挾韓而議媒蘖之也，王必聽之，是王欺魏，而臣受公仲朋之怨也。朋，公仲名。昔者曾子處費，費人有與曾子同名族姓者而殺人，人告曾子母曰：『曾參殺人。』曾子之母曰：『吾子不殺人。』織自若。有頃焉，人又曰：『曾參殺人。』其母尚織自若也。頃之，一人又告之曰：『曾參殺人。』其母懼，投杼踰牆而走。夫以曾參之賢與母之信也，而三人疑之，則慈母不能信也。今臣之賢不及曾子，而王之信臣又未若曾子之母也，疑臣者不適當同三人，臣恐王爲臣之投杼也。」王曰：「寡人不聽也，請與子盟。」於是與之盟於息壤。

　　果攻宜陽，五月而不能拔也。樗里疾、公孫衍二人在中，爭之王，王將聽之，召甘茂而告之。甘茂對曰：「息壤在彼。」王曰：「有之。」因悉起兵，復使甘茂攻之，遂拔宜陽。

爲賢乎哉？

黃宗一曰：愚嘗反覆古今之故，而深感於讒賊之貽累不淺也。彼不遇興辭，鬱龐眉之都尉；數奇見惜，挫猿臂之將軍者，姑且無論。若令公之節，不免朝恩之譖，而忠肝義膽如岳武穆，卒以十二金牌見誅，則讒賊之過也。故謀國者甚無樂乎讒說之肆行也，然此乃古今之明案，又非所以幸乎甘茂也。蓋自茂以是堅其君，而遂得以拔宜陽，竟以蚕食山東蕩滅古法，豈非有又以見世道更變之端云。

胡時化曰：譬喻乃古今文章之大机括。蓋始於元首股肱之歌，溢於舟楫鹽梅之命，波瀾於詩之比體，下至孟、荀、莊、列，文章奇特處亦多是譬喻。

楊慎曰：大凡才智之
士，爲左右所沮，投石
而去者，寧一扁哉？

唐順之曰：扁鵲言疾
也，而七國者鮮不由
此。哀哉！秦以百里、
蹇叔、由余興，智者謀
之也；而以高師亡，不
智者敗之也。

扁鵲以醫諫秦王

醫扁鵲見秦武王，武王示之病，扁鵲請除。左右
曰：“君之病在耳之前，目之下，除之未必已也，將使
耳不聰，目不明。”君以告扁鵲。扁鵲怒而拔^①其石_{砭石也}
曰：“君與知之者謀之，而與不知者敗之。使此知秦
國之政也，_{此，如此。}則君一舉而亡國矣。”

焦宏曰：此亦戰國之
高士也，惜其不名。

楊慎曰：不恤楚交，言
不以交楚爲意。

或諫秦王輕齊易楚而卑畜韓

謂秦王曰：“臣竊惑王之輕齊易楚而卑畜韓也。
臣聞王兵勝而不驕，霸主約而不忿_{主天下之要約}。勝而
不驕，故能服世；約而不忿，故能從鄰_{使鄰國服從}。今
王廣德魏、趙而輕失齊，驕也；戰勝宜陽，不恤楚交，
忿也。驕忿，非霸王之業也。臣竊爲大王慮之而不取
也。

“《詩》云：‘靡不有初，鮮克有終。’故先王之所
重者，唯終與始。何以知其然也？昔智伯瑤殘范、中
行，_{范吉射、中行寅，晋兩卿。}圍晉陽，卒爲三家笑_{韓、趙、魏}；

按：《春秋傳》哀公十
三年，吳欲伐楚，殺其
大夫，囚其婦人。

高注云：太子見殺，故
魏王布冠而拘執於秦。

吳王夫差棲越於會稽，勝齊於艾陵，爲黃池之遇，無
禮於宋，遂爲勾踐禽，死；梁君伐楚勝齊，制韓、趙之
兵，驅十二諸侯以朝天子於孟津，後子死_{太子申}，身布
冠_{喪禮自居}而拘於秦。三者非無功也，能始而不能終也。

“今王破宜陽，殘三川，而使天下之士不敢言；雍

---

① 拔，當爲“投”，據《四部叢刊》本及《四庫全書》諸本。

天下之國，雍，擁同，據有之也。徙兩周之疆侵逼之，而世
主不敢窺陽侯之塞；取黃棘，而韓、楚之兵不敢進。
王若能爲此尾，尾，終也。則三王不足四，五霸不足六。
王若不能爲此尾，而有後患，則臣恐諸侯之君，河、
濟之士，以王爲吳、智之事也。

"《詩》云：'行百里者，半於九十。'言行九十里，
適足以爲五十里。此言末路之難。今大王皆有驕色，以
臣之心觀之，天下之事，依猶據世主之心，非楚受兵，
必秦也皆驕強故。何以知其然也？秦人援魏以拒楚，楚
人援韓以拒秦，四國之兵敵，韓、魏雖弱，以得援，故與之
敵。而未能復戰也。敵，故不敢輕戰。齊、宋在繩墨之外
以爲權，外，言四國不以爲意；權，言能輕重四國。故曰先得齊、
宋者伐秦此言韓、魏得之。秦先得齊、宋，則韓氏爍；韓
氏爍，則楚孤而受兵也。楚先得之，則魏氏爍；魏氏爍，
則秦孤而受兵矣。若隨此計而行之，則兩國者秦、楚必
爲天下笑矣。"

昭襄王

甘茂自託於蘇代

甘茂亡秦，且之齊，出關遇蘇子代，曰："君聞夫
江上之處女乎？"蘇子曰："不聞。"曰："夫江上之
處女，有家貧而無燭者，處女相與語，欲去之。家貧
無燭者將去矣，謂處女曰：'妾以無燭，故常先至，掃
室布席，何愛於餘明之照四壁者？幸以賜妾，何妨於

林子曰："尾"字作"終"
字，大奇，即上文能終
之説。

吳師道曰：此策言驕
者必敗，亦論之常，而
計較強弱，則不過以
力服人者耳。鮑氏以
爲孟軻之徒，謬矣。
仲尼之徒，無道桓文
事，茲烏足以擬孟子？

羅洪先曰：戰國策士
寓言設理，以相比興，
勿問其實，不第讀其
書辭，自是令人爽快。

處女？妾自以爲①有益於處女，何爲去我？’處女相語以爲然而留之。今臣不肖，棄逐於秦而出關，願爲足下掃室布席，幸無我逐也。”蘇子曰：“善。請重公於齊。”

楊慎曰：屈己求遇，此策士之常，何足怪哉。

乃西説秦王曰：“甘茂，賢人，非恒士也。其居秦累世重矣，自殽塞、谿谷，地形險易盡知之。彼若以齊約韓、魏，反以謀秦，是非秦之利也。”秦王曰：“然則奈何？”蘇代曰：“不如重其贄，厚其禄以迎之。彼來則置之槐谷，終身勿出，代知茂必留齊，故言此示②，不爲茂游説也。天下何從圖秦。”秦王曰：“善。”與之上卿，以相迎之齊。

余有丁曰：馮驩借秦，以重田文；蘇子借秦，以重甘茂。二事机軸頗同，而蘇子之説，尤爲有力。

甘茂辭不往，蘇子偽爲齊王閔曰：“甘茂，賢人也。今秦與之上卿，以相迎之，茂德王之賜，故不往，願爲王臣。今王何以禮之？王若不留，必不德王。彼以甘茂之賢，得擅用强秦之衆，則難圖也！”齊王曰：“善。”賜之上卿，命而處之。

田汝成曰：此説善揣二王心事，故拔之自皆中綮。

秦以河東講三國

三國攻秦，入函谷魏、齊、韓共攻秦。秦王謂搜③緩曰趙人，見《穰侯待》④：“三國之兵深矣，寡人欲割河東而講。”大河之東，非地名。對曰：“割河東，大費也。免於國患，大利也。此父兄之任也謂公族。王何不召公子

許應元曰：池之策，搜①緩之策也。緩不敢言，池不敢決，乃令其主自擇之，此所謂首鼠之計也。然策其必悔，則探其王之病，而權輕重於兩悔之間，

　　①搜，當爲“樓”，據《四部叢刊》本及《四庫全書》諸本。

---

① 爲，同鮑本、吳本，《四部叢刊》本及姚本無“爲”字。
② 故言此示，當爲“故言此爾”，據《四部叢刊》本及鮑本、吳本。
③ 搜，當爲“樓”，據《四部叢刊》本及《四庫全書》諸本。
④ 待，應爲“傳”，據《四部叢刊》本及鮑本、吳本。

池而問焉？"

王召公子池而問之，對曰："講亦悔，不講亦悔。"王曰："何也？" 對曰："王割河東以講，三國雖去，王必曰：'惜矣！<small>悔其失地。</small>三國且去，吾特以三城從之。'此講之悔也。王不講，三國入函谷，咸陽必危<small>秦都咸陽，</small>王又曰：'惜矣！吾愛三城而不講。'此又不講之悔也。"王曰："鈞吾悔也，<small>鈞，均，同平也。</small>寧亡三城而悔，毋①危咸陽而悔也。寡人決講矣<small>言必講也。</small>"卒使公子池以三城講於三國，三國之兵乃退。

蘇代爲齊獻書穰侯

陘山之事，趙且與秦伐齊。齊懼，令田章以陽武合於趙，而以順子爲質。趙王喜，乃案兵，告於秦曰："齊以陽武賜敝邑，而納順子，欲以解伐。敢告下吏。"

秦王使公子他之趙，謂趙王曰："齊與大國救魏而倍約，不可信恃，大國不義，以告敝邑，而賜之二社之地，以奉祭祀。今又案兵，且欲合齊而受其地，非使臣之所知也。請益甲四萬，大國裁之。"云云。②

蘇代爲齊獻書穰侯曰："臣聞往來者之言曰：'秦且益趙甲四萬人以伐齊。'臣竊必之敝邑之王<small>襄王</small>曰：'秦王明而熟於計，穰侯智而習於事，必不益趙甲四萬人以伐齊。'是何也？夫三晉相結，秦之深讎也。三晉百背秦，百欺秦，不爲不信，不爲無行。今破齊

---

① 毋，當爲"無"，據《四部叢刊》本及《四庫全書》諸本。
② 此兩段底本爲雙行小字，實爲正文，且他本無"云云"二字，據《四部叢刊》本及《四庫全書》諸本。

<small>則不得不從割地之悔，夫然后可任割地之計。</small>

<small>吳師道曰：緩之不自言，池以兩悔言，皆箝其主之術。</small>

<small>順子，齊公子也。不敢告王，故言告下吏。</small>

<small>按：《大事記》赧王四十一年，魏背秦，與秦從親①，秦魏冉伐魏，拔四城。明年，趙、魏伐韓，秦魏冉救韓，敗趙、魏，且與趙觀津，益趙以兵伐齊焉。</small>

---

① 與秦從親，應爲"與齊從親"，據《穰侯傳》。

楊慎曰：齊、趙合，則秦斥，故声言益甲以恐齊而携趙。然非秦人之情也，故蘇子設五不可以探秦，而堅趙之和。

凌約言曰：不走且走，活看是言不走，彼則走，此必不聽趙之計也。

穆文熙曰：上言助趙伐齊，有五不可；下言善齊則保安邑而取上黨，皆以利劫之也。

田藝衡曰：用起語結之，有力。

以肥趙，趙，秦之深讎，不利於秦。一也。秦之謀者必曰：'破齊敝晉，此晉，趙也。以趙破齊，齊破，趙亦敝。而後制晉、楚之勝。'二國破敝，秦無後慮，可以南制楚。夫齊，罷國也，以天下擊之，譬猶以千鈞之弩潰癰也。秦王安能制晉、楚哉！攻罷國，勝之，非武也，安能制人？二也。秦少出兵，則晉、楚不信不信其伐齊；多出兵，則晉、楚爲制於秦。齊恐，則必不走於秦且走晉、楚。兵多則非獨齊見制，懼晉、楚亦見制。齊畏秦，故不趨秦，而與晉、楚同患，故趨晉、楚。三也。齊割地以實晉、楚，則晉、楚安。齊舉兵而爲之頓劍，二國惡秦而齊先伐，故既合，則齊爲二國出兵。則秦反受兵。四也。是晉、楚以秦伐齊，晉亦趙也，初與秦伐齊。以齊破秦爲之頓劍是也，何晉、楚之智而齊、秦之愚！五也。秦得安邑，魏也[1]，亦屬韓，猶上黨兩屬也。善齊以安之，亦必無患矣。秦有安邑，則韓、魏必無上黨哉言可取。夫取三晉之腸胃安邑、上黨如之，與出兵而懼其不反也，孰利？故臣竊必之敝邑之王曰：'秦王明而熟於計，穰侯智而習於事，必不益趙甲四萬人以伐齊矣。'"

張之象曰：夫益甲伐齊者，齊之不利也。而反言不利於秦者五，使有所恐而不爲，又先以明智舉其君臣，張弛闔闢，罔不出囊中。斯正蘇氏兄弟揣摩家法，文氣縱橫，辨論明悉，又詞家所當深加意者。

楚黃歇説秦昭王

頃襄王二十年，秦白起拔楚西陵，或拔鄢、郢、夷陵，燒先王之

---

[1] 也，當爲"地"，據文意及《四部叢刊》本。

墓。王徙東北，保於陳城，楚遂削弱，爲秦所輕。於是白起又將兵
來伐楚。

　　楚人有黃歇者，游學博聞，襄王以爲辨士，故使説於昭王曰，
云云。①

　　"天下莫強於秦、楚，今聞大王欲伐楚，此猶兩虎
相與鬥而駑犬受其敝，不如善楚。臣請言其説。臣聞：
'物至極而反，冬夏是也。致至而危，致，言取物置之物上。
累棋是也。'今大國之地半天下，有二垂邊陲，此從生
民以來，萬乘之地未嘗有也。先帝文王惠文王、武王，
王之身，三世而不接地於齊不與通，以絶從親之要約也。
今王使成橋秦人守待也事於韓，成橋已北入燕使燕入朝於
秦。是王不用甲，不伸威，而出百里之地，燕入秦，必出
地割與秦。王可謂能矣。王又舉甲兵而攻魏，杜大梁之
門，舉河内，拔燕、燕，南燕。魏邑也。②酸棗、虛、桃人，楚、
燕之兵雲翔散也而不敢校，王之功亦多矣。王休甲息
衆二年，然後復之，又取蒲、衍、首垣，以臨仁、平丘，
小黃、濟陽嬰城，而魏氏服矣。王又割濮、磨之北屬
之燕，斷齊、秦之要，絶楚、魏之脊。天下五合、六聚
而不敢救也，王之威亦憚矣可畏。王若能持功守威，
省攻伐之心而肥仁義之地，使無復後患，三王不足四，
五霸不足六也。

　　"王若負人徒之衆，恃甲兵之強，乘毀魏之威，而
欲以力臣天下之主，臣恐有後患。《詩》云：'靡不有

汪道昆曰：起得明爽。

按《淮南子》云：文
王砥德修政，天下二
垂歸之。班固《諸侯
王表》云：諸侯比境，
周匝三垂。《後漢·馮
衍》云：四垂之民，肝
膽塗地。其義並同。

《正義》云："桃人"，《史
記》作"桃"，注：燕
縣有桃城。今按，任
城有桃聚。

凌約言曰：春申君知
秦遣白起，上書阻之，
乃不明言其事，僅以
善楚不善楚之利害聳
動其聽，而兵自止，亦
善説矣。

楊慎曰：以上説秦之
強，及有戰功，當慎重
以爲終始。

────────────

　　① 此兩段底本爲雙行小字，實爲正文，且他本無"云云"二字，
據《四部叢刊》本及《四庫全書》諸本。
　　② 魏邑也，鮑注："虛，魏地也。"且《四部叢刊》本中此注注
於"桃人"後。

董份曰：没利者，為利所没溺；易患者，易視後日之患，不預防也。

丘濬曰：到此方露出本意。

茅坤曰：引二國以過信得敗，正見韓、魏不可信。而又不明指信字，故讀者未易詳耳。

王士性曰：此段説秦暴虐二國，詞旨悲婉激切，不容聽者不入也。

穆文熙曰：此言韓、魏仇秦，不可借以攻楚，亦不可由其地以出兵，而楚又不可出兵，皆極理勢。

初，鮮克有終。'易曰：'狐濡其尾。'此言始之易，終之難也。何以知其然也？智氏見伐趙之利，而不知榆次之禍也；吳見伐齊之便，而不知干隧之敗也。此二國者，非無大功也，没利於前，而易患於後也。吳之信越也，從而伐齊，遂攻齊人於艾陵，還爲越王禽於三江之浦。浦，水濱也。智氏信韓、魏，從而伐趙，攻晉陽之城，勝有日矣，韓、魏反之，殺智伯瑤於鑿臺之上。今王妒楚之不毀也謂無傷，而忘毀楚之强韓、魏也。楚毀，不能侵之，故强。臣爲大王慮而不取。《詩》云：'大武遠澤①不涉。'威武之大者，遠安定之，不必涉其地。從此觀之，楚國，援也；鄰國，敵也。《詩》云：'他人有心，予忖度之。躍躍毚兔，遇犬獲之。'今王中道而信韓、魏之善王也，中道，在前後間。此正吳信越也。臣聞，敵不可易，時不可失。臣恐韓、魏之卑辭慮患，而實欺大國也。王既無重再世之德於韓、魏，而有累世之怨焉。夫韓、魏父子兄弟接踵而死於秦者，十②世矣。本國殘，社稷壞，宗廟隳，割腹折頤頷也，首身分離，暴骨草澤，頭顱首骨僵僕，相望於境；父子老弱係虜，相隨於路；鬼神狐祥狐爲妖者無所食無人爲衣③，百姓不聊生，族類離散流亡爲臣妾，滿海内矣。韓、魏之不亡，秦社稷之憂也。今王之攻楚，不亦失乎！且王攻楚之日，則惡安也出兵？王將藉路於仇讎之韓、魏乎？兵出之日而王憂其不反也，是王以兵資於仇讎之韓、魏。王若不藉路於仇讎之韓、魏，必攻隨陽、右壤，此皆

---

① 澤，當爲"宅"，據《四部叢刊》本及《四庫全書》諸本。
② 十，當爲"百"，據《四部叢刊》本及《四庫全書》諸本。
③ 衣，當爲"依"，據鮑注："無人爲之依也。"

廣川大水，山林谿谷，不食之地，王雖有之，不爲得地。
是王有毀楚之名，無得地之實也。

"且王攻楚之日，四國必悉起應王。齊、趙、魏、
韓，必躡秦也。秦、楚之兵構而不離，魏氏將出兵而攻
留、方與、銍、胡陵、碭、蕭、相，故宋必盡七邑故皆宋
也。齊人南面，泗北必舉。此皆平原四達，膏腴之地
也，而王使之獨攻。秦與楚戰，不暇救七邑及泗北。故二國攻
之，兵勢無所分。王破楚於以肥韓、魏於中國而勁齊，韓、
魏之強足以校敵於秦矣。而齊南以泗爲境，東負海，
北倚河，而無後患，天下之國，莫強於齊。齊、魏得
地葆保同利，而詳事下吏，詳其事以下於吏，慎重之意。一
年之後，爲帝若未能，於以禁王之爲帝有餘。夫以王
壤土之博，人徒之衆，兵革之強，而注猶屬地於楚，詘
猶反令韓、魏，歸帝重於齊，是王失計也。

"臣爲王慮，莫若善楚。秦、楚合而爲一，以臨韓，
韓必援首①。王襟以山東之險，帶以河曲之利，韓必爲
關中之候此②之候吏。若是，王以十萬戍鄭，梁氏寒心，
許、鄢陵嬰城，上蔡、召陵不往來也韓、魏不通。如此，
而魏亦關內候矣。王一善楚，而關內二萬乘之主注地
於秦，齊之右壤可拱手而取也。是王之地一經兩海，
要絕天下也。言秦地自西海亘東海，中斷天下也。是燕、趙
無齊、楚，齊、楚無燕、趙也。然後危動燕、趙以危亡之
事恐動之，持齊、楚，持，劫之也。此四國者，不待痛而服
矣。"痛，言攻伐之酷。

---

① 援首，於義不通。《四部叢刊》本及鮑本、姚本爲"授首"，
吳本爲"受首"。"受""授"同。

② 此，當爲"比"，據《四部叢刊》本及吳本。

陸深曰：當時齊最大，
又提出作一折，最有
輕重。

張之象曰：數語深中
事机，不覺傾聽。

凌約言曰：此書議論
千翻百轉，其要歸只
在"莫若善楚"一句，
文字何等緊嚴。

黃震曰：觀春申君説
秦昭王，不伐楚而王，
莫若善楚，可謂智能
之士矣。

馮夢禎曰：以韓、魏、
齊又作三叠，而收拾
步步漸緊。

司馬遷曰：吾適楚，觀春申君故城，宮室盛矣哉。初，春申君之說秦昭王，何其智之明也。

段干越說新城君

段干越人魏人，在秦。謂新城君曰："王良之弟子駕，云取千里馬，遇造父之弟子。造父之弟子曰：'馬不千里。'王良弟子曰：'馬，千里之馬也；服，千里之服也。而不能取千里，何也？'曰：'子繼牽長。繼，索也，以牽馬。故繼牽於事，萬分之一也，而難千里之行。'今臣雖不肖，於秦亦萬分之一也，而相國見臣不釋塞者，言障之於下，不解。是繼牽長也言芈戎短於用己所長。"

按：駕車，□①馬，兩服在中夾轅，兩驂在旁，見《大叔于田》。言馬言服，馬豈驂耶？

田汝成曰：牽長害事，古今一也，可不戒哉！

范雎因王稽獻書秦王①

范子魏人因王稽入秦，獻書昭王曰："臣聞明主蒞政，有功者不得不賞，有能者不得不官；勞大者其禄厚，功多者其爵尊，能治衆者其官大。故不能者不敢當其職焉，能者亦不得蔽隱。使以臣之言爲可，則行而益利達其道；若將弗行，則久留臣無謂也無作爲。語曰：'庸主賞所愛，而罰所惡。明主則不然，賞必加於有功，刑必斷於有罪。'今臣之胸不足以當椹質，椹，斫木。質，鑕鐵。要不足以待斧鉞，豈敢以疑事嘗試於王乎？雖以臣爲賤而輕辱臣，獨不重任臣者，後無反覆於王前耶！言薦任者，得人無有前後，而獨不可重之也。

楊慎曰：雎此書只是求見，尚未深言。秦國之事，即王稽所謂不可以書傳者也。然穰侯謂諸侯客子無益昭王，亦厭天下士無所信，則此書固以陰破其見耳。

《正義》曰：保任人者，必保其後之不如言，則爲反覆。此任人者

①□，當爲"四"，據《四部叢刊》本："駕車馬四。"

① 本篇實合"范子因王稽入秦""范雎至秦""范雎曰臣居山東"三章爲一章。

"臣聞周有砥厄，宋有結禄①，梁有懸黎，楚有和璞。此四寶者，工之所失也，_{失，謂不能別之，故卞和三刖。}而爲天下名器。然則聖王之所棄者，獨不足以厚國家乎？

"臣聞善厚家者，取之於國；善厚國者，取之於諸侯_{皆取其人。}天下有明主，則諸侯不得擅厚矣。是何也？爲其凋荣也。_{喻厚重。彼有擅之，則此無有。}良醫知病人之死生，聖人②明於成敗之事，利則行之，害則舍之，疑則少嘗之，雖堯、舜、禹、湯復生，弗能改已！語之至者，臣不敢載之於書；其淺者又不足聽也。意者，臣愚而不闓_{合同}於王心耶！亡其_{猶亡乃}言臣者，將賤而不足聽耶！非若是也，則臣之志，願少賜游觀之閒③，望見足下而入之。"

書上，秦王説之，因謝王稽説，_{且謝，且説其未用之故，}《史》無"説"字。使人持車召之。

范雎至秦，王庭迎范雎曰："寡人宜以身受令久矣。會④義渠之事急，寡人旦暮⑤自請太后。今義渠之事已，寡人乃得以身受命。躬竊閔_{猶傷}然不敏，_{自傷見雎之晚。}敬執賓主之禮。"范雎辭讓。

是日見范雎，見者無不變色易容者。秦王屏左右，宮中虛無人，秦王跪而請⑥曰："先生何以幸教寡人？"范雎曰："唯唯。"有間，秦王請復，范雎曰："唯唯。"

---

① 禄，同吳本，《四部叢刊》本及鮑本、姚本作"緑"。
② 人，《四部叢刊》本及吳本、姚本作"主"，鮑本作"王"。
③ 閒，同鮑本，《四部叢刊》本及姚本、吳本作"間"。
④ 會，當爲"今者"，據《四部叢刊》本及《四庫全書》諸本。
⑤ 旦暮，當爲"日"，據《四部叢刊》本及《四庫全書》諸本。
⑥ 請，同鮑本、姚本，《四部叢刊》本及吳本爲"進"。

所重也，王宜①得輕之。

田藝衡曰：足動秦王，只此數語。

董份曰：凋荣意已指穰侯等，而不可明言，故微及之。

楊慎曰：淺言之不足以感王，深言之則立憤事，雖自謂其心良苦。

按《漢書·匈奴傳》：秦昭王時，義渠戎王與宣太后乱，有二子，太后詐殺王於甘泉。

朱焯曰：变色易容，非但敬肅，兼有恐懼意。

王淮禎②曰：三跽請而不言，以嘗試其意耳。此處最妙，非善形容，不能見其次序。

---

① 宜，當爲"豈"，據《四部叢刊》本。
② 王淮禎，應爲"王維禎"，據上下文。

若是者三。

　　秦王跽曰跽，長跪也。："先生不幸教寡人乎？"范雎謝曰："非敢然也。臣聞始時呂尚之遇文王也，身爲漁父而釣於渭陽之濱耳。若是者，交疏也。已一說而立爲太師，載與俱南歸者，其言深也。故文王果收功於呂尚，卒擅天下而身立爲帝王。即使文王疏呂望而弗與深言，是周無天子之德，而文、武無與成其王也。今臣，羈旅之臣也，交疏於王，而所願陳者，皆匡君臣之事，處人骨肉之間謂欲言太后及穰侯等，願以陳臣之陋忠，而未知王心也，所以王三問而不對者是也。臣非有所畏而不敢言也，知今日言之於前，而明日伏誅於後，然臣弗敢畏也。大王信行臣之言，死不足以爲臣患，亡不足以爲臣憂，漆身而爲厲，被髮而爲狂，不足以爲臣恥。五帝之聖而死，三王之仁而死，五霸之賢而死，烏獲之力而死，奔、育皆衛人勇士之勇而死。死者，人之所必不免。處必然之勢，可以少有補於秦，此臣之所大願也。臣何患乎？伍子胥橐載而出昭關，夜行而晝伏，至於菱夫地缺，無以餌其口，坐行蒲服匍匐同，饑困也。乞食於吳市，卒興吳國，闔閭爲霸。使臣得進謀如伍子胥，加之以幽囚，終身不復見，是臣說之行也，臣何憂乎？箕子、接輿，《高士侍》[①]："楚人陸通，字接輿。"漆身而爲厲，被髮而爲狂，無益於殷、楚。使臣得同行於箕子、接輿，可以補所賢之主，是臣之大榮也，二子無補於時，猶爲之；今爲而有補，故以爲榮。臣又何恥乎？臣之所恐者，獨恐臣死之後，天下見臣盡忠而

① 高士侍，或係誤刻，據鮑本當爲"高士傳"。

左欄批註：

田藝衡曰：動秦王，又在此數語，只是欲帝王耳，與前書相應第一緊要事。

楊慎曰：此段句法，叠言文字如貫珠。

按："菱夫"乃"溪"字之誤，地在滁、和之間。

此段言亡不足以爲臣憂也。

此段言爲厲、爲狂不足以爲臣恥也。

茅坤曰：上提一個"臣何患"，一個"臣何憂"，一個"臣何恥"，至此又係之以"臣所恐"，云云，昭王焉得不感發。

身蹷也，是以杜口裹足，莫肯即^{就也}秦耳。足下上畏太后之嚴，下惑奸臣之態；居深宮之中，不離保傅之手^{女保、女傅非大臣也}；終身闇惑，無與照奸；大者宗廟滅覆，小者身以孤危。此臣之所恐耳！若夫窮辱之事，死亡之患，臣弗敢畏也。臣死而秦治，賢於生也。"

　　秦王跪^①曰："先生是何言也！夫秦國僻遠，寡人愚不肖，先生乃幸至此，此天以寡人愳^{溷同。汙也，浼也}。^②先生，而存先生^③之廟也。寡人得受命於先生，此天所以幸先王而不棄其孤也。先生奈何而言若此！事無大小，上及太后，下至大臣，願先生悉以教寡人，無疑寡人也。"范雎再拜，秦王亦再拜。

　　范雎曰："大王之國，北有甘泉、谷口，南帶涇、渭，右隴、蜀，左關、阪，戰車千乘，奮擊百萬。以秦卒之勇，車騎之多，以當諸侯，譬若施韓盧^{俊犬名}而逐駑兔也，霸王之業可致。今反閉關而不敢窺兵於山東者，是穰侯爲國謀不忠，而大王之計有所失也。"王曰："願聞所失計。"雎曰："大王伐^④韓、魏而攻強齊，非計也。少出師，則不足以傷齊，多之則害於秦。臣意王之計^{以意測之}欲少出師，而悉韓、魏之兵則不義矣。^{己少出師，而使人悉出，非宜也。}今見與國之不親^⑤，^{與，謂韓、魏。}越人之國而攻，可乎？疏於計矣！昔者，齊人伐楚，戰勝，破軍殺將，再辟千里，^{辟，拓地也。}膚寸之地無得

凌約言曰：此時昭王之心，惟恐雎不言，秦國不保，故上及太后，且欲爲之甘心，又何有於大臣哉？此其説得行，而相印終歸也。

張洲曰：此處既露太后、大臣等意，而下先言攻韓、魏之策，盖猶未知王心何如，而先以其説嘗試之，乃范叔所謂滑稽也。

茅坤曰：到此不言內人，只言外事，以觀秦王之俯仰。

---

①　跪，同姚本，《四部叢刊》本及吳本、鮑本作"跽"。鮑注："跽，長跪也。"

②　"愳溷同。汙也，浼也。"鮑注："愳、溷同。亂也，濁貌。"

③　生，當爲"王"，據文意及《四部叢刊》本。

④　伐，當爲"越"，據《四部叢刊》本及《四庫全書》諸本。

⑤　不親，當爲"不可親"，據《四部叢刊》本及《四庫全書》諸本。

朱焯曰：遠交近攻，即假道滅虢，故智。齊、楚不悟，使范雎成苟息之計而秦①，而秦人收晉獻之功，愚矣。

茅坤曰：秦之伯業，定於遠交近攻之一言。

林少穎曰：六國卒并于秦，出於遠交近攻之策，取韓、魏以執天下之樞也。

《大事記》云：親魏者，豈誠愛魏哉？孤韓党耳。

張洲曰：遠交近②之策當矣。語未卒而復欲親之，既親之又欲伐之，立談間矯乱如此，使人主何適從乎？若曰某策爲上，次之其可也。

雎先已摩切秦王，王曰："上及太后，下至大臣，願先王③悉以教寡人。"宜可言矣。而且陳遠交近攻之策，至是始極言所欲言，此策士之深術也。

---

①而秦，疑衍。據穆文熙《戰國策評苑》。

②"近"後疑脫"攻"字，據正文及鮑本。

③先王，當作"先生"，據正文。

者，側手曰扶，通作膚。豈齊不欲地哉？形弗能有也。諸侯見齊之罷露疲敝暴露，君臣之不親，舉兵而伐之，主辱軍破，爲天下笑。所以然者，以其伐楚而肥韓、魏也。此所謂藉賊兵而齎盜食者也。王不如遠交而近攻，得寸則王之寸，得尺亦王之尺也。今舍此而遠攻，不亦繆乎？且昔者，中山之地，方五百里，趙獨擅之，功成、名立、利附焉，天下莫能害。此言近攻之利。今韓、魏，中國之處，而天下之樞也。言樞紐，天下之本也。王若欲霸，必親中國而以爲天下樞，以威楚、趙。趙強則楚附，楚強則趙附。雖不能兼制，必有一附。楚、趙附則齊必懼，懼必卑辭厚幣以事秦，齊附，而韓、魏可虛也。"

王曰："寡人欲親魏，魏，多變之國也，寡人不能親。請問親魏奈何？"范雎曰："卑辭重幣以事之。不可，削地而賂之。不可，舉兵而伐之。"於是舉兵而攻邢丘，邢丘拔而魏請附。

曰雎復說也："秦、韓之地形，相錯如繡。秦之有韓，若木之有蠹，人之病心腹。天下有變，爲秦害者莫大於韓。"王曰："寡人欲收韓，韓不聽，爲之奈何？"

范雎曰："舉兵而攻滎陽，則成皋之路不通；北斬太行之道，則上黨之兵不下；一舉而攻宜陽，則其國斷而爲三。韓見必亡，焉得不聽？韓聽而霸事可成也。"王曰："善。"此下更云，且欲發使於燕，范雎日益親，復說用數年矣，因請間說，云云。

范雎曰："臣居山東，聞齊之内有田單，不聞其有王。聞秦之有太后、穰侯、涇陽昭王母弟、華陽，不聞其有王。夫擅國之謂王，能專利害之謂王，制殺生之威之謂王。今太后擅行不顧，穰侯出使不報，言不白王，而擅遣使於外。涇陽、華陽擊斷無諱謂刑人無畏，高陵進退不請。四貴備而國不危者，未之有也。爲此四者下，乃所謂無王已！然則權焉得不傾，而令焉得從王出乎？臣聞：'善爲國者，內固其威，而外重其權。'穰侯使者操王之重，決裂諸侯謂分剖其地，剖符於天下謂軍符，征敵伐國，莫敢不聽。戰勝攻取，則利歸於陶穰侯封邑，國敝，御於諸侯；國，謂秦。御，言爲諸侯所制。戰敗，則結怨於百姓，而禍歸社稷。《詩》曰：'木實繁者披其枝，披其枝者傷其心。逸《詩》。大其都者危其國，尊其臣者卑其主。'淖齒管齊之權，管，猶管攝之管，專之也。縮閔王之筋，縣之廟梁，宿昔而死；李兌用趙，減食主父減主父食，百日而饑死。今秦，太后、穰侯用事，卒無秦王，此亦淖齒、李兌之類已！臣今見王獨立於廟朝矣，且臣將恐後世之有秦國者，非王之子孫也！"秦王懼，於是乃廢太后，逐穰侯，出高陵，走涇陽於關外。

昭王謂范雎曰："昔者齊公得管仲，時以爲'仲父'。今吾得子，亦以爲'父'。"拜相封應侯。

應侯論平原君

應侯曰："鄭人謂玉未理者璞，周人謂鼠未臘者朴。周人懷朴過鄭賈曰：'欲買朴乎？'鄭賈曰：'欲之。'出其朴，乃鼠也。因謝不取。今平原君趙公子勝自以賢，顯名於天下，然降其主父沙丘而臣之。降，貶損之也。此李兌事，非平原也。天下之王尚猶尊之，是天下之王不如鄭賈之智，眩於名，不知其實也。"

許應元曰：四貴非能亡秦也，然而論國家之勢，則其言著蔡也，卒之斯、高擅國，而秦促之矣。

又曰：四貴之權，唯穰侯最重，故又專以穰侯來說。

子由《古史》云：雎之相秦，其逐魏冉猶可說也，并逐宣太后，使昭王以子絕母，不已甚乎！太后之于秦，非莊姜[1]、襄后之惡也，武姜、襄后猶不可絕，而雎絕之，其愧穎考叔、茅焦多矣。

按：此說亦見《尹文子》及《漢·應奉傳》[2]。

穆文熙曰：降主父乃李兌事，何以爲平原，此不必論其有無。大抵人徒有名而無實者

[1] 莊姜，當爲"武姜"，據上下文。
[2] 即《後漢書·應奉傳》。

皆朴類也。然物之朴易辨，而人之朴難識矣。

堆①琴諫秦王輕韓魏

秦昭王謂左右曰："今日韓、魏，孰與始强？"對曰："弗如也。"王曰："今之如耳_{魏人}、魏齊_{魏相}，孰與孟嘗、芒卯之賢？"對曰："弗如也。"王曰："以孟嘗、芒卯之賢，帥强韓、魏之兵以伐秦，猶無奈寡人何也。今以無能之如耳、齊魏②，帥弱韓、魏以攻秦，其無奈寡人何，亦明矣！"

楊慎曰：兩"無奈寡人何"，言有輕重。

中期_{秦武王時，此人已出}。堆琴③對曰："王之料天下過矣。昔者六晋之時，智氏最强，滅破范、中行，又帥韓、魏以圍趙襄子於晋陽。決晋水以灌晋陽，城不沈者三板耳。智伯出行水，韓康子御，魏桓子驂乘。智伯曰：'始，吾不知水之可亡人之國也，乃今知之。汾水利以灌安邑，絳水利以灌平陽。'魏桓子肘韓康子，康子履魏桓子，躡其踵。_{不敢正語，築其肘，躡其踵，而以意會之。}肘足接於車上，而智氏分矣。身死國亡，爲天下笑。今秦之强，不能過智伯；韓、魏雖强④，尚賢其在晋陽之下也。此乃方其用肘足時也，願王之勿易也。"

王維禎曰：引智氏首末以悟秦王，述叙委切，傲動人心。

鮑彪曰：此賢人君子言也，人君閒暇時，宜置座右。

吳師道曰：秦自孝公、商鞅以來，政俗彌惡，當時動以虎狼目之，盖聖賢之所絶也。凡委質於國者，雖有忠言嘉謨，皆不在君子之科。

---

① 堆，同吳本，《四部叢刊》本及姚本、鮑本作"推"。

② 齊魏，當作"魏齊"，據《四部叢刊》本及《四庫全書》諸本。

③ 堆，同吳本，《四部叢刊》本及姚本、鮑本作"推"。琴，底本形似"翏"字，概因"琴"之行草書類似"翏"致。

④ 强，當爲"弱"，據《四部叢刊》本及《四庫全書》諸本。

范雎再論三貴

應侯謂昭王曰："亦聞恒思 _{地名}有神叢與？ _{灌木中}有神靈托之。恒思有悍少年，請與叢博 _{局戲也}，曰：'吾勝叢，叢藉我神三日；不勝叢，叢困我。'乃左手爲叢投，右手自爲投，勝叢，叢藉其神。三日，叢往求之，遂弗歸。五日而叢枯，七日而叢亡。今國者，王之叢；勢者，王之神。籍[1]人以此，得無危乎？臣未嘗聞指大於臂，臂大於股，若有此，則病必甚矣。百人輿瓢而趨 _{負之如輿載物}，不如一人持而走疾。百人誠輿瓢，瓢必裂 _{以爭持者衆}。今秦國，華陽用之，穰侯用之，太后用之，王亦用之。不稱瓢爲器，則已；_{謂比國於瓢。}稱瓢爲器，國必裂矣。"

張之象曰：此篇語齊甚於《莊子》，下篇"畫蛇之喻"與此相類。

馮覲曰：首以神叢爲喻，見國勢不可以假人；次以指臂爲喻，見臣之勢不可使大於君；末以輿瓢爲喻，見國勢既分，必至乱國劈，喻意一節深一节。

范雎説秦王攻人

秦攻韓，圍陘。范雎謂秦昭王曰："有攻人者，有攻地者。穰侯十攻韓[2]而不得傷者，非秦弱而魏强也，其所攻者，地也。地者，人主所甚愛也。人主者，人臣之所樂爲死也。攻人主之所愛，與樂死者鬥，故十攻而弗勝也。今王將攻韓圍陘，臣願王之毋獨攻其地，而攻其人也。王攻韓圍陘，以張儀爲言。張儀之力多，且割地而以自贖於王，幾割地而韓不盡；張儀之力少，則王逐張儀，而更與不如儀者市 _{知不如耳}。則王之所求

吳澄曰：馬稷教孔明用兵，攻心爲上，攻城次之，蓋本諸此。
楊慎曰：此等文乃蘇氏家法。

按：儀死至雎相秦，凡四十四年矣，儀亦未嘗在韓，此必有誤。

---

① 籍，當爲"藉"，據《四部叢刊》本及《四庫全書》諸本。
② 韓，當爲"魏"，據《四部叢刊》本及《四庫全書》諸本。

於韓者，盡可得也。"

武安君諫秦昭王伐趙

昭王既息民繕兵，復欲伐趙。武安君曰："不可。"王曰："前年國虛民饑，君不量百姓之力，求益軍粮以滅趙。今寡人息民以養士，蓄積糧食，三軍之俸有倍於前，而曰'不可'，其說何也？"

武安君曰："長平之事，秦軍大克，趙軍大破；秦人歡喜，趙人畏懼。秦民之死者厚葬，傷者厚養，勞者相饗，飲食餔饋，以靡其財；趙人之死者不得收，傷者不得療，涕泣相哀，戮力同憂，耕田疾作，以生其財。今王發軍，雖倍其前，臣料趙國守備，亦以十倍矣。趙自長平以來，君臣憂懼，早朝晏罷，卑辭厚幣，四面出嫁，結親燕、趙①，連好齊、楚，積慮并心，備秦爲務。其國內實，其交外成。當今之時，趙未可伐也。"王曰："寡人既以興師矣。"乃使校大夫王陵將而伐趙。

陵戰失利，亡五校。王欲使武安君，武安君稱疾不行。王乃使應侯往見武安君，責之曰："楚，地方五千里，持戟百萬。君前率數萬之眾入楚，拔鄢、郢，焚其廟，東至竟陵，楚人震恐，東徙而不敢西向。韓、魏相率，興兵甚眾，君所將之卒不能半之，而與戰之於伊闕，大破二國之君②，流血漂鹵 殺人者③ 而流血漂浮鹵

---

① 趙，當爲"魏"，據《四部叢刊》本及《四庫全書》諸本。
② 君，當爲"軍"，據《四部叢刊》本及《四庫全書》諸本。
③ 者，當作"多"，據姚注。

張洲曰：武安君反覆論趙必不可伐，謂其能自固也。可見以虎狼之秦，佐之以白起之勇，何强不摧，而卒不能加兵於自固之趙。故曰，六國之見滅于秦，六國之自滅也，非秦也。

李崆曰：叙事典而勁，情亦切中。

蘇子由曰：予讀太史公《白起傳》，秦之再攻邯鄲也，起與范雎有怨，稱病不行以亡其驅。慨然嘆曰起以武夫無所屈伸，而困于游談之士，使起勉强一行，兵未必敗，而免于死矣。及覽《戰國策》，觀起自陳成敗之績，乃知邯鄲決不可再攻，而起非特以

也，斬首二十四萬。韓、魏以故至今稱東藩。此君之功，天下莫不聞。今趙卒之死於長平者已十七八，其國虛弱，是以寡人_{雖稱王命}大發軍，人數倍於趙國之衆，願使君將，必欲滅之矣。君常以寡擊衆，取勝如神，況以強擊弱，以衆擊寡乎？"

武安君曰："是時楚王_{頃襄}恃其國大，不恤其政，而群臣相妒以功，諂諛①用事，良臣斥疏_{斥亦疏}，百姓心離，城池不脩，既無良臣，又無守備。故起所以得引兵深入，多倍城邑，_{倍，如字。言深入所過城邑多也。}發梁焚舟以專民，_{梁，橋也。示以不還，使民專於戰。}掠於郊野，以足軍食。當此之時，秦中_{一作秦之}士卒，以軍中爲家，將帥爲父母，不約而親，不謀而信，一心同力，死不旋踵。楚人自戰其地，咸顧其家，各有散心，莫有鬥志。是以能有功也。伊闕之戰，韓孤_{勢孤}顧魏，不欲先用其衆。魏恃韓之銳，欲推以爲鋒。二国爭便之利不同，是以臣得設疑兵，以持韓陣，專軍並銳，觸魏之不意。魏軍既敗，韓軍自潰，乘勝逐北，以是之故能立功。皆計利形勢_{謂人謀、地利、軍之形勢}，自然之理，何神之有哉！今秦破趙軍於長平，不遂以時乘其振_震懼而滅之，畏而釋之，使得耕稼以益蓄積，養孤長幼以益其衆，繕治兵甲以益其強，增城浚池以益其固。主折節以下其臣，臣推體_{猶委質也}以下死士。至於平原之屬，皆令妻妾補縫於行伍之間。臣人一心，上下同力，猶勾踐困於會稽之時也。以今伐之，趙必固守。挑其軍戰，_{挑，摧撓也，撓敵求戰。}必不肯出。圍其國都，必不可克。

----

① 諂諛，同吳本、姚本、《四部叢刊》本及鮑本爲 "諛諂"。

_{怨不行，蓋爲之流涕也。}

穆文熙曰：詳觀前後，蓋應侯既許趙和以阻撓武安，而又勸秦王強起武安以重其罪，而杜郵之禍始成矣，雖真殺起哉！

楊慎曰：楚之破也，恃大無政，妒功用諛，良臣斥疏，百姓離心。趙之存也，折節下士，臣人同心，上下同力。以楚之大不能保鄢、郢，而積哀之趙能令白起戢其凶德。國家存亡之机，間不容髮。

鮑彪曰:起之策秦、楚、三晉,可謂明切,向使再起,何破軍辱將之有?三請不行,此自抽杜郵之劍也,悲夫!

顧起元曰:善戰者,知彼知己之能勝敵,而未敵可勝,不戰也。趙創於長平之禍,懼而自完,應侯豈不知其未可勝哉?而強使白起者,脩郤也。長於料敵而不長於料主,王急於得地而雖急於殺起,當時伐趙起亦死,不伐亦死也。鮑謂自抽杜郵之劍,過矣。

攻其列城,必未可拔。掠其郊野,必無所得。兵出無功,諸侯生心,外救必至。臣見其害,未覩其利。又病,未能行。"

應侯慙而退,以言於王。王曰:"微白起,吾不能滅趙乎?"復益發軍,更使王齕代王陵伐趙。圍邯鄲八九月,死傷者衆,而弗下。趙王^{孝成}出輕銳以寇其後,秦數不利。武安君曰:"不聽臣計,今果如何?"王聞之怒,因見武安君,強起之,曰:"君雖病,強爲寡人臥而將之。有功,寡人之願,將加重於君。如君不行,寡人恨君。"武安君頓首曰:"臣知行雖無功,得免於罪。雖不行無罪,不免於誅。然臣願大王覽臣愚計,釋養趙民①,以觀諸侯之變。撫其恐懼,伐其驕慢,誅滅無道,以令諸侯,天下可定,何必以趙爲先乎?此所謂爲一臣屈而勝天下也。大王若不察臣愚計,必欲快心於趙,以致臣罪,此亦所謂勝一臣而爲天下屈者也。夫勝一臣之嚴^{猶威}焉,孰若勝天下之威大耶?臣聞明主愛其國,忠臣愛其君②。破國不可復完,死卒不可復生。臣寧伏受重誅而死,不忍爲辱軍之將。願大王察之。"王不答而去。

———
① 釋養趙民,當爲"釋趙養民",據《四部叢刊》本及《四庫全書》諸本。
② 君,當爲"名",據《四部叢刊》本及《四庫全書》諸本。

秦以反誅王稽而欲連范雎

秦攻邯鄲，十七月不下。莊_{人名}謂王稽曰："君何不賜軍吏乎？"王稽曰："吾與王也，不用人言。"莊曰："不然。父之於子也，令有必行者，必不行者。曰'去貴妻，賣愛妾'，此令必行者也；因曰'毋敢思也'，此令必不行者也。守閭嫗曰，'某夕，某孺子_{婦人之美}稱內某士'。_{內，私之也。言嫗之言亦有必行者。}貴妻已去，愛妾已賣，而心不有。_{有，猶欲也。言父雖令之，而非其所欲，故令之勿思，則必不行。}欲敎_{猶告}之者，人心固有。_{孺子內士，人心固欲其告，雖非至親，令必行也。}今君雖幸於王，不過父子之親；_{言王之令，亦能奪其所貴愛，有不必行者。}軍吏雖賤，不卑於守閭嫗_{言且告稽}。且君擅主輕下之日久矣。聞'三人成虎_{即《魏策》龐蔥[1]所稱者}，十夫揉椎。_{揉，屈伸木也。}衆口所移，毋翼而飛'。故曰：不如賜軍吏而禮之。"王稽不聽。軍吏窮，果惡王稽、杜摯_{稽之副也}以反。秦王大怒，而欲兼誅范雎。范雎曰："臣，東鄙之賤人也，開罪於魏，遁逃來奔。臣無諸侯之援，親習之故，王舉臣於羈旅之中，使執事，天下皆聞臣之身與王之舉也。今[2]愚[3]惑[4]與罪人_{謂王稽}同心，而王明誅之，是王過舉顯於天下，而爲諸侯所議也。臣願請藥賜死，而恩以相葬臣，王必不失臣之罪，而無過舉之名。"

《正義》云：孺子，乳也。婦之常乳者，亦謂孺子。按《齊策》王有七孺子。

張洲曰：策中多此雙喻文法，而韓、蘇祖之。

許應元曰：雎不得已而爲此言也。夫秦王强戾剛狠之人也，欲顯誅雎，俱[1]爲天下笑，故言人而暫聽之耳，少曰，必且殺雎以他事。雎之得免，蔡澤之力也。

---

① 蔥，當爲"蔥"，或因形近誤，參見本書卷三。
② 今，同鮑本、吳本、姚本，《四部叢刊》本作"令"。
③ 愚，同《四部叢刊》本及鮑本、吳本，姚本作"遇"。
④ 姚本"惑"後有"或"字，《四部叢刊》本及鮑本、吳本作衍字。

---

① 俱，當爲"懼"，據上下文意。

王曰："有之。"然其過舉之言。遂弗殺而善遇之。

蘇子諫秦攻趙

秦攻趙，蘇子謂秦王曰："臣聞明王之於其民也，博論而技藝之試之以事，是故官無乏事而力不困；於其言也，多聽而時用之，是故事無敗業而惡不章。臣願王察臣之所謁，而效之於一時之用也。臣聞懷重寶者，不以夜行；任大功者，不以輕敵。是以賢者任重而行恭，智者功大而辭順不伐。故民不惡其尊，而世不妒其業。臣聞之：百倍之國者，民不樂後也；地既廣矣，民不樂其後，復有事也。功業高世者，人主不再行也大功不再；力盡之民，仁者不用也；求得而反靜復於無事，聖主①之制也；功大而息民，用兵之道也。今用兵終身不休，力盡不罷，怒趙必於其已邑，必欲戰服，使爲已邑。趙僅存哉！然而四輪四達之國也，今雖得邯鄲，非國之長利也。意者地廣而不耕，民贏而不休，又嚴之以刑罰新民未服故，則雖從而不止矣言且去之。語曰：'戰勝而國危者，物猶事不斷也。功大而權輕者，地不入也。'戰勝而愈戰，則國危。危，則事不止。功大而愈求功，則權輕。輕，則地不入。因上文"用兵不休"與"雖從不止"言之。故過任之事，父不得於子；無已之求，君不得於臣。故識乎微之爲著者強，察乎息民之爲用者霸，明乎輕之爲重者王。"不伐人，人所輕也，重莫大焉。

秦王曰："寡人案兵息民，則天下必爲從，將以逆

①　主，同姚本，《四部叢刊》本及吳本、鮑本爲"王"。

穆文熙曰：數語可作名言，誰謂縱橫家皆閻閭也？

許應元曰：四輪之國，猶言輻輳四國，皆得救之，秦伐之，難成功也。

龍德孚曰：蘇子首云"任大功者，不以輕敵"，又云"功大而息民，用兵之道也"，是泛論其理，以見趙不當伐。既云四輪之國，非國家之長利，是正論不利於伐趙。此又引言以見趙不可伐。下復以"強，伯，王"三句，以隱諷之，用意婉轉，措辭周匝，非深于文者，不能得此機軸。

秦。"蘇子曰："臣有以知天下之不能爲從以逆秦也。臣以田單、如耳爲大過也^{二人欲爲從}。豈獨田單、如耳爲大過哉？天下之主亦盡過矣！夫慮^{猶欲}收亡齊、罷楚、敝魏與不可知之趙^{存亡不可知}，欲以窮秦折韓，臣以爲至愚也。夫齊威、宣者，世之賢王也，德博而地廣，國富而民用，將武而兵强。宣王用之，後破韓威魏，以南伐楚，西攻秦，秦爲齊兵困於不服^①之上^{言秦}^{不敢出關}，十年攘地^{言攘取秦地}，秦人遠迹^{畏而避之}殽函^②，而齊爲虛戾。^{戰敗，其地爲虛，其民爲戾，疾也。}夫齊兵之所以破，韓、魏之所以僅存者，何也？^{僅存應虛戾。言齊}^{雖破韓、魏，其國僅存，以其兵久而自敝也。}是則伐楚攻齊^③，而後受其殃也。^{務攻伐人國，而自受其殃。}今富非有齊宣、威之餘也，^{今，謂世主。}精兵非有富韓勁魏之庫也，而將非有田單、司馬之慮也。收破齊、罷楚、敝魏、不可知之趙，欲以窮秦折韓，臣以爲至誤。臣以爲從一不可成也^{言合縱無一可成。}客有難者，今臣有患於世。^{難者，如刑名家。}夫刑名之家，皆曰'白馬非馬'也已。如白馬實馬，乃使有白馬之爲也。^{如使白馬實馬，必有白}^{馬之爲，而天下之馬不皆爲白馬，故曰非馬。}此臣之所患也。^{言難者皆無端若此，故可患。而今非若此也。}

"昔者秦人下兵攻懷，服其人，三國從之。^{趙，趙奢；}^{齊，鮑佞；并楚爲三。趙奢、鮑佞將絕句}，楚有四人起而從之。臨懷而不救，秦人去而不從。不識三國之憎秦而

許應^①曰：窮秦折韓，是時秦韓方睦，故以之並説。

田汝成曰：天下之勢不可爲，以富足、强兵、良將決之，殊爲有理。其文法之精妙，又與《過秦論》相似。

---

① 不服，當爲"殽函"，據《四部叢刊》本及鮑本、吳本，姚本"殽函"作"殽塞"。

② 殽函，當爲"不服"，據《四部叢刊》本及《四庫全書》諸本。

③ 齊，當爲"秦"，據《四部叢刊》本及《四庫全書》諸本。

① 許應，當爲"許應元"，據上下文。

陸深曰：能，猶不能也。此以下申言上殽函之敗。

朱之藩曰：此辨士增飾之詞，非實有其事。二十九年不相攻，即四十年不加兵之謂。

愛懷耶？亡其憎懷而愛秦耶？夫攻而不救，去而不從，是以知三國之兵困，而趙奢、鮑佞之能也。故裂地以敗於齊。此指五國伐齊之事。三國之不救懷，卒裂地以敗齊，皆言從之不可合。田單將齊之良，以兵橫行於中十四年，終身不敢設兵以攻秦折韓也，而馳於封內，言不出戰，所謂橫行於中。不識從之一成惡存也。"

於是秦王解兵不出於境，諸侯休，天下安，二十九年不相攻。

鮑彪曰：以此策爲蘇秦合從時，則所稱趙奢，惠文、孝成將也，蘇秦不當稱之。自昭訖始皇定天下，無年不戰，則天下不相攻之說，不可曉也。今定爲孝成九年邯鄲圍後說。是後秦獨攻取兩周，猶息民五六年。前此後此皆無解兵之事。

韓非説秦王以破從之策 元本作张儀说惠王

説秦王[①]曰："臣聞之，弗知而言爲不智，知而不言爲不忠。爲人臣不忠當死，言不審亦當死。雖然，臣願悉言所聞，大王裁制也其罪。臣聞，天下陰燕陽魏，陰，北。陽，南。連荊始皇諱其父，稱楚曰荊。固齊，時山東國齊、楚爲大，故從。人連結之，特[②]以爲固。收餘韓韓時弱，多喪地，今存者，其餘也。成從，將西面以與秦爲難，臣竊笑之。世有三亡，而天下得之，其此之謂乎！臣聞之曰：'以亂攻治者亡，以邪攻正者亡，以逆攻順者亡。'今天下之府庫不盈，囷倉空虛，悉其士民，張軍數千百

司馬光曰：君子親其親以及人之親，愛其國以及人之國。非爲秦謀，而首欲覆其宗國，罪不容誅矣，烏足愍哉！

張洲曰：以邪正順逆論，則六國豈遽出哉？下哉？而卒之於秦者，乱甚耳。

---

① 説秦王，同鮑本，《四部叢刊》本作"儀説秦王"，吳本、姚本作"張儀説秦王"。

② 特，當爲"恃"，據《四部叢刊》本。

萬，其頓首戴羽，爲將軍斷死於前，不至千人，皆以言死①。白刃在前，斧質在後_{誅不進戰者}，而皆怯而却走，不能死也，非其百姓不能死也，其上不殺也_{言亦殺之}。言賞則不與，言罰則不行，賞罰不行，故民不死也。

"今秦出號令而行賞罰，不攻耳無相攻事也。_{言秦有不攻耳，無敢與相攻者。}出其父母懷衽之中，生未嘗見寇也，聞戰頓足徒裼，犯白刃，蹈鑪炭，斷死於前者_{以死自斷比比_{次也}是也。}夫斷死與斷生也不同，而民爲之者是貴奮也。_{奮，言勇不顧死。}一可以對十，十可以對百，百可以對千，千可以對萬，萬可以勝天下矣。今秦地形，斷長續短，方數千里，名師數百萬，秦之號令賞罰，地形利害，天下莫如也。_{秦有斷死之利，諸侯有不死之害，故不如秦。}以此與天下_{與之}爭，天下不足兼而有也。是知秦戰未嘗不勝，攻未嘗不取，所當_{相值}未嘗不破也。開地數千里，此甚大功也。然而甲兵頓_{勞弊}，士民病，蓄積索，田疇荒，囷倉虛，四隣諸侯不服，霸王之名不成，此無異故，謀臣皆不盡其忠也。

"臣敢言往者。昔者南齊②破荆，東破宋，西服秦，北破燕，中使韓、魏之君_{兩國從其役}。地廣而兵强，戰勝攻取，詔令天下。齊之清濟濁河，足以爲限；長城、鉅防，足以爲塞。齊，五戰之國也_{上所謂"南破""東破"之類}，一戰不勝而無齊_{燕昭入臨淄事}。故由此觀之，夫戰者，萬乘之存亡也。

---

① 其頓首戴羽……皆以言死，《四部叢刊》本及《四庫全書》諸本均無此句。吳補曰：《韓非子》此下有。黃丕烈案："此當各依本書。"

② 南齊，當爲"齊南"，倒文，據《四部叢刊》本及《四庫全書》諸本。

孫應鰲曰：貴不貴①，罰不罰，雖存天下不能治，況當戰國亂世耶？

馮夢禎曰："今秦地形"至"其②大功也"，言秦有伯王之資，"然而甲兵頓"□③句，言秦無伯王之業，乃所以起歸罪謀臣之意，文有關鍵。

楊慎曰：此段言謀臣不盡其心，以激怒之。

又曰：此段言齊閔王一戰而亡，以聳動之。

---

① 貴不貴，當爲"賞不賞"，據正文。
② 其，當爲"甚"，據正文。
③ 此字漫漶不清，據上下文意，當爲"數"字。

又曰：此段言秦之破楚而不取爲失計。

又曰：此段言秦之拔梁而不取爲失計。

又曰：魏可取而又與之和，無伯王之道，言謀臣不盡其忠。

又曰：此言穰侯治秦之失計，所謂謀臣不忠者，蓋指穰侯云，此一篇主意也。

按：二“詐”字，不宜作“詔”字。是時王言未稱“詔”，至始皇并天下，始定爲制。“詔”作“詔”字^①，於義無當。《記》曰：兵

　　①“詔”作“詔”字，當爲“‘詐’作‘詔’字”，據文意。

“且臣聞之曰：‘削株掘根，無與禍隣，禍乃不存。’秦與荆人戰，大破荆，襲郢，取洞庭、五湖^①、江南。荆王^{項襄}亡走，東伏於陳。當是之時，隨荆以兵，則荆可舉。舉荆，則其民足貪也，地足利也。東以弱齊、燕，中陵三晉。然則是一舉而霸王之名可成也，四隣諸侯可朝也。而謀臣不爲，引軍而退，與荆人和。令荆人收亡國，聚散民，主^②社主，置宗廟，令帥天下西面以與秦爲難，此固已無霸王之道一矣。天下有比志^{言其志親}而軍華下，大王以詐^{一作詔字}破之，兵至梁都，圍梁數旬，則梁可拔。拔梁，則魏可舉。舉魏，則荆、趙之志絶。^{魏居二國之中，而爲與國。}荆、趙之志絶，則趙危^{趙尤近秦。}趙危而荆孤。東以弱齊、燕，中陵三晉。然則是一舉而霸王之名可成也，四隣諸侯可朝也。而謀臣不爲，引軍而退，與魏氏和，令魏氏收亡國，聚散民，立社主，置宗廟，此固已無伯王之道二矣。前者穰侯之治秦也，用一國之兵，而欲以伐兩國之功^{秦及穰侯所封。}是故兵終身暴露於外，士民潞^{一作疲}病於內，霸王之名不成，此固已無霸王之道三矣。

“趙氏，中央之國也，雜民之所居也。其民輕而難用也，號令不治，賞罰不信，地形不便，上非能盡其民力。彼固亡國之形也，而不憂民氓，悉其士民，軍於長平之下，以爭韓之上黨，大王以詐破之，拔武安^{此殺趙括事。}當是時，趙氏上下不相親也，貴賤不相信也，然則是邯鄲不守。拔邯鄲，完河間，引軍而去，

――――――――――――――――

①　五湖，當爲“五都”，據《四部叢刊》本及《四庫全書》諸本。
②　主，當爲“立”，據下文及《四部叢刊》本。

西攻脩武，踰羊腸，降伐①、上黨。不用一領甲，不苦一民，皆秦之有也。伐、上党不戰而已爲秦矣，東陽河外不戰而已反爲齊矣此本趙所得齊地，中呼沱以北中，言中分之。不戰而已爲燕矣燕乘敗取之。然則是舉趙則韓必亡，韓亡則荆、魏不能獨立。荆、魏不能獨立，則是一舉而壞韓，蠹魏，拔荆，以東弱齊、燕，決白馬之口，以沃灌也魏氏。一舉而三晉亡，從者敗。大王拱手以須，天下偏隨而伏，霸王之名可成也。而謀臣不爲，引軍而退，與趙氏爲和。以大王之明，秦兵之强，霸王之業先世所創，地曾不可得，乃取欺於亡國趙，是謀臣之拙也。且夫趙當亡不亡，秦當霸不霸，天下固量秦之謀臣一矣。乃復悉士卒以攻邯鄲，不能拔也，棄甲兵怒，戰慄而却且怒且懼而退，天下固量秦力二矣。軍乃引退，并於李下河內有李成②，大王又并軍而致與戰，致，言極力。非能厚勝之也，又交罷却，天下固量秦力三矣。內者量吾謀臣，外者極吾兵力。由是觀之，臣以天下從，豈其難矣？內者吾甲兵頓，士民病，蓄積索，田疇荒，囷倉虛；外者天下比志甚固。願大王有以慮之也。

　　"且臣聞之，戰戰慄慄，日慎一日。苟慎其道，天下可有也。何以知其然也？昔者紂爲天子，帥天下將百萬，左飲於淇谷，右飲於洹水，淇水竭而洹水不流，以與周武爲難。武王將素甲三千領，戰一日，破紂之國，禽其身，據其地，而有其民，天下莫不傷。智伯帥三國之衆，以攻趙襄主於晉陽，決水灌之。三月，

不厭詐，是也。

又曰：此段言秦破趙而不取爲失計。

又曰：趙可取，而又與之和，無伯王之道，復言謀臣不盡其忠。

陸深曰：此下三段，只就伐趙一段內發揮收拾，甚是爽勁。

田藝衡曰：前三失，後亦三失，皆弊之切中者。

楊慎曰：此段言戰之當慎，因舉武王、襄王以爲勸。

張洲曰：引紂、智伯二段，欲君王日慎一日，毋踵二君之弊，以成伯王而朝隣國，波流

① 伐，當爲"代"，據《四部叢刊》本及《四庫全書》諸本。下同。
② 成，當爲"城"，據文意及《四部叢刊》本。

洋溢，文之最勝處。

城且拔矣。襄主錯龜，數策占兆，以視利害，何國可降，而使張孟談。於是潛行而出，反智伯之約，得兩國之衆，以攻智伯之國，禽其身，以成襄子之功。今秦地斷長續短，方數千里，名師數百萬，秦國號令賞罰，地形利害，天下莫如也。以此與天下，天下可兼而有也。

楊慎曰：結歸重於己，以應篇首，且與謀臣不盡忠句相顧。

李衷一曰：前數言謀臣不忠，至結處乃言斬臣以徇國，是明己之謀忠，而欲王委心以聽也。

　　"臣昧死望見大王，言所以舉破天下之從，舉趙，亡韓，臣荊、魏，親齊、燕，以成霸王之名，朝四隣諸侯之道。大王試聽其説，一舉而天下之從不破，趙不舉，韓不亡，荊、魏不臣，齊、燕不親，霸王之名不成，四隣諸侯不朝，大王斬臣以徇於國，以主不忠於國者<small>主言以爲首惡</small>。"

<small>許應元曰：《説難》有陰用其説，而陽棄其身，秦殺非而用其術，以收天下，秦則巧矣。非自知而自蹈之，愚哉！秦之誅非，恐其爲韓也。</small>

蔡澤説應侯辭位

董份曰：范雎以亡因而欲間骨肉，蔡澤以羈旅而欲代相位，行而無謀，犯天下之至難，其勢非危言則不能做動。故澤之宣言困雎者，即雎言無王也，皆危而激之之辭。

　　蔡澤<small>燕人</small>見逐於趙，而入韓、魏，遇奪釜鬲於涂。<small>鬲，鼎也，人奪之。</small>聞應侯任鄭安平、王稽，皆負重罪，應侯內慚，乃西入秦。將見昭王，使人宣言以感怒應侯曰："燕客蔡澤，天下駿雄弘辯之士也。彼一見秦王，秦王必相之而奪君位。"

又曰："四時之序"二句，一篇主意，後反覆議論，要不外此。

　　應侯聞之，使人召蔡澤。蔡澤入，則揖應侯，應侯固不快；及見之，又倨。應侯因讓之曰："子嘗宣言代我相秦，豈有此乎？"對曰："然。"應侯曰："請聞其説。"蔡澤曰："吁！君何見之晚也。夫四時之序，成功者去。夫人生百體堅強，手足便利，耳目聰明，而心聖智^①，豈非士之所願與？”應侯曰：“然。”蔡澤曰：“質仁秉義，行道施德於天下，天下懷樂愛敬，願以爲君王，豈不辯智之期與？ _{辯智者志期得此。}”應侯曰：“然。”蔡澤復曰：“富貴顯榮，成理萬物，萬物各得其所；生命壽長，終其天年而不夭傷；天下繼其統，_{統，緒也。}守其業，傳之無窮，名實純粹，澤流千世，稱之而毋絶。豈非道之符_{行道之效}，而聖人所謂吉祥善事與？”應侯曰：“然。”澤曰：“若秦之商君，楚之吳起，越之大夫種，其卒亦可願與？”應侯知蔡澤之欲困己以説，復曰：“何爲不可？夫公孫鞅事孝公，極身_{竭力}毋二，盡公不還_{反顧私}，設刀鋸以禁奸邪^②，信實^③罰以致治，竭智能，示情素，蒙怨咎，欺舊交，虜魏公子卬，卒爲秦擒將，破敵軍，攘地千里。吳起事悼王，使私不害公，讒不蔽忠，言不取苟合，行不取苟容，行義不顧毀譽，必欲霸主強國，不辭禍凶。大夫種事越王，王^④離_{雁同}困辱，悉忠而不解_{解^⑤同}，王^⑥雖亡絶，盡能而不離，多功而不矜，貴富不驕怠。若此三子者，義之至，忠之節也。故君子殺身以成名，義之所在。身雖死，無憾悔，何爲而不可哉？”蔡澤曰：“主聖臣賢，天下之福也；君明臣忠，國之福也；父慈子孝，夫信

凌稚隆曰：引此二人做話頭，畢竟應侯爲所窘耳。

何孟春曰：范雎只爲畏死，故蔡澤便以死動之，其曰“殺身成名，死無憾恨”，強詞耳。

---

① 夫人生百體堅强……而心聖智，《四部叢刊》本、鮑本及姚本皆爲“夫人生手足堅强耳目聰明聖智”，吳本爲“人生手足堅强耳目聰明聖智”，無“夫”字。

② 設刀鋸以禁奸邪，《四部叢刊》本及《四庫全書》諸本皆無此句。

③ 實，當爲“賞”，據《四部叢刊》本及《四庫全書》諸本。

④ 王，同《四部叢刊》本及鮑本、吳本，姚本作“主”。

⑤ 解，當爲“懈”，據《四部叢刊》本及鮑本、吳本。

⑥ 王，同《四部叢刊》本、吳本，姚本、鮑本作“主”。

湯賓尹曰：只將一死，難倒范雎，然議論亦自正大。

穆文熙曰：談吐及此，若刀鋒急利，直排大轂，不由應侯不稱善。

許應元曰：范雎處鄭安平、王稽之際，主怒勢危，畏死懷祿，未知所處。一聞澤言，宜翻然了悟，而反覆辨難，未即引決者，自謂秦王與我親，未必其我戕也。故澤又言其主親不能如三君，至論白起，而雎之意塞矣。

楊慎曰：此三段總是一意，見成功不可久處。

婦貞，家之福也。故比干忠不能存殷，子胥智不能存吳，申生孝而晉惑亂。是有忠臣孝子，國家滅亂，何也？無明君賢父以聽之。故天下以其君父爲戮辱^{賤之如刑戮詬辱之人}，憐其臣子。夫待其死而後可以立忠成名，是微子不足仁，孔子不足聖，管仲不足大也。夫人之立功，豈不期於成全耶？身與名俱全者，上也；名可法而身死者，其次也；名在僇辱而身全者，下也。①”於是應侯稱善。

蔡澤得少間，因曰：“商君、吳起、大夫種，其爲人臣，盡忠致功，則可願矣。閔夭事文王，周公輔成王也，豈不亦忠乎？以聖論之，商君、吳起、大夫種，其可願孰與閔夭、周公哉？”應侯曰：“商君、吳起、大夫種不若也。”蔡澤曰：“然則君之主，慈仁任忠，敦厚舊故，其賢智與有道之士爲膠漆，義不倍功臣②，孰與秦孝、楚悼、越王乎？”應侯曰：“未知何如也。”蔡澤曰：“今③主固^{信也}親忠臣，不過秦孝、越王、楚悼。君之爲主，正亂、批患、折難，廣地殖^{種穀}，富國、足家、強主，威蓋海內，功彰萬里之外，不過商君、吳起、大夫種。而君之祿位貴盛，私家之富過於三子，而身不退，竊爲君危之。語曰：‘日中則移，月滿則虧。’物盛則衰，天之常數也；進退、盈縮、變化，聖人之常道

---

① 夫人之立功……下也，此句《四部叢刊》本及《四庫全書》諸本皆無。

② 敦厚舊故，當爲“不欺舊故”，據《四部叢刊》本及《四庫全書》諸本。其賢智……義不倍功臣，此句《四部叢刊》本及《四庫全書》諸本皆無，黃氏影宋本亦無。

③ 今，《四部叢刊》本及《四庫全書》諸本皆無此字。

也。昔者，齊桓公九合諸侯①，一匡天下，至葵丘之會，有驕矜之色，畔者九國。吳王夫差無敵於天下，輕諸侯，陵齊、晉，遂以殺身亡國。夏育、太史啓叱呼駭三軍，而身死於庸夫。此皆乘至盛不近道理也。夫商君爲孝公明法令、平權衡、正度量、調輕重，決裂阡陌，教民耕戰，是以兵動而地廣，兵休而國富，故秦無敵於天下，立威諸侯。功已成矣，遂以車裂。楚地方數千里，持戟百萬，白起率數萬之師，以與楚戰，一戰舉鄢、郢，再戰燒夷陵，南并蜀、漢，又越韓、魏攻强趙，北坑馬服，誅屠四十餘萬之衆，流血成川，沸聲若雷，遂入圍邯鄲，使秦業帝。自是之後，趙、楚懾服，不敢攻秦者，白起之勢也。身所服者，七十餘城。功已成矣，賜死於杜郵。吳起爲楚悼罷無能，廢無用，捐不急之官，塞私門之請，壹楚國之俗，南攻楊越，北并陳、蔡，破橫散從，使馳説之士無所開其口。功已成矣，卒支解。大夫種爲越王墾草創造也邑，辟地殖穀，率四方之士，專上下之力，以禽勁吳，成霸功。勾踐終梯櫟也而殺之。此四子者，功成而不去，禍至於此。此所謂信而不能屈，往而不能反者也。范蠡知之，超然避世，長爲陶朱。君獨不觀博者乎？或欲大投言全勝也，或欲分功分勝者所獲。此皆君之所明知也。今君相秦，計不下席，謀不出廊廟，坐制諸侯，利施三川，以實宜陽，決羊腸之險，塞太行之口，又斬范、中行之途言斷三晉之路，棧道千里通於蜀、漢，使天下皆畏秦。秦之欲得矣，君之功極矣。此亦秦秦人之分功之

① 鮑本無"九合諸侯"四字。吳師道補曰："一本有'九合諸侯'一句。"黃丕烈案："《史記》有。"

余有丁曰：顯然直指，若利刃銛鋒，得竅即入，安得不迎刃而解乎？

陸深曰：叙三子之功，與前所叙無一字同，妙甚。

朱之蕃曰：叙四子不善居功，以致奇禍，而陶朱公獨以見幾令終。一去一不去，得失判然，要不外功成者退一語。

楊慎曰：范蠡見幾明決，泛舟五湖，正所謂身名俱全者，上也。四子豈能仿佛其萬一哉？

時也！如時不退，則商君、白公、吳起、大夫種是也。君何不以此時歸相印，讓賢者授之，退而巖居川觀①，必有伯夷之廉；長爲應侯，世世稱孤，而有喬、松之壽。孰與以禍終哉！此則君何居焉？"應侯曰："善。"乃延入坐，爲上客。

後數日，入朝，言於秦昭王曰："客新有從山東來者蔡澤，其人辯士。臣之見人甚衆，莫有及者，臣不如也。"秦昭王召見，與語，大說之，拜爲客卿。應侯因謝病，請歸相印。昭王強起應侯，應侯遂稱篤，因免相。昭王新說蔡澤計畫，遂拜爲秦相，東收周室。

蔡澤相秦王數月，人或惡之，懼誅，乃謝病歸相印，號爲剛成君。居秦十餘年，事昭王、孝文王、莊襄王，卒事始皇帝。爲秦使於燕，三年而燕使太子丹入質於秦。此與《蔡澤傳》大同，然傳稍有繁冗，不如策文清勁。

孝文王

呂不韋說立異人爲太子

濮陽人呂不韋賈於邯鄲，見秦質子異人孝文王子，歸而謂父曰："耕田之利幾倍？"曰："十倍。""珠玉之贏幾倍？"曰："百倍。""立國家之主贏幾倍？"曰："無數。"曰："今力田疾作，不得暖衣餘食；今建國立君，澤可以遺猶貽世。願往事爲之。"

董份曰：戰國之士，世嘗少之，然儻儻豪傑亦有不可及者，睢之脫死亡而取相印，聞澤言而即讓位是也。

顧起元曰：蔡澤不難奪睢之位，而難於數月去位，蓋終始守成功者去之一言。

真西山曰：呂不韋，非特大賈，乃大盜也。

吳師道曰：不韋鄙珠玉耕田之小，而圖建國立功之大，自謂得計矣。徙蜀飲酖之時，能無悔乎？

---

① 退而巖居川觀，《四部叢刊》本及《四庫全書》諸本皆無此句，黃氏影宋本亦無。

秦子異人質於趙，處於郇城①。故往說之曰："子
傒異人異母兄有承國之業，又有母在中。今子無母於中，
異人母夏姬，無寵。外託於不可知之國趙不禮之，一日倍約，
身爲糞土。今子聽吾計事，求歸以求歸爲事，可以有秦
國。吾爲子使秦，必來請子。"

乃說秦王后孝文后，華陽夫人。弟陽泉君曰："君之
罪至死，君知之乎？君之門下無不居高尊位，太子子
傒門下無貴者。君之府藏珍珠寶玉，君之駿馬盈外廄，
美女充後庭。王之春秋高，一日山陵崩，太子用事，
君危於累卵，而不壽於朝生。木槿，朝生夕死。說有可以
一切權宜而使君富貴千萬歲，寧於太山四維，必無危
亡之患矣。"陽泉君避席，請聞其說。不韋曰："王年
高矣，王后無子，子傒有承國之業，士倉又輔之。王
一日山陵崩，子傒立，士倉用事，王后之門，必生蓬
蒿。子異人賢材也，棄在於趙，無母於內，引領西望，
而願一得歸。王后誠請而立之，是子異人無國而有
國，王後無子而有子也。"陽泉君曰："然。"入說王后，
王后乃請趙而歸之。

趙未之遣，不韋說趙曰："子異人，秦之寵子也，
無母於中，王后欲取而子之。使秦而欲屠趙，不顧一
子以留計，留，不決也。是抱空質也。若使子異人歸而
得立，趙厚送遣之，是不敢倍德畔施，是自爲德講。
必以恩德，講好於趙。秦王老矣，一日晏駕，雖有子異人，
不足以結秦。"趙乃遣之。

穆文熙曰：不韋先以
死懼陽泉君，後說以
立異人之利，如以巨
梃發洪鍾①，安得不響
應乎。

朱焯曰：太史公載不
韋說子楚，及使說華
陽夫人，比此爲詳，而
句句皆刺骨語，以故
得行其說。

① 鍾，通"鐘"。
經傳多用"鍾"字，如
《詩·小雅·鼓鍾》篇。

---

① 郇城，鮑注："趙地，缺。"吳師道補曰："字書無'郇'字。"

王衡曰：不韋使異人
服楚服而見王后，此
迎合一大机决。否則
異人雖歸，而未得太
后歡心，事之濟不濟，
未可知也，此正大賈
之術處。

歸有光曰：史載太后
事，則秦政不韋子也。
不韋巧於取秦，而不
能使其子不誅其身，
豈天奪之鑒耶？抑其
勢有不易明者耶？

異人至，不韋使楚服而見。王后說其狀，高其智，
曰："吾楚人也。"而自子之，乃變其名曰"楚"。王
使子誦誦所習書，子曰："少棄捐在外，嘗無師傅所教學，
不習於誦。"王罷之。乃留止止官中。間曰："陛下嘗
軔車於趙矣曾居於趙，趙之豪傑，得知名者不少以名見知
於王。今大王反國，皆西面而望。大王無一介之使以
存之，存，問也。臣恐其皆有怨心。使邊境早閉晚開有
警則然。"王以為然，奇其計。王后勸立之。王乃召相，
令之曰："寡人子莫若楚。"立以為太子。

子楚立是為莊襄王，以不韋為相，號曰文信侯，食
藍田十二縣。王后為華陽太后，諸侯皆致秦邑。致邑，
為太后養地。

始皇帝

頓子説秦散六國之從

秦王欲見頓弱，頓弱曰："臣之義不參拜，王能使
臣無拜，則可矣。不，即不見也。"秦王許之。於是頓
子曰："天下有有其實而無其名者，有無其實而有其
名者，有無其名又無其實者。王知之乎？"王曰："弗
知。"頓子曰："有其實而無其名者，商人是也。無把
銚挂耨之勞，而有積粟之實，此有其實而無其名者也。
無其實而有其名者，農夫是也。解凍而耕，暴背而耨，
無積粟之實，此無其實而有其名者也。無其名又無其
實者，王乃是也。已立為萬乘，無孝之名；以千里養，
無孝之實。"秦王悖然而怒。

頓弱曰："山東戰國有六，威不掩_{被也}於山東，而掩於母_{太后遷雍}，臣竊爲大王不取也。"秦王曰："山東之戰國可兼與？"頓子曰："韓，天下之咽喉；魏，天下之胸腹。王資臣萬金而游，聽之韓、魏，入其社稷之臣於秦，即韓、魏從，而天下可圖也。"秦王曰："寡人之國貧，恐不能給也。"頓子曰："天下未嘗無事也，非從即橫也。橫成，則秦帝；從成，則楚王。秦帝，即以天下恭養；楚王，即王雖有萬金，弗得私也。"秦王曰："善。"乃資萬金，使東游韓、魏，入其將相。北游燕、趙，而殺李牧。齊入朝，四國畢從_{頓子之說也}①。

湯賓尹曰：始皇志在兼併，故茅焦恐之以諸侯倍畔，頓子愧之以威不掩于山東。皆說客之攻心者也。

鮑彪曰：頓子之義高於范雎，而其說云云在下。

四國：韓、趙、燕、魏也。

韓非短姚賈於秦王

四國爲一，將以攻秦。秦王召群臣賓客六十人而問焉，曰："四國爲一，將以圖秦，寡人屈於內_{財力困也}，而百姓靡於外，爲之奈何？"群臣莫對。姚賈_{魏人}對曰："賈願出使四國，必絕其謀，而案其兵。"乃資車百乘，金千斤，衣以其衣，舞_{一作帶}以其劍。_{以王衣衣之，以王劍賜之，寵之也。}姚賈辭行，絕其謀，止其兵，與之爲交以報秦。秦王大說。賈封千户，以爲上卿。

按：古者飲則以劍舞之。以王劍賜之，以爲舞時用。

韓非知之，曰："賈以珍珠重寶，南使荊、齊，北使燕、代之間三年，四國之交未必合也，而珍珠重寶盡於內。是賈以王之權，外自交於諸侯，願王察之。且梁監門子，嘗盜於梁，臣於趙而逐。取世監門子_{父死子繼曰世}，梁之大盜，趙之逐臣，與同知社稷之計，非

穆文熙曰：世之用士以才，而非乃短姚賈之行，不達已甚。且非短賈，則李斯安得不短非，此非之所以殺身者也。

---

① 頓子之說也，此句當爲正文，概因文末篇幅有限故刻爲雙行小字。

又曰：此段雖剿襲軼語，而辭氣自是俊偉可觀。

按《集注》云：“呂望鼓刀在列肆，文王親往問之，望曰：‘下屠屠牛，上屠之國’。文王喜，載與俱歸。”此與獵渭之說不同，蓋當時好事之言，猶伊尹、百里之謂，惜孟子無問之者，不得并捭擊之也。

楊慎曰：管仲、百里，猶可說也，以太公爲鄙士，誣甚矣。

林子曰：昔魏無知論陳平云：“雖有尾生、孝己之行，而無益勝敗之數，王何暇用之？”即姚賈之說也。

所以屬_礪同群臣也。”

王召姚賈而問曰：“吾聞子以寡人財交於諸侯，有諸？”對曰：“有。”王曰：“有何面目復見寡人？”對曰：“曾參孝其親，天下願以爲子；子胥忠於君，天下願以爲臣；貞女工巧，天下願以爲妃_{匹也}。今賈忠王而王不知也。賈不歸四國，尚焉之？使賈不忠於君，四國之王尚焉用賈之身？_{以上即陳軫之說。}桀聽讒而誅其良將，紂聽讒而殺其忠臣，至身死國亡。今王聽讒則無忠臣矣。”

王曰：“子監門子，梁之大盜，趙之逐臣。”姚賈曰：“太公望，齊之逐夫，_{婦逐之，不經見。}朝歌之廢屠_{賈而不售曰廢}，子良之逐臣_{未聞}，棘津之讎_{讎同不庸，嘗求售與人爲庸，不見用。}文王用之而王。管仲，其鄙人之賈人也_{蓋鄭鄙之人爲賈者}，南陽之敝幽_{仲，潁上人，嘗以貧困隱此。}魯之免囚，桓公用之而霸。百里奚，虞之乞人，傳賣以五羊之皮，穆公相之而朝西戎。文公用中山盜，而勝於城濮。此四士者，皆有詬醜大誹，_{詬，辱。醜，恥。}天下明主用之，知其可與立功也。使若卞隨、務光、申屠狄，人主豈得其用哉！故明主不取其汙，不聽其非，察其爲己用。_{汙者，非者，雖不取不聽，察其爲用，則或聽取之。}故可以存社稷，雖有外誹者不聽；雖有高世之名，無咫尺之功者不賞。是以群臣莫敢以虛願望於上。”

秦王曰：“然。”乃復使姚賈而誅韓非。

卷二

○ 齊

威王

威王料章子必不背齊

秦假道韓、魏以攻齊，齊威王使章子將而應之。與秦交和而舍_{兩軍相對曰交和}，使者數相往來。章子爲變其徽章，_{徽，幟也，章其別也。}以雜秦軍。候者_{齊之候者}言章子以齊入秦，威王不應。頃間，候者復言章子以齊兵降秦，威王不應。而_如此者三。有司請曰：“言章子之敗者，異人而同辭。王何不發將而擊之？”王曰：“此不叛寡人明矣，曷爲而擊之！”頃間，言齊兵大勝，秦軍大敗。於是秦王稱西藩之臣而謝於齊。左右曰：“何以知之？”曰：“章子之母啓_{母名}得罪其父，其父殺之而埋馬棧之下。吾使章子將也，勉之曰：‘夫子之强，全兵而還，必更葬將軍之母。’對曰：‘臣非不能更葬先妾也。臣之母啓得罪臣之父，臣之父未教而死_{未有教命}。夫不得父之教而更葬母，是欺死父也。故不敢。’夫爲人子而不欺死父，豈爲人臣欺生君哉？”

鮑彪曰：周衰，齊威不世之主也。《列子》曰：君非自知我，以人之主①賜我，其罪我又將以人之主，故人君於其臣，欲其自知之也。威王之於章子有焉。夫如是，雖百市虎不搖也，豈以三告而投杼②乎哉？

按：《孟子》稱匡章以責善得罪於父，兹記其父殺妻事，則其父之凶悖甚矣。母死不葬，此生人大慘，出妻屏子，蓋尤有甚不安者，不止爲不得近父也。章子之行，不獨其君信之，而當時大賢亦信之。可謂賢也已。

①主，當爲“言”，據《四部叢刊》本、鮑本及吳本。下同。
②抒，當爲“杼”，據《四部叢刊》本、鮑本及吳本。

鄒忌諷齊王納諫

鄒忌脩八尺有餘,而形貌昳麗。昳,日側也,有光艷意。朝服衣冠,窺鏡,謂其妻曰:"我孰與城北徐公美?"其妻曰:"君美甚,徐公何能及君也!"城北徐公,齊國之美麗者也。忌不自信,而復問其妾曰:"吾孰與徐公美?"妾曰:"徐公何能及君也!"旦日,客從外來,與坐談,問之:"吾與徐公孰美?"客曰:"徐公不若君之美也!"明日,徐公來。熟視之,自以爲不如;窺鏡而自視,又弗如遠甚。暮寢而思之曰:"吾妻之美我者,私我也;妾之美我者,畏我也;客之美我者,欲有求於我也。"

於是入朝見威王,曰:"臣誠知不如徐公美。臣之妻私臣,臣之妾畏臣,臣之客欲有求於臣,皆以美於徐公。今齊地方千里,百二十城,宮婦左右,莫不私王;朝廷之臣,莫不畏王;四境之內,莫不有求於王。由此觀之,王之蔽甚矣。"王曰:"善。"乃下令:"群臣吏民,能面刺寡人之過者,受上賞;上書諫寡人者,受中賞;能謗議於市朝,聞寡人之耳者,受下賞。"令初下,群臣進諫,門庭若市。數月之後,時時而間進。期年之後,雖欲言,無可進者。

燕、趙、韓、魏聞之,皆朝於齊。此所謂戰勝於朝廷。

張之象曰:人苦不自知。鄒子之不如徐公美,鄒子自知之。故人言不能蔽也。

沈懋學曰:私我、畏我、求我是他主意,而文三變,章法句法自佳。

湯賓尹曰:鄒子之賢,不難於自知,而難於告君。此策士之最也。

鮑彪曰:鄒子嘗以詐走田忌,則其人亦傾險士耳。然此言乃萬世之言也,君子勿以人廢言可也。

宣王

田臣思策救韓

南梁之難，韓氏請救於齊。田侯召大臣而謀曰："早救之，孰與晚救之便？"張丐對曰："晚救之，韓且拆①而入于魏，不如早救之。"田臣思曰："不可。夫韓、魏之兵未敝，而我救之，我伐韓而受魏之兵，顧反聽命於韓也。且夫魏有破韓之志，韓見且亡，必東愬_{告也}於齊。我因陰結韓之親，而晚承魏之敝_{承其後}，則國可重，利可得，名可尊矣。"田侯曰："善。"乃陰告韓使者而遣之。_{告，許也。}韓自以有齊國，五戰五不勝，東愬於齊。齊因起兵擊魏，大破之馬陵。魏破韓弱，韓、魏之君因田嬰北面而朝田侯。

魏伐趙，趙與韓共擊魏，趙不利，敗于南梁。

孫應鰲曰：救不宜早乃兵家進兵之術，未爲不可。然因而誤之，使韓弱而朝齊，則不義甚矣。

魏處説趙勿助燕擊齊

權之難_{楚地}，齊、燕戰。秦使魏冉之趙，出兵助燕擊齊。薛公_{田嬰}使魏處之趙。謂李回②曰："君助燕擊齊，齊必急。急，必以地和於燕，而身與趙戰矣。然則是君自爲燕束兵，_{束，猶斂也。}_{燕、齊和成，斂兵不戰。}爲燕取地也_{齊取地}③。故爲君計者，不如按兵勿出，齊必緩，_{趙助燕不力，故齊無危急之勢。}緩必復與燕戰。戰而勝，兵罷敝，趙可取唐、曲逆；_{言二國戰，不暇北顧，趙可以間取}

許相卿曰：趙非齊敵也，秦不敢競齊而賣趙，使趙聽秦助燕，齊必去燕，悉甲而釋憤于趙，趙未能支齊也。

楊慎曰：觀釁取地，此戰國之恒策。爲趙計者，莫若斂兵修好以自全。

---

① 拆，當爲"折"，據《四部叢刊》本及《四庫全書》諸本。
② 回，當爲"向"，據《四部叢刊》本及《四庫全書》諸本。
③ 齊取地，鮑本爲"取齊地"，疑原文誤倒。

中山。戰而不勝，命懸于趙。然則吾中立謂趙而割刈燕、齊之地窮齊與疲燕也，兩國之權，懸於君矣。"

蘇秦以合從説齊

楊慎曰：自此至"志高而揚"，言齊之强。

丘濬曰：説齊則以齊之强，秦之不能害齊者誇言之，以齊之强而事秦，則不能揣己；韓、魏之輕，臣秦者以近秦患也，以秦之不能害齊而輕事秦，則不能揣敵，皆可羞也。然曰秦不能深入攻齊者，恐韓、魏議其後也，與説趙不同；不言韓、魏爲蔽者，以齊强而秦交之也，然則韓、魏在所收矣。

楊慎曰：自"且夫韓魏"至"輕爲之臣也"，言二國近秦患而輕事秦。

蘇秦爲趙合從，説齊宣王曰："齊南有泰山，東有琅邪，西有清河，北有渤海，此所謂四塞之國也言四方皆險固。齊地方二千里，帶甲數十萬，粟如丘山。齊車之良，五家之兵，疾如錐矢，戰如雷電，解如風雨。即有軍役，未嘗倍泰山、絶清河、涉渤海也。臨淄之中七萬户，臣竊度之，下户三男子，三七二十一萬，不待發於遠縣，而臨淄之卒，固已二十一萬矣。臨淄甚富而實，其民無不吹竽、鼓瑟、擊筑、彈琴、鬥雞、走犬、六博、投六箸，行六棋，謂之六博。蹹踘者蹹，即蹴也；臨淄之途，車轂擊，人肩摩，連衽成帷，舉袂成幕，袂，袖也。揮汗成雨；家敦《史記》作殷而富，志高而揚。夫以大王之賢與齊之强，天下不能當。今乃西面事秦，竊爲大王羞之。

"且夫韓、魏之所以畏秦者，以與秦接界也。兵出而相當，不至十日，而戰勝存亡之機決矣。韓、魏戰而勝秦，則兵半拆[①]，拆，猶敗。以秦敵强，雖勝猶爲失半。四境不守；戰而不勝，以亡隨其後。是故韓、魏之所以重與秦戰而輕爲之臣也。

"今秦攻齊則不然，倍韓、魏之地，至衛陽晋之道，徑亢父之險，車不得方軌車徹，馬不得並行，百人守險，

---

① 拆，當爲"折"，據《四部叢刊》本及《四庫全書》諸本。小字同。

千人不能過也。秦雖欲深入，則狼顧，<small>狼性怯，走常還顧。</small>恐韓、魏之議其後也。是故恫疑虛喝，<small>秦自疑懼，虛作恐喝之詞。</small>高躍而不敢進，則秦不能害齊，亦明矣。夫不料秦之不奈我何也，而欲西面事秦，是群臣之計過。今臣無事秦之名，而有強國之實，臣故願大王之少留計。”

齊王曰：“寡人不敏，今主君以趙王之教詔之，敬奉社稷以從。”

何洛文曰：蘇秦列敘六國風俗形勢，各極其致，靡不諳悉，非躬履目擊不能詳覆如此。

淳于髡一日而進七士

淳于髡一日而見七人於宣王。王曰：“子來，寡人聞之，千里而一士，是比肩而立；百世而一聖，若隨踵而至也。今子一朝而見七士，則士不亦衆乎？”淳于髡曰：“不然。夫鳥同翼者而聚居，獸同足者而俱行。今求柴胡、桔梗<small>二草名</small>於沮澤，則累世不得一焉。及之睪黍、梁父<small>皆山名</small>之陰，則却車而載耳。<small>却，却同。言多獲，車重不前。</small>夫物各有疇類，今髡賢者之疇也。王求士於髡，若挹水於河，而取火於燧也。髡將復見之，豈特七士也？”

霍韜曰：齊魯固稱多士，然惟賢知賢耳，髡豈能得士哉？當時有一孟軻，而髡恣言，是故無賢者也，髡豈能得士哉？

又曰：自“今攻齊”至“不能害齊亦明矣”，言秦之不敢害齊。

茅坤曰：齊無秦患，故特以事秦辱之。

穆文熙曰：髡，滑稽者也，故二説皆孟浪而能感人，士往往宗之。

按：二草，山生。而沮，水，故求不可得。

朱之藩曰：此策不滿八九十字，而奇思警句層出叠見，讀之有無限光景。

淳于髠受璧馬

　　齊欲伐魏，魏使人謂淳于髠曰："齊欲伐魏，能解魏患唯先生也。敝邑有寶璧二雙，文馬二駟，_{文，毛色成文。馬四匹曰駟。}請致之先生。"淳于髠曰："諾。"入説齊王曰："楚，齊之仇敵也；魏，齊之與國也。夫伐與國，使讎敵制其餘敝，名醜而實危，_{伐與國，醜也，而有伐楚①之危。}爲王弗取也。"齊王曰："善。"乃不伐魏。

　　客謂齊王曰："淳于髠言不伐魏者，受魏之璧、馬也。"王以謂淳于髠曰："聞先生受魏之璧、馬，有諸？"曰："有之。""然則先生之爲寡人計之何如？"淳于髠曰："伐魏之事不便，魏雖刺髠，於王何益？若誠不便，魏雖封髠，於王何損？且夫王無伐與國之誹，魏無見亡之危，百姓無被兵之患，髠有璧、馬之寶，於王何傷乎？"

淳于髠説止伐魏之役

　　齊欲伐魏。淳于髠謂齊王曰："韓子盧者，天下之疾犬也。東郭逡者，海内之狡兔也。韓子盧逐東郭逡，環山者三，騰山者五。兔極於前，犬廢於後，犬兔俱罷，各死其處。田父見之，無勞倦之苦，而擅其功。今齊、魏久相持，以頓其兵，弊其衆，臣恐强秦大楚承其後，有田父之功。"齊王懼，謝將休士。_{辭去之，言不用也。}

　　許應元曰：保境善隣，守國之道。齊之伐魏，棄好啓疆，危莫甚焉。髠之説雖以璧、馬乎，其論名醜實危則善矣。

　　按：《魏策》馬陵之敗，魏請臣之田朝齊，楚王怒伐之，則此所言也。

　　《正義》云：伐魏不便，魏所欲也，而髠止之，故魏刺之。雖刺髠而齊實不便，非益也。此設辭也。

　　田藝衡曰：韓盧，今作子盧，是亦美稱。

　　李東陽曰：此卞莊刺虎之説，有國者慎無交斃，以貽田父之利。

---

　　① 伐楚，當爲"楚伐"，誤倒，據《四部叢刊》本、鮑本及吳本。

顏斶説齊王貴士

齊宣王見顏斶，曰：“斶前！”斶亦曰：“王前！”宣王不説。左右曰：“王，人君也。斶，人臣也。王曰‘斶前’，斶亦曰‘王前’，可乎？”斶對曰：“夫斶前爲慕勢，王前爲趨士。與使斶爲慕勢，不如使王爲趨士。”王忿然作色曰：“王者貴乎？士貴乎？”對曰：“士貴耳，王者不貴。”王曰：“有説乎？”斶曰：“有。昔者秦攻齊，令：‘有敢去柳下季壟五十步而樵采者，死不赦。’令曰：‘有能得齊王頭者，封萬户侯，賜金千鎰。’由是觀之，生王之頭，曾不若死士之壟也。”宣王默然不説。

左右皆曰：“斶來，斶來！大王據千乘之地，而建千石鍾①，一石，百二十斤。萬石簴鍾鼓之桁。天下仁義之士，皆爲役處；役，爲使。處，在位。辯智並進，莫不來與②；東西南北，莫敢不來服。萬物無不備具，而百姓無不親附。今夫士之高者，乃稱匹夫，徒步而處農畝，下則鄙野、監門、閭里，士之賤也，亦甚矣！”

斶對曰：“不然。斶聞古大禹之時，諸侯萬國。何則？德厚之道，得貴士之力也。故舜起農畝，出於郊鄙，而爲天子。及湯之時，諸侯三千。當今之世，南面稱寡者，乃二十四。由此觀之，非得失之策與？得策，貴士也。稍稍誅滅，滅亡無族之時，欲爲監門、閭里，安可得而有也哉？是故《易傳》不云乎：‘居上

---

① 鍾，在“樂器”義上，與“鐘”字通用。後同，不再注。
② 與，當作“語”，據《四部叢刊》本及《四庫全書》諸本。

王守仁曰：“斶前”“王前”二語甚奇，可消人主負勢之心。

楊慎曰：“慕勢”“趨士”四字，乃一篇主意，先提出在此，極妙。

陸深曰：詞太危激，此戰國策士之習。

按《周禮·大司徒》：“五家爲比，五比爲閭。”《遂人》：“五家爲鄰，五鄰爲里。”

丘濬曰：言能貴士，故其德厚。

又曰：昔諸侯多，由得策也。今失策，故誅滅而寡。

許應元曰：矜功不立，古今通患，故齊桓一言而叛者九國。

歸有光曰：戰國之士開口立談，動牽權利。斶上陳皇王之術，下究商周之略，推本興亡，根極理道，士之深於理要者，即魯仲連亦可遜焉。

張之象曰：斶嘗破此中滋味，故翻然欲晚食、安步，其出處僅與蔡澤等。

位，未得其實，而喜其爲名者，必以驕奢爲行。據倨通慢驕奢，則凶必從之。是故無其實而喜其名者削削地，無德而望其福者約窮也，無功而受其祿者辱，禍必握言禍辱隨之不捨也。'故曰：'矜功不立，言徒有矜大好功之志而不爲，故功不立。虛願不至。不求、不爲而欲得之，虛願也，物不自至。'此皆幸樂其名，而無其實德者也。是以堯有九佐，舜有七友，雄陶、方回、續牙、伯陽、東不訾、秦不虛、靈甫。禹有五丞，益、稷、皋陶、垂、契。湯有三輔，伊、虺二相外，有誼伯、仲伯、咎單。自古及今而能虛成名於天下者，無有。是以君王無羞亟問，不愧下學；是故成其道德而揚功名於後世者，堯、舜、禹、湯、周文王是也。故曰：'無形者，形之君也。無形，謂削約之未著者。無端者，事之本也。'夫上見其原，下通其流，至聖明學，上見下，通聖明之事。何不吉之有哉！老子曰：'雖貴，必以賤爲本；雖高，必以下爲基。'是以王侯①稱孤、寡、不穀，是其賤之本與？非夫孤寡者，人之困賤下位也，而侯王以自謂，豈非下人而尊貴士與？夫堯傳舜，舜傳禹，周成王任周公旦，而世世稱曰明主，是以明乎士之貴也。"

宣王曰："嗟乎！君子焉可侮哉，寡人自取病耳！及今聞君子之言，乃今聞細人之行王自稱，願請受爲弟子。且顏先生與寡人游，食必太牢，出必乘車，妻子衣服麗都。"顏斶辭去，曰："夫玉生於山，制則破焉，非弗寶貴矣，然大璞不完。士生乎鄙野，推選則祿焉，非不尊遂也，遂，猶達之。然而形神不全。斶願得歸，

---

① 王侯，當作"侯王"，據《四部叢刊》本及《四庫全書》諸本。

晚食以當肉鐵而食也，安步以當車，無罪以當貴，清靜
貞正以自虞娛同。制言命令者，王也，盡忠直言者，斶也。
言要道已備矣，願得賜歸，安行反臣之邑屋。”則再
拜辭去。

　　君子曰：“斶知足矣，歸貞反璞，則終身不辱。”

胡時化曰：斶，其戰國之奇士哉！于時類趨富寵，曳紳彈鋏；
而乃絜然自守，安行反邑，終戰國不多見者。

丘濬曰：章末用君子
斷，乃《左傳》文法。

齊人譏田駢不仕

　　齊人見田駢齊之處士，曰：“聞先生高議，設爲不
宦，設者，虛假之詞。而願爲役。”田駢曰：“子何聞之？”
對曰：“臣聞之鄰人之女。”田駢曰：“何謂也？”對
曰：“臣鄰人之女，設爲不嫁，行年三十而有七子。不
嫁則不嫁，然嫁過畢矣。畢，猶已也。言過於嫁。今先生
設爲不宦，訾養千鍾，訾，資同。徒百人從車者，不宦則
然矣，而富過畢矣！”田子辭謝之。

唐順之曰：匹夫竊諸侯之權以苟利祿，聞鄰女之誚，能不汗顏？

馮覲曰：此齊人假恢
諧以資其諷喻者也，
其詞婉，其意高，豈獨
爲田駢設哉，譏世也
深矣。

田汝成曰：此正所謂
終南捷徑，盜名處士
也。

王斗說齊王好士

　　先生王斗齊人造門而欲見齊宣王，宣王使謁者延
入。王斗曰：“斗趨見王爲好勢，王趨見斗爲好士，於
王何如？”使者復還報。王曰：“先生徐之，寡人請
從。”宣王因趨而迎之於門，與入，曰：“寡人奉先君
之宗廟，守社稷，聞先生直言正諫不諱。”王斗對曰：

王世貞曰：卓犖王斗，
抗節齊門。袞衣奔走，
至訓希聞。方聆模規，
省過以承。聊揚五彥，
境庶咸寧。

許應元曰："生乱世"兩语，所以激怒之。

何洛文曰：词近謔玩，真游説也，諒亦髡、朔之伍耳。

陸梡《疏》云麒麟行中律吕①，則此馬以麒麟比也。騄耳，八駿之一。

田汝成曰：王斗憂毅即軻夫子愛玉之意。然璞玉孟氏之善喻也，孰意王斗、魏牟亦能言乎？

"王聞之過。斗生於亂世，事亂君，焉敢直言正諫。"宣王忿然作色，不説。

　　有間，王斗曰："昔先君桓公所好者五，九合諸侯，一匡天下，天子受籍，立爲太伯。今王有四焉。"宣王説，曰："寡人愚陋，守齊國，唯恐夫拡_{失也}之，焉能有四焉？"王斗曰："否。先君好馬，王亦好馬。先君好狗，王亦好狗。先君好酒，王亦好酒。先君好色，王亦好色。先君好士，而王不好士。"宣王曰："當今之世無士，寡人何好？"王斗曰："世無騏驎、騄耳，王之駟已備矣。世無東郭逡、盧氏之狗，王之走狗已具矣。世無毛嬙_{越王嬖妾}、西施_{越女}，吳王姬，王宮已充矣。不①亦不好士也，何患無士？"王曰："寡人憂國愛民，固願得士以治之。"王斗曰："王之憂國愛民，不若王愛尺縠_{細繒}也。"王曰："何謂也？"王斗曰："王使人爲冠，不使左右便辟而使工者，何也？爲能之也。今王治齊，非左右便辟無使也，臣故曰不如愛尺縠也。"宣王謝曰："寡人有罪國家。"於是舉士五人任官，齊國大治。

> 鮑彪曰：宣王喜文學游説之士，賜列第爲士大夫者七十六人，學士至數百千人。士非不盛也，然鄒衍、淳于髡之徒，類皆詠誕無實，國何賴焉？故顏斶勸以貴士，王斗譏其不好士，有以也。然若斗與斶者，亦未知其何如也？有一孟子而不能用，安用彼數百千人哉？

---

　　① 梡，即"機"，當作"璣"。陸璣，三國吳人，著有《毛詩草木鳥獸虫魚疏》二卷。"麒麟行中律吕"，《疏》中原文爲"音中鐘吕，行中規矩"。

---

　　① 不，當作"王"，據《四部叢刊》本及《四庫全書》諸本。

田需對管燕

管燕齊人得罪齊王，謂其左右曰："子孰而與我赴諸侯乎？"左右默然莫對。管燕連然流涕曰："悲夫，士何其易得而難用也！"田需對曰："士三食不得饜飽也，而君鵝鶩舒鳬有餘食；下宮糅羅紈，糅，雜。紈，素也。曳綺縠，綺，文繒。而士不得以爲緣衣純。且財者君之所輕；死者士之所重。君不肯以所輕與士，而責士以所重事君，非士易得而難用也！"

湯賓尹曰：士爲知己者死耳。待士如此，而厚責士之報，亦謬矣。故曰：忠信重禄，所以勸士也。

張之象曰：士難得而易用者也。倘以爲易得，則千里一士，猶云比肩者，何以稱焉？以爲難用，則貌辨，孟嘗得馮煖，卒賴以濟，又何説也？管燕之問，田需之對，均爲未善。

閔王

陳軫蛇足之例

昭陽爲楚伐魏，覆車①殺將，得八城，移兵而攻齊。陳軫爲齊王見昭陽，再拜賀戰勝，起而問："楚之法，覆車殺將，其官爵何也？"昭陽曰："官爲上柱國，爵爲上執珪。"

陳軫曰："異貴于此者何也問此外復有貴者不？"曰："唯令尹耳楚相。"陳軫曰："令尹貴矣。主非置兩令尹也，臣竊爲公譬，可也？楚有祠者，賜其舍人卮酒。

朱焯曰：策士持此説者甚多，然未若畫蛇之喻爲妙。

---

① 車，當爲"軍"，據《四部叢刊》本及《四庫全書》諸本。下文"覆車"之"車"亦同。

舍人相謂曰：‘數人飲之不足，一人飲之有餘。請畫地爲蛇，先成者飲酒。’一人蛇先成，引酒且飲，乃左手持卮，右手畫蛇，曰：‘吾能爲之足。’未成。一人之蛇成，奪其卮曰：‘蛇固無足，子安能爲之足？’遂飲其酒。爲蛇足者，終亡其酒。今君相楚而攻魏，破軍殺將得八城，不弱兵^{言恃其强}，欲攻齊，齊畏公甚，公以是爲名亦足矣，官之上非可重也。戰無不勝而不知止者，身且死，爵且後歸^{死後爵歸於國}，猶爲蛇足也。”昭陽以爲然，解軍而去。

楊慎曰：按《習學記》云：“蛇足之喻，世人多以爲口實，然戰勝而不知止，謂之蛇足可也。如未爲蛇，則奚足之云。故凡操此論，皆未嘗爲蛇者也。”

黃震曰：陳軫之説巧矣。昭陽听之，而爲之解兵，非純臣也。夫推轂受旅，有進無退，兵志也。奈何以私計罷兵乎？然則何若曰兵凶戰危，修政睦鄰，可也。

靖郭君善齊貌辨

靖郭君善齊貌辨^{齊①}。齊貌辨之爲人也多疵^{謂過失}，門人弗説。士尉^{齊人}以証諫^也靖郭君，靖郭君不聽，士尉辭而去。孟嘗君^{嬰子文}又竊^{猶私}以諫，靖郭君大怒曰：“剗而類，破吾家。苟可慊齊貌辨者，吾無辭爲之。”於是舍之上舍^{猶甲第也}，令長子御之^{侍也}，旦暮進食。

數年，宣王薨，閔王立。靖郭君之交，大不善於閔王，辭而之薛，與齊貌辨俱。留無幾何，齊貌辨辭而行，請見閔王。靖郭君曰：“王之不説嬰甚，公往必得死焉。”齊貌辨曰：“固不求生也，請必行。”靖郭君不能止。

伯子曰：想此人盖有奇節而不矜細行者。然廖^①廓之士，固未可以皮相也。世之士蒙負倍之累而收功名者，豈少哉？

① 廖，同“廖”，假借爲“寥”。

① “齊”字後當脱一“人”字，據《四部叢刊》本及鮑本、吳本。

齊貌辨行至齊，閔王聞之，藏怒以待之。齊貌辨見，閔王曰：“子，靖郭君之所聽愛夫！”齊貌辨曰：“愛則有之，聽則無有。王之方爲太子之時，辨謂靖郭君曰：‘太子相不仁，過頤<small>言頤過豐</small>豕視<small>豕多反視</small>，若是者信反<small>始信後反</small>。不若廢太子，更立衛姬嬰兒郊師。’靖郭君泣而曰：‘不可，吾不忍也。’若聽辨而爲之，必無今日之患也。此爲一。至於薛，昭陽請以數倍之地易薛，辨又曰：‘必聽之。’靖郭君曰：‘受薛于先王，雖惡于後王，吾獨謂先王何！且先王之廟在薛，吾豈可以先王之廟與楚乎？’又不肯聽辨。此爲二。”閔王太息，動於顏色，曰：“靖郭君之於寡人一至此乎！寡人少，殊不知此。客肯爲寡人來靖郭君乎？”齊貌辨對曰：“敬諾。”

靖郭君衣宣王之衣冠，舞其劍<small>先時所賜</small>，閔王自迎靖郭君於郊，望之而泣。靖郭君至，因請相之。靖郭君辭，不得已而受之。七日，謝病強辭。不得，三日而聽。

當是時，靖郭君可謂能自知人矣！能自知人，故人非之不爲沮。此齊貌辨之所以外生、樂患、趣難者也。

齊人諫靖郭君城薛

靖君郭[①]<small>田嬰謐</small>將城薛，客多以諫。靖君郭謂謁者，無爲客通。齊人有請者曰：“臣請三言而已矣。益一

<small>張洲曰：齊貌辨之論，切中齊王心事，是以不侍[①]辭畢而改悟，動於顏色。辨精於揣摩者。</small>

<small>陸深曰：封嬰於薛，閔王也。而曰受於先王，蓋宣王有旨封之。</small>

<small>陸深曰：外生者，以生爲外物，無所愛也。</small>

---

① 靖君郭，當爲“靖郭君”，誤倒，據《四部叢刊》本及《四庫全書》諸本。下同。

① 侍，當爲“待”，據上下文意。

穆文熙曰：客言不城薛，亦平平耳。但以"海大魚"三字開端反走，令人求竟其說，則進言之機括甚妙。

楊慎曰：此豈齊人將築薛欤？夫滅鄰國以成私封，雖齊閔且不可，況田嬰乎？

王守仁曰：陳軫之議切中當時自相魚肉之弊，秦制其命而交鬥六國，以坐收田父之功。

穆文熙曰："秦割烹"數語，論事精切，比於蘇氏兄弟合從之說更爲動人。

吳寬曰：極狀暴秦虎狼之惡，讀之令人切齒。

《正義》云：孤，謂稱孤以臣之也；三國在秦南，故曰南面。

言，臣請烹！"靖郭君因見之。客趨而進曰："海大魚。"因反走。君曰："客有於此！"言此，言外應復有。客曰："鄙臣不敢以死爲戲。"君曰："亡言無此也，更言之。"對曰："君不聞大魚乎？網不能止，鈎不能牽；蕩放也而失水，則螻蟻得意焉。今夫齊，亦君之水也。君長雄齊，奚以薛爲？無齊，雖隆薛之城到於天，猶之無益也。"君曰："善。"乃輟城薛。

陳軫説齊合三晉

秦伐魏，陳軫合三晉而東謂齊王曰："古之王者之伐也，欲以正天下而立功名，以爲後世也。今齊、楚、燕、趙、韓、梁六國之遞甚也言更相伐，不足以立功名，適足以強秦而自弱也，非山東之上計也。能危山東者，強秦也。不憂強秦，而遞相罷弱，而兩彼我歸其國于秦。此臣之所以爲山東之患。天下爲秦相割，秦曾不出力一作刀；天下爲秦相烹，秦曾不出薪。何秦之智而山東之愚耶？願大王之察也。

"古之五帝、三王、五霸之伐也，伐不道者。今秦之伐天下不然，必欲反之反古，主必死辱死於辱，民必死虜。今韓、梁之目未嘗乾哭戰死者，而齊民獨不也，非齊親而韓、梁疏也，齊遠秦而韓、梁近。今齊將近矣！今秦欲攻梁絳、安邑，秦得絳、安邑，以東下河，必表裏河山而東攻齊，舉齊屬之海，舉，言得地。南面而攻①楚、韓、梁，北向而孤燕、趙，齊無所出其計矣。

---

① 攻，當爲"孤"，據《四部叢刊》本及《四庫全書》諸本。

願王熟慮之。

"今三晉已合矣，復爲兄弟約，而出銳師以戍梁絳、安邑，此萬世之計也。齊非急以銳師合三晉，必有後憂。三晉合，秦必不敢攻梁，必南攻楚。楚、秦構難，三晉怒齊不與己也，必東攻齊。此臣之所謂齊必有大憂，不如急以兵合於三晉。"

齊王敬諾，果以兵合於三晉。

張儀以連橫説齊

張儀爲秦連橫，説齊王曰："天下强國，無過齊者；大臣父兄殷衆富樂，無過齊者。然而爲大王計者，皆爲一時説而不顧萬世之利。從人説大王者，必謂'齊西有强趙，南有韓、魏，負海之國也，地廣人衆，兵强士勇，雖有百秦，將無奈我何！'大王覽其説，而不察其至實！

"夫從人朋黨比周，莫不以從爲可。臣聞之，齊與魯三戰而魯三勝，國以危，亡隨其後，此取譬之説。雖有勝名，而有亡之實，是故何也？齊大而魯小。今趙之與秦也，猶齊之於魯也。秦、趙戰於河漳之上，再戰而再勝秦；戰於番吾之下，再戰而再勝秦。四戰之後，趙亡卒數十萬，邯鄲僅存，雖有勝秦之名，而國破矣！是何故也？秦强而趙弱也。今秦、楚嫁子取婦，爲昆弟之國。韓獻宜陽，魏郊河外，趙入朝黽池，割河間以事秦。大王不事秦，秦驅韓、魏攻齊之南地，

楊慎曰：蘇秦説齊云不知秦之無奈齊何而輕事秦，故破其説者特以强弱相形耳。至秦與楚和親而韓、魏、趙亦以割地，齊不事秦則禍立至，是直以威恐喝之耳。

《正義》曰：此即《孟子》鄒人與楚人戰之意。

又曰：强弱二字，一篇主意。

穆文熙曰：不言齊而言趙又先言魯，魯、趙勝不免於破國，況一敗乎？總見強秦之不可不事也。

張洲曰：挾質而徼利，秦真傾詐難測哉！

陸深曰：一事而反覆作十段，節節呼喚，亦敘事之一法，此著書者有意爲文。

李衷一曰：十個"可以"，文法長短不同，昌黎作文嘗用此法。

又曰：前總敘後逐段解而應之，此文之法也。歐陽公作論嘗用此法，近來作家亦有用此者，名曰立柱，取其照應有條亦易章也。

悉趙_{悉起其兵}涉河關，指博關，臨菑①、即墨，非王之有也！國一日被攻，雖欲事秦，不可得也！是故願大王熟計之。"

齊王曰："齊僻陋隱居，託於東海之上，未嘗聞社稷之長利。今大客《禮》：大行人掌大客之儀。幸而教之，請奉社稷以事秦。"獻魚鹽之地三百於秦_{三百里也}。

蘇秦論留楚太子

楚王_懷死，太子在齊質。蘇子謂薛公_{田文}曰："君何不留楚太子，以市其下東國？_{楚東地近齊，楚地高而此下}。"薛公曰："不可，我留太子，郢中立王，然則是我抱空質而行不義於天下也。"蘇子曰："不然。郢中立王，君因謂其新王曰：'與我下東國，吾爲王殺太子。不然，吾將以②三國共立之_{秦、韓、魏}。'然則下東國必可得也。"

蘇子之事_{此著書者叙說}，可以請行；可以令楚王_{新王}亟入下東國；可以益割於楚；可以忠太子而使楚益入地；可以爲楚王走太子；可以忠太子使之亟去；可以惡蘇子於薛公；可以爲蘇子請封於楚；可以使人說薛公以善蘇子；可以使蘇子自解於薛公。

蘇子謂薛公曰："臣聞謀泄者事無功，計不決者名不成。今君留楚太子者，以市下東國也。非亟得下東國者，則楚之計變，變則是君抱空質而負名於天下也_{不義之名}。"薛公曰："善。爲之奈何？"對曰："臣

---

① 菑，同鮑本、吳本、姚本及《四部叢刊》本作"淄"。

② 以，當爲"與"，據《四部叢刊》本及《四庫全書》諸本。

請爲君之楚,使毆入下東國之地。楚得城^①,_{齊求地而楚}_{與之,爲得成。}則君無敗矣。"薛公曰:"善。"因遣之。故曰:可以請行也_{此類亦著書諸}^②_{叙説。}

謂楚王曰:"齊欲奉太子而立之。臣觀薛公之留太子者,以市下東國也。今王不毆入下東國,則太子且倍王之割_{割地倍於下東國}而使齊奉己。"楚王曰:"謹受命。"因獻下東國。故曰可以使楚毆入地也。

謂薛公曰:"楚之勢可多割也。"薛公曰:"奈何?""請告太子其故,_{蘇子辭也,告以楚獻地之故。}使太子謁之君,_{君,薛公也。}使太子白以亦欲割地。以忠太子,使楚王聞之,可以益入地。"故曰可以益割于楚。

謂太子曰:"齊奉太子而立之,楚王請割地以留太子,齊少其地。太子何不倍楚之割地而資齊,齊必奉太子。"太子曰:"善。"倍楚之割而延齊_{多割楚地以}_{延長齊王。}楚王聞之恐,益割地而獻之,尚恐事不成。故曰可以使楚益入地也。

謂楚王曰:"齊之所以敢多割地者,挾太子也。今已得地而求不止者,以太子權王也故。_{齊以太子,故}_{能輕重楚王。}臣能去太子_{使之去齊。}太子去,齊無辭,必不倍于王也_{多割}。王因馳强齊而爲交,齊辭_{齊之説必聽}_{王。}然則是王去讎而得齊交也。"楚王大説,曰:"請以國因_{因蘇子交齊。}"故曰可以爲楚王使太子毆去也。

謂太子曰:"夫削_{猶制}楚者王也,以空名市者太子也,齊未必信太子之言也,而楚功見矣_{謂入地}。楚交成,太子必危矣。太子其圖之。"太子曰:"謹受命。"乃

① 城,當爲"成",據《四部叢刊》本及《四庫全書》諸本。
② 諸,當爲"者",據《四部叢刊》本、鮑本及吳本。

吳師道曰:《史》稱懷王入秦,而頃襄王一^①;《策》独以爲懷王紀^②,而頃襄王立,前后屢見。窃以事勢言之,楚人知懷王之必不歸,而秦要之以割地也,故立王以絶秦。而喪君有君,所以靖國,頃襄之立,非懷王死後明矣。《史》謂當時以詐赴之,《策》猶仍之耳。特所謂新王及太子不可曉。然以逐節考之,皆有事實,非飾説也。或者太子未返之時,郢中立王耶?

① 一,當爲"立",據吳注。
② 紀,當爲"死",據吳注。

約車而暮去。故曰可以使太子急去也。

許應元曰：始因太子以求割地，地既得而逐之，險甚。

蘇子使人請薛公曰："夫勸留太子者，蘇子也。蘇子非誠以爲君也，且以便楚也太子去楚便之。蘇子恐君之知之，故多割楚以滅迹也没其便楚之迹。今勸太子去者，又蘇子也，而君弗知也，臣竊爲君疑之。"薛公大怒於蘇子。故曰可以使人惡蘇子於薛公也。

田汝成曰：前後十策命意在使秦封已。

又使人謂楚王曰："夫使薛公留太子者，蘇子也；奉王而代立楚太子者代太子立爲王，又蘇子也；割地因約者因爲之約齊，又蘇子也；忠王而走太子者，又蘇子也。今人惡蘇子於薛公之，此"之"下當有缺文，或作"者"字，或衍文。以其爲齊薄而爲楚厚也。願王之知之。"楚王曰："謹受命。"因封蘇子爲武貞君。故曰可以爲蘇子請封於楚也。

張洲曰：前叙起十段復反，應止九段。即莊子九淵而止言八淵之意。此文字伸縮妙處，説者以爲脱簡，非矣。

又使景鯉請薛公曰："君之所以重於天下者，以能得天下之士，而有齊權也。今蘇子天下之辯士也，世與少有如之者少。君因不善蘇子，則是圍塞天下士，而不利説途也。夫不善君者且奉蘇子，而於君之事殆矣。今蘇子善於楚王，而君不蚤親，則是與楚爲讎也。君①不如因而親之，貴而重之，是君有楚也。"薛公因善蘇子。故曰可以爲蘇子説薛公以善蘇子。

蘇代諫止孟嘗君入秦

楊慎曰：秦虎狼之國也，非欲相孟嘗，直欲斃之耳。違衆入秦，以蹈虎口，幾不免于桃梗之誚，危矣哉！

孟嘗君將入秦，止者千數而弗聽。蘇代欲止之，孟嘗君曰："人事者，吾已盡知之矣；吾所未聞者，獨

---

① "君"前脱"故"字，據《四部叢刊》本及《四庫全書》諸本。

鬼事耳。"蘇代曰："臣之來也，固不敢言人事也，固且以鬼事見君。"孟嘗君見之。謂孟嘗君曰："今者臣來，過於淄上，有土偶人與桃梗相與語。桃梗謂土偶人曰：'子，西岸之土也，挺—作挺，猶範也子以爲人，至歲八月，降雨下，降，大雨自上下也。淄水至，則汝殘矣。'土偶曰：'不然。吾西岸之土也，土則復西岸耳。今子，東國之桃梗也，刻削子以爲人，降雨下，淄水至，流子而去，則子漂漂者將如何耳？'今秦四塞之國，譬如虎口，而君人之，則臣不知君所出矣。"孟嘗君乃止。

《正義》曰：梗，枝梗也。《趙策·蘇秦說李兌》作土梗，謂木梗曰："汝非木之根，則木之枝也。"是根、枝皆可言梗。《索隱》謂以土偶比涇陽君，木偶比孟嘗君。時秦昭王使涇陽君爲質，以求孟嘗君。

朱之藩曰：《史》謂孟嘗君相秦，秦將殺之，賴雞鳴狗盜之士以免。豈蘇子之論，始聽而終背歟？

孟嘗君請補闕

孟嘗君譙坐，譙，合語也。謂三先生曰："願聞先生有以補文闕者也！"一人曰："訾天下之主，訾，不稱意也。言孟嘗有不得意于諸侯者。有侵君者，臣請以臣之血湔其衽。湔，濺同。"田瞀曰："車軼轍也之所能至，請掩足下之短，誦足下之長。千乘之君萬乘之相，其欲有君也，有，言欲得之。如使而弗及也。若有使之，如恐弗及。"勝臅元作臅，書無之，亦可作股，齊人。曰："臣願以足下之府庫財物，收天下之士，能爲君決疑應卒，若魏文侯之有田子方、段干木也。此臣之所爲君取矣求以此爲孟嘗君所取。"

田藝衡曰："一人"何獨失其姓名，即後篇之舍人也，與夫人相愛者，故衍①其名耳。

朱焯曰：一人者，刺客之流也，卑元高論，田瞀之言，其愛主之厚道乎！要不若散財取士，如勝臅者之爲貴也。

---

① 衍，據文意似爲"掩"更妥，存疑。

魯連諫孟嘗君逐客

孟嘗君有舍人而弗說，欲逐之。魯連謂孟嘗君曰：“猿獼猴錯木錯，舍置也。據水，則不若魚鱉；歷險乘危，則騏驥不如狐狸。曹沫①奮三尺之劍，一軍不能當；使曹沫釋其三尺之劍，而操銚耨與農人居壠畝之中，則不若農夫。故物捨其所長，之其所短，堯亦有所不及矣。今使人而不能，則謂之不肖；教人而不能，則謂之拙。拙則罷之，不肖則棄之，使人有棄逐，不相與處，黨友以此士見棄逐，不屑與處。而來害相報者，棄逐者必之他國，自彼來害我，報其棄逐之怨。豈非世之立教首也哉！言後人視此爲戒。”孟嘗君曰：“善！”乃弗逐。

諸燮曰：魯連論人長短甚旨而正，第其遣辭猶未免縱橫之習，風氣然也。

歸有光曰：魯連論棄士短非計，是也；而曰來害相報，何其鄙哉！

孟嘗君書門版

孟嘗君出行國，按：行，之。行，兼相他國。至楚，獻象牀。郢之登徒楚官直使送之，不欲行。見孟嘗君門人公孫戍曰：“臣，郢之登徒也，直送象牀。象牀之直千金，傷此若髮漂，漂，繁②同，言其細若絲髮。賣妻子不足償之。足下能使僕無行，先人有寶劍，願得獻之。”公孫戍曰：“諾。”入見孟嘗君曰：“君豈愛楚象牀哉？”孟嘗君曰：“然。”公孫戍曰：“臣願君勿受。”孟嘗君曰：“何哉？”公孫戍曰：“小國所以皆致相印於君者，聞君於齊能振達貧窮，有存亡繼絕之義。小

田藝漂①曰：象牀若髮漂，即今之雕花象牙及牙蕈②類也，較古之象筋又當何如？

歸有光曰：公孫戍之意雖以止登徒之行，

---

　①漂，當作“衡”，據上下文改。
　②蕈，當作“簟”，據上下文意。

---

　① 沫，當作“沫”，或爲誤刻。後有同此，不再注。
　② 繁，當作“飄”，據《四部叢刊》本、鮑本及吳本。

國英傑之士，皆以國事累君，_{累，猶委，委之以事，所以累}_{之。}説君之義，慕君之廉也。今君到楚而受象牀，所未至之國，將何以待君？臣成願君勿受。"孟嘗君曰："諾。"公孫戌趨而去。未出，至中閨，_{特立之户，上圓下}_{方。}君召而返之，曰："子教文無受象牀，甚善。今何舉足之高，志之揚也？"公孫戌曰："臣有大喜三，重之寶劍一。_{重，言三喜外，復有此。}"孟嘗君曰："何謂也？"公孫戌曰："門下百數，莫敢入諫，[①]臣一喜；諫而得聽，臣二喜；諫而止君之過，臣三喜。輸_{亦送也}象牀，郢之登徒不欲行，許成以先人之寶劍。"孟嘗君曰："善。受之[②]？"公孫戌曰："未敢。"曰："急受之。"因書門版曰："有能揚文之名，止文之過，私得寶於外者，疾入諫。"

其言則田文之藥石也。

穆文熙曰：戌之説孟嘗，其詞甚正，而乃寶劍行之，何其鄙也。

鮑彪曰：孟嘗於是能立德矣！吾知欲止吾過而已，彼得寶於我何傷？且諫者，士之所难，因得寶而摧拆[①]之，後孰敢輕以過聞乎吾哉？

馮煖爲孟嘗君鑿三窟

　　齊人有馮煖[③]者，貧乏不能自存，使人屬孟嘗君，願寄食門下。孟嘗君曰："客何好？"曰："客無好也。"曰："客何能？"曰："客無能也。"孟嘗君笑而受之曰："諾。"左右以君賤之也，食以草_{粗也}具。

　　居有頃，倚柱彈其劍，歌曰："長鋏_{劍也}歸來乎！食無魚。"左右以告。孟嘗君曰："食之，比門下之客。"

張洲曰：先言無好、無能，後一篇皆言其所好、所能。

薛應旂曰：古人諫詞隱約，令人可思。馮煖直云無好無能，便非當時游士所及。孟

---

　　① 此處缺 "臣獨入諫" 一句，據《四部叢刊》本及《四庫全書》諸本。

　　② "受之" 後脱 "乎" 字，據《四部叢刊》本及《四庫全書》諸本。

　　③ 煖，同鮑本、吳本及《四部叢刊》本，姚本作 "諼"。吳補曰："'煖' 即 '諼'，故 '諼' 或作 '喧'。" 黃丕烈案："《史記》作 '驩'，《集解》云復作 '煖'，鮑本當出此注也。"

---

　　① 拆，當爲 "折"，據《四部叢刊》本、鮑本及吳本。

嘗固已心識之矣，賤之以試之也。

按《周禮》"司會"注："大計也。"《小宰》"要會"注："計最之薄書，月計曰要，歲計曰會。"

吳澄曰：馮公非真無能，故孟嘗聞其署則曰"客果有能也"。魏子予粟，馮公樊① 券，卒蒙其力。百乘之家，不畜聚斂之臣，信夫。

田藝衡曰：此句問得最巧，應得最妙。

---

① 樊，當爲"焚"，據《四部叢刊》本及吳本。

居有頃，復彈其鋏，歌曰："長鋏歸來乎！出無車。"左右皆笑之，以告。孟嘗君曰："爲之駕，比門下之車客乘車之客。"於是乘其車，揭其劍，過其友曰："孟嘗君客我待我以客。"後有頃，復彈其劍鋏，歌曰："長鋏歸來乎！無以爲家。"左右皆惡之，以爲貪而不知足。孟嘗君問："馮公有親乎？"對曰："有老母。"孟嘗君使人給其食用，無使乏。於是馮煖不復歌。

後孟嘗君出記疏也，問門下諸客："誰習計會，能爲文收責債同於薛者乎？"馮煖署曰："能。"孟嘗君怪之，曰："此誰也？"左右曰："乃歌夫長鋏歸來者也。"孟嘗君笑曰："客果有能也，吾負之，未嘗見也。"請而見之，謝曰："文倦於是謂國事，憒於憂以憂思昏亂，而性懧弱也愚，沉於國家之事，開啓也罪於先生。先生不羞，乃有意欲爲收責於薛乎？"馮煖曰："願之。"於是約車治裝，載券契而行，辭曰："責畢收，以何市而反？"孟嘗君曰："視吾家所寡有者。"

驅而之薛，使吏召諸民當償者，悉來合券。券徧合赴①，徧合矣，乃來聽命。矯命以責賜諸民，因燒其券，民稱萬歲祝孟嘗也。

長驅到齊，晨而求見。孟嘗君怪其疾也，衣冠而見之，曰："責畢收乎？來何疾也！"曰："收畢矣。""以何市而反？孟嘗問也。"馮煖曰："君云'視吾家所寡有者'。臣竊計，君宮中積珍寶，狗馬實外廄，美人充下陳猶列。君家所寡有者以義耳！竊以爲君市義。"孟嘗君曰："市義奈何？"曰："今君有區

---

① 赴，同鮑本、吳本及《四部叢刊》本，姚本作"起"。吳師道補曰："一本'赴'作'起'，則'起'屬下文，謂作起而矯命也。"

區之薛，不拊愛子其民，_{拊，循，猶摩也。}因而賈利之。臣竊矯君命，以責賜諸民，因燒其券，民稱萬歲。乃臣所以爲君市義也。"孟嘗君不說，曰："諾，先生休矣！"

　　後期年，齊王謂孟嘗君曰："寡人不敢以先生[①]之臣爲臣。"孟嘗君就國於薛，未至百里，民扶老携幼，迎君道中終日。孟嘗君顧謂馮煖："先生所爲文市義者，乃今日見之。"馮煖曰："狡兔有三窟，僅得免其死耳。今有一窟，未得高枕而臥也。請爲君復鑿二窟。"孟嘗君予車五十乘，金五百斤，西游於梁，謂梁王_昭曰："齊放其大臣孟嘗君_{此追書云}於諸侯，諸侯先迎之者，富而兵强。"於是梁王虛上位，以故相爲上將軍，遣使者黃金千斤，車百乘，往聘孟嘗君。馮煖先驅，誡孟嘗君曰："千金，重幣也；百乘，顯使也。齊其聞之矣。"梁使三反，孟嘗君固辭不往也。齊王聞之，君臣恐懼，遣太傅齎黃金千斤、文車二駟，服劍一_{王所自佩}，封書一，謝孟嘗君曰："寡人不祥，被於宗廟之祟，沉於諂諛之臣，開罪於君。寡人不足爲也。願君顧先王之宗廟，姑反國統萬人乎！"馮煖誡孟嘗君曰："願請先王之祭器，立宗廟於薛。"廟成，還報孟嘗君曰："三窟已就，君姑高枕爲樂矣。"

　　孟嘗君爲相數十年，無纖介_{芥通}之禍者，馮煖之計也。

朱焯曰：賈利者，取利如賈也。

楊慎曰：此遣其就國而爲之辭，猶漢世所謂列侯，亦無由教訓其民也。

許應元曰：狡兔三窟之說，畢竟戰國人口吻。

凌知遇曰：馮煖一說梁齊，而孟嘗之黃金封邑逾於平時，正與蘇什[①]拔甘茂之事同。

羅洪先曰：田文食客三千，而卒以馮煖復位，賢士誠不易哉！

　　① 什，當爲"代"，據本書《甘茂自託於蘇代》篇。

　　① 生，當爲"王"，據《四部叢刊》本及《四庫全書》諸本。

譚拾子諫孟嘗君

孟嘗君逐於齊而復反。譚拾子_{齊人}迎之於境，謂孟嘗君曰："君得無有所怨於齊士大夫？"孟嘗君曰："有。""君滿意殺之乎？"_{問殺之爲愜乎？}孟嘗君曰："然。"譚拾子曰："事必有至，理有固然，君知之乎？"孟嘗君曰："不知。"譚拾子曰："事之必至者，死也；理之固然者，富貴則就之，貧賤則去之。此事之必至，理之固然者。請以市諭。市，朝則滿，夕則虛，非朝愛市而夕憎之也，求存故往，亡故去。願君勿怨！"孟嘗君乃取所怨五百牒削去之，不敢以爲言。

許應元曰：讀此，則孟嘗君養客終是虛。

唐順之曰：拾子之言市道也，非士人之行。然求士於戰國之世，欲無市道，得乎？

蘇秦説齊閔王

蘇子説齊閔王曰："臣聞用兵而喜先天下者憂_{先事則近禍首}，約結而喜主怨者孤。_{爲約以結與國而伐人，人必怨。又爲之主，衆所不與，故孤。}夫後起者藉也，_{不先事，則有所資力。}而遠怨者時也。_{衆不怨，足以乘時。}是以聖人從事，必藉於權_{權者，事之宜，重之所在也。上言"後起者藉"，藉此而已。}而務興於時。夫權藉者，萬物之率_{帥同也}；而時勢者，百事之長也。故無權藉，倍時勢，而能事成者寡矣。

"今雖千[1]將、莫邪，非得人力，則不能割劌矣。堅箭利金，不得弦機之利，則不能遠殺矣。矢非不銛_{亦利}，而劍非不利也，何則？權藉不在焉。何以知其

唐順之曰：雄詞奇句，出之不窮。真辨士之文，秦漢古作也。

鮑彪曰：首以用兵後起、約結遠怨二端爲言，而以權藉、時勢明之。

又曰：自"今雖千將"以下至"求伯則遠矣"，言先天下之禍，後藉之得也。

---

① 千，當爲"干"，據《四部叢刊》本及《四庫全書》諸本。旁鮑注中"千將"之"千"同。

然也？昔者趙氏襲衛，車舍人主車者不休傳，驛遞也，言警急。衛國城割平，言城中割地求成。平，成也。衛人①門土以土塞門而守而二門墮矣，此亡國之形也。衛君跣行，告遡愬同於魏。魏王武侯身被甲底砥同劍，挑趙索戰。邯鄲之中鶩亂馳，河、山之間亂。衛得是藉也，亦收餘甲而北面，殘剛平，墮中牟之郭。衛非強於趙也，譬之衛矢而魏弦機也，藉力魏而有河東之地。趙氏懼，楚人救趙而伐魏，戰於州西，出梁門，軍舍林中，馬飲於大河。趙得是藉也，亦襲魏之河北，燒棘蒲，墜黃城。故剛平之殘也，中牟之墮也，黃城之墜也，棘蒲之燒也，此皆非趙、魏之欲也。然二國勸行之者，何也？衛明於時權之藉也。今世之爲國者不然矣。兵弱而好敵強，國罷而好衆怨樂與衆爲怨，事敗而好鞠之，鞠，窮也，言遂事。兵弱而憎下人，地狹而好敵大，事敗而好長益詐。行此六者而求霸，則遠矣。

　　"臣聞善爲國者，順民之意，而料兵之能，然後從於天下。從，謂後之。不爲先事也。故約不爲人主怨，伐不爲人挫強不以兵爲人挫強敵。如此，則兵不費，權不輕，地可廣，欲可成也。昔者，齊之與韓、魏伐秦、楚也，戰非甚疾也，分地又非多韓、魏也言得地等耳，然而天下獨歸咎於齊者，何也？以其爲韓、魏主怨也。且天下遍用兵矣，齊、燕戰，而趙氏兼中山，秦、楚戰韓、魏不休，而宋、越專用其兵。此十國者，皆以相敵爲意，而獨舉心於齊者，何也？約而好主怨，伐而好挫強也。

---

① 人，當爲"八"，據《四部叢刊》本及《四庫全書》諸本。

陸深曰：車舍人，謂以車舍人，非必官名。

田藝衡曰：篇中用"昔者"凡八，用"何也""何謂也""何則"者凡十餘見，而文愈覺奇崛。

吳澄曰：勸行，若勸而行，言其決也。

楊慎曰：自"臣聞善爲國"以下至"好摧強也"，言遠怨之得，主怨之禍也。

穆文熙曰：不主怨、不摧強，乃一篇主者，始終千餘言，皆不外此。

楊慎曰：自"且夫强大"以下至"可見於事前矣"，爲一節。

穆文熙曰：此段談"大國後起重伐"易知，其云"小國寡信諸侯，則天下不賣"，蓋微乎其微，非愚主之所悟也。

張洲曰：此三語雖游士之談，真千古明訓。

此言强之禍。

此言弱小之殃。

楊慎曰：自"語曰"以下至"攻戰之敗可見於事前"爲一節。
許應元曰：引喻曲當。

又曰：是策蓋庶幾審時度勢矣。

"且夫强大之禍，常以王人爲意也欲爲人王；夫弱小之殃，常以謀人爲利也。是以大國危，小國滅也。大國之計，莫若後起而重伐不義。不義雖可伐，亦不可輕。夫後起之藉與多而兵勁人與之多，則是以衆强敵罷寡也，兵必立也。事不塞天下之心，則利必附矣。大國行此，則名號不攘而至，霸王不爲而立矣。小國之情，莫如謹靜而寡信諸侯謂不信而恃之。謹靜，則四鄰不反；寡信諸侯，則天下不賣不爲人所欺。外不賣，内不反，則秸積朽腐而不用，幣帛矯蠹矯，揉。變其初也。蠹，猶蝕。而不服矣。倉廩實，財用足。小國道行也此，則不祠而福矣，不貸而見足矣。故曰：祖仁者王，立義者霸，用兵窮者亡。何以知其然也？昔吳王夫差以强大爲天下先，襲郢而棲越，身從諸侯之君諸侯從之，而卒身死國亡，爲天下戮者，何也？此夫差平居而謀王，强大而喜先天下之禍也。昔者萊、莒好謀，陳、蔡好詐，莒恃越而滅，蔡恃晉而亡，恃遠忽近。此皆内長詐，外信諸侯之殃也。由此觀之，則强弱大小之禍，可見於事前①矣。

"語曰：'騏驥之衰也，駑馬先之；孟賁之倦也，女子勝之。'夫駑馬、女子，筋力骨勁，非賢於騏驥、孟賁也。何則？後起之藉也。今天下之相與猶恃也不並滅，言與國之相恃，亦不皆亡，在所處耳。有能按②兵而後起，寄怨而誅不直，寄，言假手於人，不爲主也。誅不直，重伐不義也。微用兵而寄於義，謂隱其用兵之真情，而假托於義以爲名。則亡天下可踡不伸足而須也。明於諸侯之故，察於地形之理者，不約親，不相質質子而固，不趨而

---

① 事前，當爲"前事"，據《四部叢刊》本及《四庫全書》諸本。
② 按，同"案"，據《四部叢刊》本及《四庫全書》諸本。

疾，衆事而不反，交割而不相憎，俱强而加以親。衆人共事，宜多反覆；彼此割地宜相憎；俱强宜不相下。今皆不然。何則？形同憂而兵趨利也。何以知其然也？昔者燕、齊戰於桓之曲，燕不勝，十萬之衆盡。胡人襲燕樓煩數縣，取其牛馬。夫胡之與齊非素親也，而用兵又非約質而謀燕也，然而甚於相趨者，何也？形同憂而兵趨利也。由此觀之，約於同形則利長，後起則諸侯可趨役也。可使趨我，而爲我役。

楊慎曰：此語凡六出，而不覺其復。

"故明主察相相之明察者，誠欲以霸王爲志，則戰攻非所先。戰者，國之殘也，而都縣之費也。殘費已先，而能從諸侯者寡矣。彼戰者之爲殘也，士聞戰則輸私財而富軍市，士衆所聚，有市井焉。輸飲食而待死士，令折轅靳也而炊之，殺牛而觴士觶食曰觴，則是路窘之道也言財用窘於道路。中人禱祀①國中之人爲行者禱，君翳釀，翳，猶隱也。言釀於中以待飲至。通都小縣置社，戮不用命者，亦禱祀之事。有市之邑莫不正事財賦警備之事而奉王，則此虛中之計也。夫戰之明日，尸死扶傷，雖若有功也，軍出費，中哭泣，則傷主心矣。死者破家而葬，夷傷者空財而共供同藥，完者內酺而華樂，酺，大飲。華，酒②奢。故其費與死傷者鈞均同。故民之所費也，十年之田而不償也。軍之所出，矛戟折，鐶鉉絕，傷弩，破車，罷馬，亡矢之大半。甲兵之具，宮之所私出也，宮，如"父子異宮"之宮。古者寓兵於農，故私家出之。士大夫之所匱，厮養士之所竊，厮，析薪養馬者。十年之田而不償也。天下有此再費者，而能從諸侯者寡矣。攻城之

按《周礼》曰："甸①爲縣，四縣爲都。"又五郡爲縣。又《禮》："小曰邑，而大曰都。"

陸深曰：叙事淬而痛切，《西京》以下不能湊泊矣。

王士性曰：讀至此，可爲流涕。世乃有窮兵黷武而日請得與君之士戲，得憑軾而觀之者何心哉！

孫應鰲曰：上言行師之害，此言百姓之劳苦，語語痛心。至"上

① 祀，同鮑本，《四部叢刊》本、姚本及吳本爲"祝"。
② 酒，當爲"猶"，據《四部叢刊》本、鮑本及吳本。

①"甸"前脫"四"字，據《四部叢刊》本及吳本。

倦於教，士斷於兵"，則必亡之形成矣。故引智伯以證其亡。

許應元曰：戰國之士，大抵稱我為能為君約與國，戰必克。而蘇子深言戰攻之禍，此策士之流惡者。

楊慎曰：自"今世之所謂用兵"以下至篇終為一一①節。凡三節，皆推言用兵不為天下先之意，而不主怨之意在其中，錯綜起應，變化不窮。

歸有光曰：天下讎之，雖強必弱。

① 底本衍一"一"字。

費，百姓理襜蔽遮矢石之具，舉衝櫓攻城之具，家雜總全家併作，自①窟穴中地道罷於刀金兵戈。而士困於土功，將不釋甲，期數或期年，或數月。而能拔城者為亟耳。上倦於教，士斷截也於兵，故三下城而能勝敵者寡矣。故曰：彼戰攻者，非所先也。何以知其然也？昔智伯瑤攻范、中行氏，殺其君，滅其國，又西圍晉陽，吞併二國，而憂一主趙襄子，此用兵之盛也。然而智伯卒身死國亡，為天下笑者，何謂也？兵先戰攻，而滅二子之患也。昔者，中山悉起而迎燕、趙，南戰於長子，敗趙氏；北戰於中山，克燕軍，殺其將。夫中山千乘之國也，而攻萬乘之國二，再戰比相次勝，此用兵之上節等也也。然而國遂亡，君臣於齊者，何也？不嗇吝於戰攻之患也。由此觀之，則戰攻之敗，可見於前事矣。

"今世之所謂善用兵者，終戰窮兵比勝較勝，而守不可拔守城期於不拔，天下稱為善，一國得而保之得所稱為善者保恃之，則非國之利也。臣聞戰大勝者，其士多死而兵益弱；守而不可拔者，其百姓罷而城郭露。外無居人，故暴露。夫士死於外，民殘於內，而城郭露於境，則非王之樂也。今夫鵠的非咎罪於人也，便弓引弩而射之審弓得便巧乃發，中者則善人善之，不中則愧，少長貴賤，則同心於貫之者，何也？惡其示人以難也。的以難中，人爭欲貫之，如惡之然。今窮戰比勝，而守必不拔，則是非徒示人以難也，又且害人者也，然則天下讎之必矣。夫罷士露國，而多與天下為讎，則明君不居也；素用強兵而弱之，兵常用，雖強必弱。則察相不事不從事

① 自，當為"身"，據《四部叢刊》本及《四庫全書》諸本。

於此。彼明君察相者，則五兵不動五兵：刀、劍、矛、戟、矢。而諸侯從，辭讓而重賂至矣。故明君之攻戰也，甲兵不出於軍而敵國勝，衝櫓不施而邊城降，士民不知而王業至矣。彼明君之從事也，用財少，曠日遠而利長者。日雖闊遠，其利不窮。故曰：兵後起則諸侯可趨役也。

"臣之所聞，攻戰之道非師者不用師旅，雖有百萬之軍，北之堂上；言謀之於堂，彼自敗也。雖有闔閭、吳起之將以君臣互言之，禽之戶內；千丈之城，拔之尊俎之間；百尺之衝，折之袵席之上。故鍾鼓竽瑟之音不絕，地可廣而欲可成；和樂倡優侏儒之笑不乏，諸侯可同日而致也。故名配天地不爲尊，利制海內不爲厚。故夫善爲王業者，在勞天下而自逸，亂天下而自安，諸侯無成謀圖我之謀不成，則其國無宿猶留憂也。何以知其然也？佚治在我，勞亂在天下，則王之道也。銳兵來則拒之，患至則趨之言往應之，使諸侯無成謀，則其國無宿憂矣。何以知其然也？昔者魏王惠擁土千里，帶甲三十六萬，恃其強而拔邯鄲，西圍定陽，又從十二諸侯朝天子，以西謀秦。秦王孝公恐之，寢不安席，食不甘味，令於境內，盡堞中女牆爲戰具，競爲守備，爲死士置將，以待魏氏。衛鞅謀於秦王曰：'夫魏氏其功大，而令行於天下，有十二諸侯而朝天子，其與必眾。故以一秦而敵大魏，恐不如。王何不使臣見魏王，則臣請必北魏矣。'秦王許諾。衛鞅見魏王曰：'大王之功大矣，令行於天下矣。今大王之所從十二諸侯，非宋、衛也，則鄒、魯、陳、蔡，此固大王之所以鞭箠馬策使也，不足以王天下。大王不若北取燕，東伐齊，

唐順之曰：此言明主之攻戰云云，亦可謂知之真，第未晰其原也。明主之攻戰，先內治，文德修，而遠人叛，然有吊伐之師。

張洲曰：笑談自恣，無少拘攣迫促之態。
又曰："絕"下有"于前"二字。

唐順之曰："勞天下而自逸"兩語，非仁人之言。

凌稚隆曰：此魏惠王所恨，喪地於秦七百里者也，先喜衛而卒貽後事之禍。

唐順之曰：是策不從揣摩捭闔中來，直論天下形勢、用兵虛實，惓惓以戢兵無事爲意，縱佚駘蕩，不詭於道，奇士也。

陸深曰：收上愈有波瀾，有精彩。

則趙必從矣；西取秦，南伐楚，則韓必從矣。大王有伐齊、楚心，而從天下之志使天下從，則王業見矣。大王不如先行王服王者服飾，然後圖齊、楚。'魏王説於衛鞅之言也，故身廣公宮，制丹衣柱以丹帛爲柱衣，建九斿，從七星之旗。此天子之位也，而魏王處之。於是齊、楚怒，諸侯奔齊，齊人伐魏，殺其太子，覆其十萬之軍。魏王大怒[1]，跣行按兵於國，而東次於齊往服於齊，然後天下乃舍之。當是時，秦王垂拱而受西河之外，而不以德魏王。故衛鞅之始與秦王計也，謀約不下席，言於尊俎之間，謀成於堂上，而魏將已禽於齊矣；衝櫓未施，而西河之外已入於秦矣。此臣之所謂北之堂上，禽將戶內，拔城於尊俎之間，折衝席上者也。"

襄王

魯仲連遺燕將書

燕攻齊，取七十餘城，唯莒、即墨未下。齊田單以即墨破燕，殺騎劫。初，燕將攻下聊城，人或讒之。燕將懼誅，遂保守聊城，不敢歸。田單攻之歲餘，士卒多死，而聊城不下。魯仲連乃爲書，約之矢以射城中，遺燕將曰：云云。[2]

凌稚隆曰：此書雖以"智，勇，忠"三平起，實重"智者不倍時"一句，蓋欲其棄燕歸齊，故即以"死生榮辱"三句申之。下文反覆詳論，皆不越此。

"吾聞之，智者不倍時而棄利，勇士不怯死而滅名，忠臣不先身而後君。今公行一朝之忿，不顧燕王

---

[1] 怒，當爲"恐"，據《四部叢刊》本及《四庫全書》諸本。

[2] 此段底为爲雙行小字，實爲正文，且他本無"云云"二字，據《四部叢刊》本及《四庫全書》諸本。

之無臣惠王，非忠也；殺身亡聊城，而威不信於齊，非勇也；功廢名滅，後世無稱，非智也。故智者不再計，勇士不怯死。今死生榮辱，尊卑貴賤，此其一時也。<small>此釋上"不再計"。</small>願公之詳計而無與俗同也。且楚攻南陽，魏攻平陸，齊無南面之心<small>南面以應楚、魏</small>，以爲無南陽之害，不若得濟北<small>即聊城也</small>之利，故定計而堅守之。今秦人下兵，<small>此時齊善秦，故下兵救之。</small>魏不敢東面<small>不攻齊也</small>，橫秦之勢合<small>齊善秦爲橫</small>，則楚國之形危。且棄南陽，斷<small>亦棄右壤謂平陸</small>，存濟北，計必爲之。今楚、魏交退，燕救不至<small>不救聊城</small>，齊無天下之規，<small>猶謀也。秦救之，而楚、魏退，無謀齊者。</small>與聊城共據<small>相持</small>期年之弊，即臣見公之不能得也<small>不能勝齊</small>。齊必決之於聊城，公無再計。彼燕國大亂，君臣過計，上下迷惑，栗腹<small>燕將</small>以十萬之衆，五折於外，萬乘之國，被圍於趙，壤削主困，爲天下戮，公聞之乎？今燕王方寒心獨立，大臣不足恃，國敝禍多，民心無所歸。今公又以聊城之民，距全齊之兵，期年不解，是墨翟之守也；<small>公輸班爲雲梯以攻宋，九設機變，墨子九距之。般之械盡，墨之守固有餘。</small>食人炊骨，士無反北之心，是孫臏、吳起之兵也。能已見於天下矣！

"故爲公計，不如罷兵休士，全車甲，歸報燕王，燕王必喜。士民見公，如見父母，交游攘臂<small>推臂前也</small>而議于世，功業可明矣。上輔孤主，以制群臣；下養百姓，以資<small>給</small>說士。矯國革俗於天下<small>變其國俗</small>，功名可立也。意者亦損燕棄世，東游於齊乎？請裂地定封，富比陶、衛，<small>穰侯封陶，商君封衛。</small>世世稱寡，與齊久存，此亦一計也。二者顯名厚實也，願公熟計而審處一也。

"且吾聞，效小節者不能行大威，惡小恥者不能

<small>董份曰：本言齊雖棄南陽，尚必攻聊城。今楚、魏既退，則齊無事可益，專意而攻，聊城必不能支矣。其文參錯意深，人不易解。</small>

<small>許應元曰：言齊既決以搖其守。</small>

<small>楊慎曰：以全燕見敗，以一城獨守，所以見其能。</small>

<small>凌知遇曰：歸燕之說，特喚起東游于齊意耳。恐其未知所處，再把"篡""辱""怯"三字反前"忠""勇""智"三字，而引管仲、曹沫因敗爲功之事以諷之。</small>

<small>歸有光曰：此說之以利。</small>

朱之藩曰：燕將以功被讒而猶堅守無二志，其忠蓋可稱。連誘之棄城而東游，是破壞人臣之義而教事君者叛也。豈君子之道哉？故曰：燕書之遺，連所以爲齊者善矣，其處人己則非也。

許應元曰：兩稱古人之事，使知所擇。

凌知遇曰：此結二子不規規于小廉小節，欲燕將乘時而立功名耳，故後揭一“智”字以應前。

余有丁曰：安平，賢相也，聞人之毀而荐之，君子之行也。貂勃知其爲人矣，故供毀以納交。

立荣名。昔者①管仲射桓公中鈎，篡也；遺公子糾而不能死，怯也；束縛桎梏，辱身也。此三行者，鄉里不通也，世主不臣也。使管仲終窮抑幽囚而不出，慚耻而不見，窮年没壽，不免爲辱人賤行矣。然管子並三行之過，據齊國之政，一匡天下，九合諸侯，爲五霸首，名高天下，光照鄰國。曹沫爲魯君將，三戰三北，而喪地千里。使曹子之足不離陳，計不顧後，出計所出也必死而不生，則不免爲敗軍禽將。曹子以敗軍禽將，非勇也；功廢名滅，後世無稱，非智也。故去三敗②之耻，退而與魯君計也，曹子以爲遭齊桓公有天下，朝諸侯。此霸者之事。欲興霸則可貴與義，故沫與魯君計此。曹子以一劍之任，劫桓公於壇位之上，顏色不變，而辭氣不悖。三戰之所喪，一朝而反之，天下震動驚駭，威信吴、楚，傳名後世。若此二公者，非不能行小節、死小耻也，以爲殺身絶世，功名不立，非智也。故去忿恚之心，而成終身之名；除感忿之耻，而立累世之功。故業與三王爭流，名與天壤相敝也。公其圖之！”燕將曰：“敬聞命矣。”因罷兵到韇③而去。韇，弓衣。倒，示無弓。故解齊國之圍，救百姓之死，仲連之説也。

貂勃欲附田單

　　貂勃齊人常惡田單，曰：“安平君，小人也。”安平

---

　　① 者，衍文。《四部叢刊》本及《四庫全書》諸本均無。
　　② 敗，當爲“北”，據《四部叢刊》本及《四庫全書》諸本。
　　③ 到韇，同鮑本，鮑注“元作到讀”，姚本、吴本及《四部叢刊》本作“倒韇”。“到”通“倒”。

君聞之，故爲酒而召貂勃，曰："單何以得罪於先生，故常見譽於朝？不欲正言其毀。"貂勃曰："跖之狗吠堯，非貴跖而賤堯也，狗固吠非其主也。且今使公孫子賢，而徐子不肖。然而使公孫子與徐子鬥，徐子之狗，猶將攫公孫子之腓而噬之也。若乃得去不肖者，而爲賢者狗，豈持①攫其腓而噬之耳哉？"安平君曰："敬聞命！"明日，任之於王白王使任用之。

王有所幸臣九人之屬，欲傷安平君，相與語於王曰："燕之伐齊之時，楚王頃襄使將軍淖齒將萬人而佐齊。今國已定，而社稷已安矣，何不使使者謝於楚王？"王曰："左右孰可？"九人之屬曰："貂勃可。"欲去單之助。貂勃使楚，楚王受而觴之，數日不反。九人之屬相與語於王曰："夫一人身，而牽留萬乘者，豈不以據勢也哉？謂單。且安平君之與王也，君臣無禮，而上下無別。且其志欲爲不善謂反。內收百姓，循撫其心，振窮補不足，布德於民；外懷戎翟、天下之賢士懷翟與士，陰結諸侯之雄俊豪英。其志欲有爲也。願王之察之。"異日，而王曰："召相單來。"田單免冠徒跣肉袒而進，退而請死罪。五日，而王曰："子無罪於寡人，子爲子之臣禮，吾爲吾之王禮而已矣。"

貂勃從楚來，王觴諸前，酒甜②，王曰："召相田單而來。"貂勃避席稽首曰："王惡得此亡國之言乎？王上者孰與周文王？"王曰："吾不若也。"貂勃曰："然，臣固知王不若也。下者孰與齊桓公？"王曰："吾不若也。"貂勃曰："然，臣固知王不若也。然則周文

① 持，當爲"特"，據《四部叢刊》本及《四庫全書》諸本。
② 甜，當爲"酣"，據《四部叢刊》本及《四庫全書》諸本。

許應元曰：以狗立喻，此策士之常談，欲媒其身而忘其類，無恥甚矣。

張洲曰：彼單之存齊，豈有據勢之心哉！憂宗社也。今國已定，社稷已安，胡不引身而退，而甘處其危乎？田單之不被禍者，又不出走者，其幸也。

穆文熙曰：貫珠與貂勃皆異人，然貫珠言公而意正，貂勃言公而意私。

王得呂望以爲太公，桓公得管夷吾以爲仲父，今王得安平君而獨曰‘單’。且自天地之闢，民人之治，爲人臣之功者，誰有厚於安平君者哉？而王曰‘單，單’，惡得此亡國之言乎？且王不能守乎王之社稷，燕人興師而襲齊墟，王走而之城陽之山中。安平君以惴惴之即墨，惴惴，憂懼也。三里之城，五里之郭，敝卒七千，禽其司馬，而反千里之齊，安平君之功也。當是時也，闔城陽而王，天下莫之能止。然而計之於道，歸之於義，以爲不可，故爲棧道木閣，而迎王與后於城陽山中，王乃得反，子臨百姓。今國已定，民已安矣，王乃曰‘單，單’。且嬰兒之計不爲此。王不亟殺此九子者以謝安平君，不然，國危矣！”王乃殺九子而逐其家，益封平平君①以夜邑萬户。

張洲曰：貂勃此言大有以動王之心，不則，未必殺讒益封，不待詞之畢也。

公孫弘爲孟嘗君使秦

孟嘗君爲從。公孫弘齊人謂孟嘗君曰：“君不如使人先觀秦王昭。意者設疑之辭秦王帝王之主也，君恐不得爲臣爲秦臣，奚暇從以難之？意者秦王不肖之主也，君從以難之，未晚。”孟嘗君曰：“善，願因請公往矣。”

許應元曰：設兩難，以權從之可否。

公孫弘敬諾，以車十乘之秦。昭王聞之，而欲愧之以辭使弘愧。公孫弘見，昭王曰：“薛公之地，大小幾何？”公孫弘對曰：“百里。”昭王笑而曰：“寡人地數千里，猶未敢以有難也爲人之難。今孟嘗君之地

又曰：公孫弘辯士，故秦昭欲以辭愧之。

---

① 平平君，當爲“安平君”，誤刻，據《四部叢刊》本及《四庫全書》諸本。

方百里，而欲因①以難寡人，猶可乎？”公孫弘對曰：“孟嘗君好人賢人，大王不好人。”昭王曰：“孟嘗之好人也，奚如？”公孫弘曰：“義不臣乎天子，不友乎諸侯，得志不慚爲人主，不得志不肯爲人臣，如此者三人；治可爲陶②、商之師，説義聽行，能致其主霸王，如此者五人；萬乘之嚴主也，辱其使者，退而自刎，必以其血洿其衣，如臣者十人。”昭王笑而謝之，曰：“客胡爲若此，寡人直與客論耳！寡人善孟嘗君，欲客之必諭寡人之志也！以己之志曉告孟嘗。”公孫弘曰：“敬諾。”

公孫弘可謂不侵矣。昭王，大國也。孟嘗，千乘也。立千乘之義而不可者③陵，可謂足使矣。足，猶能也。

林子曰：孟嘗君好人，宜得士也。何卒辱于秦，而借雞鳴犬吠之力哉？

朱之藩曰：三國趙咨對曹丕云：“聰明特達者八九十人，如臣之輩，車載斗量，不可勝數。”語亦自佳。

丘濬曰：不侵，著書者美其不可侵辱也。

趙威后問齊使

齊王使使者問趙威后。書未發，威后問使者曰：“歲亦無恙邪？民亦無恙邪？王亦無恙邪？”使者不説，曰：“臣奉使使威後后，今不問王而先問歲與民，豈先賤而後尊貴者乎？”威后曰：“不然，苟無歲，何有民？苟無民，何有君？故有問，舍本而問末者耶？”乃進而問之曰：“齊有處士曰鍾離子，無恙耶？是其爲人也，有糧者亦食，無糧者亦食；有衣者亦衣，無衣者亦衣。是助王養其民者也，何以至今不業也？不得在位成其職業。業陽子無恙乎？是其爲人，哀鰥寡，恤

丘濬曰：通篇皆問，自是作文一法。

唐順之曰：此篇不唯見威后之賢，而文字冲雅有味。

鮑彪曰：威后賢矣，其是非乃不詭于正。齊有此數士不能察，至使鄰國先女子愧之，王建不足道也，時君王后故無恙，胡爲亦不察乎？

---

① 欲因，當爲“因欲”，據《四部叢刊》本及《四庫全書》諸本。
② 陶，當爲“管”，據《四部叢刊》本及《四庫全書》諸本。
③ 者，衍文，《四部叢刊》本及《四庫全書》諸本均無。

孤獨，振困窮，補不足。是助王息其民者也，何以至今不業也？北宮之女嬰兒子無恙耶？徹其環瑱[1]，至老不嫁，以養父母。是皆率民而出於孝情_{猶誠}者也，胡爲至今不朝也？_{命婦則朝}。此二士弗業，一女不朝，何以王齊國，子萬民乎？於陵子仲尚存乎？是其爲人也，上不臣於王，下不治其家，中不索交諸侯。此率民而出於無用者，何爲至今不殺乎？"

張之象曰：仲子蓋矯世獨立者，故鄰國亦知之。孟子非之，謂其非人情不可近也。

◎ 楚

宣王

子象爲楚说宋

齊、楚構難，宋中立。齊請急宋[2]，宋許之。子象_{楚人}爲楚謂宋曰[3]："楚以緩失宋，將法齊之急也。齊以急得宋，後將常急矣。是從齊而攻楚之未必利也。齊戰勝楚，勢必危宋；不勝，是以弱宋干強楚也_{言以助齊犯楚之怨}。而令兩萬乘之國，常以急求所欲，國必危矣。"

許應元曰：以弱宋干強楚，是誠非計。且以齊之强不能逞志于楚，宋自謂得天，其實小國也，又何能爲齊當楚氛乎？

---

① 瑱，當爲"瑱"，據《四部叢刊》本及《四庫全書》諸本。環瑱，兩種玉製的耳飾，此處泛指首飾。

② "宋中立。齊請急宋"當爲"宋請中立。齊急宋"，據《四部叢刊》本及《四庫全書》諸本。

③ "宋"後脫"王"字，當爲"宋王曰"，據《四部叢刊》本及《四庫全書》諸本。

江乙論昭奚恤

荆宣王問群臣曰："吾聞北方之畏昭奚恤也，果誠何如？"群臣莫對。江乙對曰："虎求百獸而食之，得狐。狐曰：'子無敢食我也！天帝使我長百獸，今子食我，是逆天帝命也。子以我爲不信，吾爲子先行，子隨我後，觀百獸之見我而敢不走乎？'虎以爲然，故遂與之行。獸見之皆走。虎不知獸畏己而走也，以爲畏狐也。今王之地方五千里，帶甲百萬，而專屬之昭奚恤。故北方之畏奚恤也，其實畏王之甲兵也，猶百獸之畏虎也。"

江乙説安陵君

江乙説於安陵君楚之幸臣曰："君無咫尺之功，骨肉之親，處尊位，受厚禄，一國之衆見君，莫不斂袵而拜，撫委而服，撫，猶偃也。委，曲也。何以也？"曰："王過舉以色。不然，無以至此。"

江乙曰："以財交者，財盡而交絕；以色交者，華落而愛渝。是以嬖色不敝席，嬖，賤而幸者。席不及敝而愛弛。寵臣不避軒，猶退軒。車敝則退去，今不及然。今君擅楚國之勢，而無以自結於王，竊爲君危之。"安陵君曰："然則奈何？"江乙曰："願君必請從死，以身爲殉，如是必長得重於楚國。"曰："謹受令。"

三年而弗言。江乙復見曰："臣所爲君道，至今未效。君不用臣之計，臣請不敢復見矣。"安陵君曰：

鮑彪曰：江乙之言如此，則昭奚恤爲鄰國所畏可知。

唐順之曰：語云："山有猛虎，藜藿不剪。"國有爪牙之臣，鄰國畏之，賴藉多矣。宋相司馬而遼人戢兵是已。人主當問其人品何如，不當問其畏否。

《正義》云：撫物、委物，必下其手，皆卑下之意。

朱焯曰：直是明言。

"不敢忘先生之言，未得間也。"

於是，楚王游於雲夢，結駟千乘，旌旗蔽天，野火之起也若雲蜺，兕虎嘷之聲若雲①霆，有狂兕䍐音詳，趨行也。車依輪而至，王親引弓而射，一發而殪。王抽旃旄而抑兕首，仰天而笑曰："樂矣，今日之游也！寡人萬歲千秋之後，誰與樂此矣？"安陵君泣數行下而進曰："臣入則編席謂席相次，出則陪乘。大王萬歲千秋之後，願得以身試黃泉，蓐螻蟻，又何如得此樂而樂之。"王大説，乃封壇爲安陵君。

君子聞之曰："江乙可謂善謀，安陵君可謂知時矣。"

威王

蘇秦以合從説楚

蘇秦爲趙合從，説楚威王曰："楚，天下之强國也。大王，天下之賢士②也。楚地西有黔中、巫郡，東有夏州、海陽，南有洞庭、蒼梧，北有汾陘之塞、郇③陽。地方五千里，帶甲百萬，車千乘，騎萬匹，粟支十年，此霸王之資也。夫以楚之强，大王之賢，天下莫能當也。今乃欲西面而事秦，則諸侯莫不西面而朝於章臺之下矣。秦之所害於天下莫如楚，楚强則秦弱，楚弱則秦强，此其勢不兩立。故爲大王計，莫如從親

宋玉《招魂》："青驪結駟兮齊千乘，懸大① 延起兮玄顏烝。與王趨夢兮課後先，君王親發兮殪青兕。"文頗類此。

鮑彪曰：安陵，姜婦也。江乙爲之謀，又其卑者矣，安有君子而美此流哉？

楊慎曰：此先言楚國之强。

又曰：秦楚不兩立，從合則楚王，橫成則秦帝。此説詞之綱也。

---

① 大，當爲"火"，據宋玉《招魂》原文。

---

① 雲，當爲"雷"，據《四部叢刊》本及《四庫全書》諸本。
② 士，當爲"王"，據《四部叢刊》本及《四庫全書》諸本。
③ 郇，當爲"郇"，據《四部叢刊》本及《四庫全書》諸本。

以孤秦。大王不從親，秦必起兩軍：一軍出武關，一軍下黔中。若此，則鄢、郢動矣。臣聞之：治之其未亂，爲之其未有也。患至而後憂之，則無及已。故願大王之早計之。大王誠能聽臣，臣請令山東之國奉四時之獻，以承大王之明制，委社稷宗廟委置其宗廟社稷以託於楚，練士厲兵，在大王之所用之。大王誠能聽臣之愚計，則韓、魏、齊、燕、趙、衛之妙音美人，必充後宮矣。趙、代良馬橐它①匈奴齊②畜，必實於外廄。故從合則楚王，橫成則秦帝。今釋霸王之業，而有事人之名，竊爲大王不取也。

"夫秦，虎狼之國也，有吞天下之心。秦，天下之仇讎也，橫人皆欲割諸侯之地以事齊③，此所謂養仇而奉讎者也。夫爲人臣而割其主之地，以外交强虎狼之秦，以侵天下，卒有秦患，不顧其禍。夫外挾强秦之威，以內劫其主，以求割地，大逆不忠，無過此者。故從親，則諸侯割地以事楚；橫合，則楚割地以事秦。此兩策者，相去遠矣，有億兆之數。兩者大王何居焉？故敝邑趙王，使臣效愚計，奉明約，在大王命之。"

楚王曰："寡人之國，西與秦接境，秦有舉巴蜀、并漢中之心。秦，虎狼之國，不可親也。而韓、魏迫於秦患，不可與深謀，與深謀恐反人以入於秦，故謀夫④發而國已危矣。寡人自料，以楚當秦，未見勝焉。內與群臣謀，不足恃也。寡人臥不安席，食不甘昧，

① 它，同鮑本，《四部叢刊》本、吳本及姚本均作"駝"。
② 齊，當爲"奇"，據《四部叢刊》本、吳本及鮑本。
③ 地以事齊，當爲正文語，據《四部叢刊》本及《四庫全書》諸本。
④ 夫，當爲"未"，據《四部叢刊》本及《四庫全書》諸本。

劉辰翁曰：山東之國唯有齊楚最强，可以秦抗衡。而齊去秦遠則楚近秦患，故深言不從之害以激之。

張洲曰：縱橫之士，所以熒惑世主者，率以聲色玩好爲言。

王維禎曰：合從、橫成兩語，利害甚明。

丘濬曰：一意兩轉，舌有奇峰。

孫繼皋曰：前所云但秦帝而已，猶未切膚也。至此以割地歆之，則利害尤著，故重言之。

朱之藩曰：五國之聽蘇子也，革面而已，非能深究縱橫之利害。唯威王雖有难秦之心，可爲少知計者。

心搖搖如懸旌，而無所終薄泊同。今君欲一天下，安
諸侯，存危國，寡人謹奉社稷以從。"

子華論憂社稷之臣

威王問於莫敖楚官子華曰："自從先君文王以至不
穀之身，亦有不為爵勸，不為禄勉，以憂社稷者乎？"
莫敖子華對曰："如華不足知之矣。"王曰："不於大
夫，無所聞之。"莫敖子華對曰："君王將何問者也？
彼有廉其爵，貧其身，以憂社稷者；有崇其爵，豐其禄，
以憂社稷者；有斷脰決腹，一瞑而萬世不視，不知所
益，以憂社稷者；有勞其身，愁其思^①，以憂社稷者；
亦有不為爵勸，不為禄勉，以憂社稷者。"王曰："大
夫此言，將何謂也？"

莫敖子華對曰："昔令尹子文，緇帛之衣以朝，麛
裘以處；未明而立於朝，日晦而歸食；朝不謀夕，無
一日之積。故彼廉其爵，貧其身，以憂社稷者，令尹
子文是也。

"昔者葉公子高，身獲於表薄_{，表，野外。薄，林也。}
_{言其初賤。}而財_{材同}於柱國_{柱國以子高為材}；定白公之禍，
寧楚國之事，恢_{大也}先君以掩_{覆取也}方城之外，_{大先君之}
_{封。}四封不廉，_{謂四境完固，不見廉隅也。}名不挫於諸侯。
當此之時也，天下莫敢以兵南鄉。葉公子高，食田
六百畛。故彼崇其爵，豐其禄，以憂社稷者，葉公子
高是也。

---

① 思，當為"志"，據鮑本、姚本。

張之象曰：計安社稷，
人臣之義；疏爵頒禄，
人主之典。威王之問，
烏能得士哉？

楊慎曰：文有波瀾，亦
有照應，有体。

陸深曰：廉義當從廉
薄之廉，猶曰賈廉，言
不弱小也。

"昔者吳與楚戰於百^①舉，兩軍之間夫卒交<small>千夫百夫之夫</small>。莫敖大心撫其御之手，顧而太息曰：'嗟乎子乎，楚國亡之日至矣！吾將深入吳軍，若朴^②<small>擊也</small>一人，若捽<small>持髮</small>一人，以與大心者也，社稷其庶幾乎？'<small>以是為可以屬眾也。</small>故斷胻決腹，一瞑而萬世不視，不知所益，以憂社稷者，莫敖大心是也。

"昔吳與楚戰於柏舉，三戰入郢。寡君身出<small>昭王</small>，大夫悉屬<small>屬連俱亡</small>，百姓離散。棼冒勃蘇曰：'吾被堅執銳，赴強敵而死，此猶一卒也，不若奔諸侯。'於是贏糧潛行，上崢山<small>崢嶸之山</small>，踰深谿，蹠穿膝暴，<small>蹠，足下。暴，傷也。</small>七日而薄秦王<small>襄王</small>之朝。雀立<small>踊也</small>不轉，晝吟宵哭。七日不得告。水漿無入口，瘨而殫悶，<small>瘨，狂。殫，氣絕也。</small>旄眊<small>同</small>不知人。秦王聞而走之<small>疾趨</small>，冠帶不相及，左奉其首，右濡其口，勃蘇乃蘇<small>更生也</small>。秦王身問之：'子孰誰也？'棼冒勃蘇對曰：'臣非異<small>言非他人</small>，楚使新造盭<small>作盭，罪也</small>。棼冒勃蘇。吳與楚人戰於柏舉，三戰入郢，寡君身出，大夫悉屬，百姓離散。使下臣來告亡，且求救。'秦王顧令之起：'寡人聞之，萬乘之君，得罪一士，社稷其危，今此之謂也。'遂出革車千乘，卒萬人，屬之子滿與子虎。下塞以東，與吳人戰於濁水而大敗之，亦聞於遂浦。<small>蓋聞一說在彼，一在此。</small>故勞其身，愁其思，以憂社稷者，棼冒勃蘇是也。

"吳與楚戰於柏舉，三戰入郢。君王身出，大夫悉屬，百姓離散。蒙穀<small>楚將</small>結猶交<small>鬥</small>於宮唐之上，舍鬥奔郢曰：'若有孤，<small>時未知昭王存亡，故意其子。</small>楚國社稷

<small>陸深曰：與即助也。</small>

<small>王世貞曰：哭秦灰^①而救楚者，《左傳》以為申包胥，《戰國策》以為棼冒勃蘇。此非二人，恐《戰國策》之誤也。</small>

<small>薛應旂曰：觀棼冒勃蘇哭救哀難死不顧，深得古主憂臣辱、主辱臣死之義，可謂忠矣。</small>

<small>穆文熙曰：萬乘不可得罪一士，此言可畏。古人謂匹夫匹婦能勝予者，殆此之謂，然士難得亦難識也。</small>

---

① 百，當為"栢"，即"柏"，據下文及《四庫叢刊》本。
② 朴，當為"扑"，據《四部叢刊》本及《四庫全書》諸本。

---

① 灰，意於此不通，或作"庭"，存疑。

其庶幾乎！’遂入大宮，負離次之典，_{楚國法也，散失其}_{次者}。以浮於江，逃於雲夢之中。昭王反郢，五官失法，百姓昏亂；蒙穀獻典，五官得法，而百姓大治。此蒙穀之功多，與存國相若，封之執珪，田六百畛。蒙穀怒曰：‘穀非人臣，社稷之臣。苟社稷血食，餘豈患無君乎？’遂自棄於磨山之中，至今無位。故不爲爵勸，不爲祿勉，以憂社稷者，蒙穀是也。”

王乃太息曰：“此古之人也。今之人，焉能有之耶？”

莫敖子華對曰：“昔者先君靈王好小腰，楚士約食，馮而能立，式而能起。食之可欲，忍而不入；死之可惡，然而不避。華聞之，其君好發者_{發矢}，其臣決拾。_{決，以象骨爲之，着於右手大指以鈎弦。拾，以皮爲之，着}_{於右臂以遂弦。}君王直不好，若君王誠好賢，此五臣者，皆可得而致之。”

懷王

張儀以連衡説楚

張儀爲秦破從連橫，説楚王曰：“秦地半天下，兵敵四國_{四方之國}，被山帶河，以爲固。虎賁之士百余萬，車千乘，騎萬匹，粟如丘山。法令既明，士卒安難樂死。主嚴以明，將智以武。雖無出兵甲，席卷常山之險，折天下之脊，天下後服者先亡。且夫爲從者，無以異於驅群羊而攻猛虎也。夫虎之與羊，不格_敵明矣。今大王不與猛虎而與群羊，竊以爲大王之計過矣。

歸有光曰：四人心乎爲楚，其行不同，同一忠君之心也，不可置低昂於其間。

《墨子》云：楚靈王好士細腰，故其臣皆三飯爲節，脅息而復帶，淵牆而後起。

穆文熙曰：儀策無他奇，但虛誇強秦盛足以害楚，而五國遠不可倚，直恐喝之詞耳。使他日齊、楚不絕，武關不入，秦且奈楚何哉！

“凡天下强國，非秦而楚，非楚而秦，兩國敵侔交爭，其勢不兩立。而大王不與秦，秦下甲兵，據宜陽，韓之土①地不通^{上流之地}；下河東，取成皋，韓必入臣於秦。韓入臣，魏則從風而動。秦攻楚之西，韓、魏攻其北，社稷豈得無危哉？

“且夫約從者，聚群弱而攻至强也。夫以弱攻强，不料敵而輕戰，國貧而驟舉兵，此危亡之術也。臣聞之，兵不如者，勿與挑戰；粟不如者，勿與持久。夫從人者，飾辯虛辭，高主之節行，言其利而不言其害，卒有楚禍^{秦伐楚之禍}，無及爲已，是故願大王之熟計之也。

“秦西有巴蜀，方舡積粟，起於汶山。循江而下，至郢三千餘里。舫舡載卒，一舫載五千②人，與三月之糧，下水而浮，一日行三百餘里；里數雖多，不費汗馬之勞，不至十日而拒扞關；扞關驚，則從竟陵以東，盡城守矣，黔中、巫郡非王之有已。秦舉甲出之武關，南面而攻，則北地絶。秦兵之攻楚也，危難在三月之内。而楚恃諸侯之救，在半歲之外，此其勢不相及也。夫恃弱國之救，而亡③强秦之禍，此臣所以爲大王之患也。且大王嘗與吳人五戰三勝而亡之，陳^故卒盡矣；有偏守新城^{一偏之戍，繕築之城}。而居民苦矣。臣聞之，攻大者易危，而民敝者怨於上。夫守易危之功而逆强秦之心，臣竊爲大王危之。

“且夫秦之所以不出甲於函谷關十五年以攻諸侯

許應元曰：二者危亡之明驗，非儀之私言。

陸深曰：文碎而有條，辭理而不紊。

何孟春曰：有謀人之心者，必示人以弱。秦之不出兵山東者，明此術也。

---

① 土，當爲“上”，據《四部叢刊》本及《四庫全書》諸本。

② 千，同鮑本，《四部叢刊》本、姚本及吳本爲“十”。

③ 亡，當爲“忘”，據《四部叢刊》本及《四庫全書》諸本。

者，陰謀有吞天下之心也。楚嘗與秦構難，戰於漢中。楚人不勝，通侯、執珪言貴者死者七十余人，遂亡漢中。楚王大怒，與秦戰於藍田，又却。此所謂兩虎相搏者也。夫秦、楚相敝，而韓、魏以全制其後，計無過於此者矣，是故願大王熟計之也。

又曰：即前事以恐喝之，故其心易搖。

　　"秦下兵攻衛、陽晋，必關扃天下之匈，以常山爲天下脊，則衛及晋陽當天下匈，其地是秦、晋、齊、楚之交道也，據之是關天下匈，他國不得動也。大王悉起兵以攻宋，不至數月而宋可舉。舉宋而東指，則泗上十二諸侯，盡王之有已。

朱之藩曰：顯暴蘇秦之短，以明其言之不足信。

　　"凡天下所信約從親堅者蘇秦，封爲武安君而相燕，即陰與燕王謀破齊共分其地。乃佯有罪，出走入齊，齊王閔因受而相之。居二年而覺，齊王大怒，車裂蘇秦於市。夫以一詐僞反覆之蘇秦，而欲經營天下，混一諸侯，其不可成也亦明矣。

董份曰：説諸侯皆曰事秦，獨楚曰入質效地，亦以楚之强足以敵秦故也。

　　"今秦之與楚也，接境壤界，固形親之國也其勢當親。大王誠能聽臣，臣請秦太子入質於楚，楚太子入質於秦，請以秦女爲大王箕帚之妾，效萬家之都，以爲湯沐之邑，長爲昆弟之國，終身無相攻擊。臣以謂計無便於此者，故敝邑秦王惠，使使臣獻書大王之從車下風，須以決事。"

　　楚王曰："楚國僻陋，託於①東海之上。寡人年幼，不習國家之長計。今上客幸教以明制秦之制詔，寡人聞之，敬以國從。"乃遣使車百乘，獻雞駭之犀、夜光之璧於秦王。

————————

　　① 於，衍文，當爲"託東海之上"，據《四部叢刊》本及《四庫全書》諸本。

陳軫論韓朋智困

秦伐宜陽。楚王謂陳軫曰："寡人聞韓朋巧士也，習諸侯事，殆能自免也。_{免於危亡也，仲}①_{時守宜陽。}"爲其必免，吾欲先據_{依也}之，以加德焉。"陳軫對曰："舍之，王勿據也。以韓朋之智，於此困矣。今山澤之獸，無黠_慧於麋，麋知獵者張網前而驅己也，因還走而冒人。_{蒙犯即人，不趨網。}至數獵者知其詐，僞舉網而進之，麋因得矣。今諸侯明知此多詐，僞舉網而進者必衆矣。舍之，王勿據也。韓朋之智於此困矣。"楚王聽之，宜陽果拔，陳軫先知之也。

穆文熙曰：詐僞者，人亦詐僞待之，舉網僞進，困敗愈速。韓朋其何樂於爲此哉！

陸深曰：僞舉網使其進而即人，乃以綱①網之也。

又曰：重述上文，妙甚。

頃襄王

慎子謀不與齊東地

楚襄王爲太子之時，質於齊。懷王薨，太子辭於齊王_閔而歸，齊王隘_阻之："予我東地五百里，乃歸子；子不予我，不得歸。"太子曰："臣有傅，請退而問傅。"傅慎子曰："獻之。地，所以爲身也，愛地不送父死，不義。臣故曰獻之便。"太子入，致命齊王曰："敬獻地五百里。"齊王歸楚太子。

太子歸，即位爲王。齊使車五十乘，來取東地於楚。楚王告慎子曰："齊使來求東地，爲之奈何？"

陸深曰：凡語皆兩用而不復。

唐順之曰：質人之子，聞喪而要地，得地而后歸，不仁甚矣。

又曰：慎子請獻地，請歸，便了然知東地之必全。

---

① 仲，當爲"公仲"，缺一"公"字，據《四部叢刊》本及《四庫全書》諸本。

① 綱，《字彙補》："與網同。"

慎子曰："王明日朝群臣，皆令獻其計。"

上柱國子良入見。王曰："寡人之得求反^{求得反國}，主墳墓，復^{復見}群臣，歸社稷也，以東地五百里許齊。齊令使來求地，爲之奈何？"

楊慎曰：子良計在與齊地而復攻之。

子良曰："王不可不與也。王身出玉聲，許强萬乘之齊而不與，則不信，後不可以約結諸侯。請與而復攻之。與之，信；攻之，武。臣故曰與之。"

子良出，昭常入見。王曰："齊使來求東地五百里，爲之奈何？"昭常曰："不可與也。萬乘者，以地大爲萬乘。今去東地五百里，是去戰國之半也，有萬乘之號，而無千乘之用也，不可。臣固^①曰勿與。常請守之。"

又曰：昭常計在不與齊地而請守之。

昭常出，景鯉入見。王曰："齊使來求東地五百里，爲之奈何？"景鯉曰："不可與也。雖然，楚不能獨守。王身出玉聲，許萬乘之强齊也，而不與，負不義於天下。楚亦不能獨守，臣請西索救於秦。"

又曰：景鯉計在不與齊地而索救於秦。

景鯉出，慎子入。王以三大夫計告慎子曰："子良見寡人曰：'不可不與也，與而復攻之。'常見寡人曰：'不可與也，常請守之。'鯉見寡人曰：'不可與也，雖然，楚不能獨守也，臣請索救於秦。'寡人誰用於三子之計？"慎子對曰："主皆用之。"王怫然作色曰："何謂也？"慎子曰："臣請效其説，而王且見其誠然也。王發上柱國子良車五十乘，而北獻地五百里於齊；發子良之明日，遣昭常爲大司馬，令往守東地；遣昭常之明日，遣景鯉車五十乘，西索救於秦。"

陸深曰：語益簡而有枚拾，讀者自覺有味。

穆文熙曰：此四臣皆國士也。襄王無若人能反國乎？慎子能兼用之，其最優乎？方之晉五臣，其舅犯與。

---

① 固，當爲"故"，據《四部叢刊》本及《四庫全書》諸本。

王曰:"善。"乃遣子良北獻地於齊;遣子良之明日,立昭常爲大司馬,使守東地;又遣景鯉西索救於秦。子良至齊,齊使人以甲受東地。昭常應齊使曰:"我典主_{職守}東地,且與生死①,悉五尺至六十,三十餘萬^敝甲銳兵,願承下塵_{戰則有塵}。"齊王謂子良曰:"大夫來獻地,今常守之,何如?"子良曰:"臣身受命敝邑之王,是常矯也,王攻之。"

齊王大興兵攻東地,伐昭常。未涉^強②,秦以五十萬臨齊右壤,曰:"夫隘楚太子弗出,不仁;又欲奪之東地五百里,不義。其縮甲則可,不然,則願待戰。"齊王恐焉。乃請子良南道楚,西使秦,解齊患。以③卒不用,東地復全。

莊辛論幸臣亡國

莊辛_{楚人}謂楚襄王曰:"君王左州侯,右夏侯,輦從鄢陵君與壽陵君_{皆楚之寵幸臣},專淫逸侈靡,不顧國政,郢都必危矣!"襄王曰:"先生老悖乎?將以爲楚國妖祥乎?"莊辛曰:"臣誠見其必然者也,非敢以爲國妖祥也;君王卒幸四子者不衰,楚國必亡矣。臣請避於趙,淹留以觀之。"莊辛去之趙,留五月,秦果舉鄢、郢、巫、上蔡、陳之地,襄王流揜_匿於城陽。於是使人發騶,徵莊辛於趙。莊辛曰:"諾。"莊辛至,襄王曰:"寡人不能用先生之言,今事至於此,爲之奈

右側注文:

陸深曰:"悉五尺至六十",一本作"率吾之士卒"。

又曰:終篇皆奇古。

陸深曰:此文乃策賦之流也。

胡時化曰:柳子厚《漁者對智伯》仿此作。

鮑彪曰:此策天下之善規也。襄王雖失之東隅而收之桑榆,故其季年保境善鄰,差爲無事,此策爲有力焉。

① 生死,當爲"死生",據《四部叢刊》本及《四庫全書》諸本。
② 強,同鮑本,《四部叢刊》本、姚本及吳本爲"疆"。
③ 以,當爲"士",據《四部叢刊》本及《四庫全書》諸本。

何？"

　　莊辛對曰："臣聞鄙語曰：'見兔而顧犬，未爲晚也；亡羊而補牢，未爲遲也。'昔聞[1]昔湯、武以百里昌，桀、紂以天下亡。今楚國雖小，絕長續短，猶以數千里，豈特百里哉？

　　"王獨不見夫蜻蛉乎？六足四翼，飛翔乎天地之間，俛啄蚊虻而食之，仰承甘露而飲之，自以爲無患，與人無爭也。不知夫五尺童子，方將調飴膠絲，加己乎四仞之上，而下爲螻蟻食也。[2]黃雀因是以，俯噣白粒，仰棲茂樹，鼓翅奮翼，自以爲無患，與人無爭也。不知夫公子王孫，左挾彈，右攝持丸，將加己乎十仞之上，以其類爲招以其類而招誘之。晝游乎茂樹，夕調乎酸鹹。倏忽之間，墜於公子之手。

　　"夫雀其小者也，黃鵠因是以，游乎江海，淹乎大沼，俯噣鱔鯉，仰嚙陵[3]衡香草，奮其六翮而凌清風，飄搖乎高翔，自以爲無患，與人無爭也。不知夫射者，方將脩其碆一本作䂠，當是䂠字訛，若碆，則與磻義同矣。盧，盧、旅同，黑弓也。治其矰繳，將加己乎百仞之上，被[4]劇磻，劇，利也。磻，石鏃也。引微繳，折清風而抎矣。抎，矢墜也。故晝游乎江河，夕調乎鼎鼐。

　　"夫黃鵠其小者也，蔡靈侯之事因是以，南游乎

許應元曰：禍幾所伏微矣哉。童子之於蜻蛉，公子之於黃雀，射者之於黃鵠，物且不免，況人乎？蔡灵侯之事，襄王可鑒矣。

----

① 昔聞，當爲"臣聞"，據《四部叢刊》本及《四庫全書》諸本。

② 據《四部叢刊》本及《四庫全書》吳本，吳師道補曰："姚本此有'夫蜻蛉其小者也'七字。"《四庫全書》姚本此處有"蜻蛉其小者也"六字。

③ 陵，同"蔆"，據《四部叢刊》本及《四庫全書》諸本。

④ 被，同鮑本、吳本，《四部叢刊》本及姚本作"彼"。

高陂，北陵乎巫山，飲茹溪流，《後語》"飲茹溪之蔬"。① 茹溪，巫山之溪。食湘波之魚，左抱幼妾，右擁嬖如②，與之馳騁乎高蔡之中，而不以國家爲事。不知夫子發方受命乎靈王，繫己以朱絲而見之也。昭十一年，楚子誘蔡靈侯，殺之於申。

　　"蔡靈侯之事其小者也，君王之事因是以，左州侯，右夏侯，輦從鄢陵君與壽陵君，飯封禄之粟所封之禄，而載方府之金，方，四方。金，其所貢。與之馳騁乎雲夢之中，而不以天下國家爲事。而不知夫穰侯方受命乎秦王昭，填黽塞之内填兵滿也，而投己乎黽塞之外。"

　　襄王聞之，顔色變作，身體戰慄。於是乃以執珪而受之爲陽陵君，與淮北之地。

考烈王

荀卿爲書謝春申君

　　客説春申君曰："湯以亳，武王以鎬，皆不過百里以有天下。今孫子荀卿，天下賢人也，君藉之以百里之勢時爲蘭陵令，臣竊以爲不便於君。何如？"春申君曰："善。"於是使人謝孫子。孫子去之趙，趙以爲上卿。

　　客又説春申君曰："昔伊尹去夏入殷，殷王而夏亡。管仲去魯入齊，魯弱而齊強。夫賢者之所在，其

陸深曰：譬喻一節深一節。

又曰：到此漸説襄王身上，文極委曲。

《大事記》云：頃襄既失郢都，復召莊辛，聞其言至於色變作慄，此所以能稍復淮北也。

曰①藝衡曰：春申君不足以知人，安得謂之佳公子？

穆文熙曰：春申亦平原之流亞也，奈何輕於用舍如此，真史之所謂旄矣，其將有李

①《後語》即《春秋後語》，晋孔衍著。飲，當爲"飯"，據《四部叢刊》本及姚本、吴本。
② 如，當爲"女"，據《四部叢刊》本及《四庫全書》諸本。

① 曰，當爲"田"，據文意及前後文。

園之禍①乎？

孫應鰲曰：春申，四豪之一，以好客顯名當世，乃不能用孫卿。則所稱珠履三千者，果何人乎？

楊慎曰：孫卿，礼義人也。使卿而在楚，春申必无李園之禍。然此書蓋預知之矣。

張之象曰：孫子遠引楚王、崔子，近述李兌、淖齒，劘切春申甚當。

《正義》云：賦曰以下即《佹詩》，而文小異。

羅洪先曰：賦終而引詩，又以咏嘆其未盡之懷，悠揚宛曲，使人覆書頓絕。

---

①　禍，底本形似"衬"，或因"禍"之草書與"衬"相近所致。

君未嘗不尊，國未嘗不榮也。今孫子，天下賢人也，君何辭之？"春申君曰："善。"於是使人請孫子於趙。孫子爲書謝曰："'癘人憐王'，癘，癩也。雖惡疾，猶愈于劫弒，故反憐之。此不恭之語也。雖然，不可不審察也。此爲劫弒死亡之主言也。夫人主年少而矜材，無法術以知奸，則大臣主斷國斷，專主也。私，以禁誅於己也，察其私，則恐人誅己，故主斷以禁之。故弒賢長而立幼弱，廢正適而立不義。《春秋》戒之曰：'楚王子圍聘於鄭，未出境，聞王病，反問疾，遂以冠纓絞王殺之，因自立也。齊崔杼之妻美，莊公通之。崔杼帥其君黨而攻莊公。莊公請與分國，崔杼不許；欲自刃於廟，崔杼不許。莊公走出，踰於外墻，射中其股，遂殺之，而立其弟景公。'近代所見：李兌用趙，餓主父于涉①丘，百日而殺之；淖齒用齊，擢閔王之筋，擢，引也。縣於廟梁，宿夕而死。夫癘雖癰腫胞疾，上比前世，未至絞纓射股；下比近代，未至擢筋而餓死也。夫劫弒死亡之主也，心之憂勞，形之困苦，必甚於癘矣。由此觀之，癘雖憐王可也。"因爲賦曰："寶珍隋珠，隋侯見大蛇傷，療而愈之，蛇啣明珠報之。不知佩兮。襜衣②與絲，《禮》：后服襜衣。謂畫袍。不知異兮。閭妹③子奢，妹，好也。奮④，即子都，美人也。莫知媒兮。嫫母求之，嫫母，醜妇也。又甚喜之兮。以瞽爲明，以聾爲聰，以是爲非，以吉爲凶。嗚呼上天，曷惟其同！言舉世皆然也。"

---

①　涉，當爲"沙"，據《四部叢刊》本及《四庫全書》諸本。
②　衣，同鮑本、吳本，《四部叢刊》本及姚本作"布"。
③　妹，同鮑本，《四部叢刊》本、姚本及吳本均作"姝"。夾注同。
④　奮，當爲"奢"，據《四部叢刊》本、鮑本及吳本。

《詩》曰："上天甚神，無自瘵也。"瘵，病也。言天理甚明，如是者必有禍患。

唐雎説春申君

唐雎見春申君曰："齊人飾身修行得爲益謂有禄位，然臣羞而不學也。不避絶江河，行千餘里來，竊慕大言高其義君之義，而善君之業。臣聞之，賁、諸懷錐刃而天下爲勇，西施衣褐而天下稱美。今君相萬乘之楚，禦中國之難，所欲者不成，所求者不得，臣等少也。夫梟棋之所以爲能者，梟，勝也。以散棋佐之也。散，謂衆棋。夫一梟之不勝不如五散獨善不如衆智亦明矣。今君何不爲天下梟，而令臣等爲散乎？"

唐順之曰：善喻爲進身之策。

《正義》曰：梟，博頭有刻梟鳥形者。

唐順之曰：一梟不如五散，可味。

或以合從説楚王

或謂楚王曰："臣聞從者欲合天下以朝大王，臣願大王聽之也。夫因詘爲信即屈伸意，奮患有成，奮於患難，以能有成。勇者義之；攝收禍爲福，裁少爲多，智者官之。義之，制其宜。官之，主其事。夫報報之反言反覆相尋，墨墨之化言變化無形，唯大君能之。言其轉旋變化之妙，又非智勇者所可及也。禍與福相貫通，生與亡爲鄰，不偏於死，偏，猶專也。死，謂患難。不偏於生，專於衛生，如兩臂重於天下者。不足以載大名。無所寇艾，不足以橫世。不寇虐斬艾，不足以橫行於世。夫秦捐德絶命之日久矣，言秦

丘濬曰：此文法，多出於莊子。

顧起元曰：楚自懷王入秦不返，國日削弱，惴惴焉慮爲秦所吞噬。故以此禍福死生之説恐動之，蓋亦善楚矣。惜乎！無以報讎告之者。

朱焯曰：語多儷偶，大類老莊。

棄君人之德，絕上天之命，非一日矣。而天下不知。今夫積①人噬口噬，聲也。利機橫人所言利害之機，上干主心，下牟取百姓，公舉而私取利，舉，謂舉措。是以國權輕於鴻毛，而積禍重於丘山。"

魏加論臨武君不可將

歸有光曰：更生欲虛下飛鳥，而孽雁斯來。當時未必有此事，或者魏加之游談耳。

天下合從，趙使魏加趙人見楚春申君曰："君有將乎？"曰："有矣。僕欲將臨武君。"魏加曰："臣少之時好射，臣願以射譬之，可乎？"春申君曰："可。"加曰："異日者更嬴人姓名與魏王處京高臺之下，仰見飛鳥，更嬴謂魏王曰：'臣為王引弓虛發而下鳥。'魏王曰：'然則射可至此乎？'更嬴曰：'可。'有間，鴈從東方來，更嬴以虛發而下之。魏王曰：'然則射可至此乎？'更嬴曰：'此孽也。'有隱痛於自②，猶孽子。王曰：'先生何以知之？'對曰：'其飛徐而鳴悲。飛徐者，故瘡痛也；鳴悲者，久失群也。救③瘡未息而驚心未去也，聞弦者音烈而高飛，故瘡隕也以瘡痛而墜。'今臨武君嘗為秦孽嘗敗於秦，不可為拒秦之將也。"

朱之藩曰：語謂"傷弓之鳥高飛，驚餌之魚深逝"。然孟明之敗，卒伯西戎；曹沫登壇，反魯侵地，士安可以過棄耶？

汗明自售於春申君

汗明見春申君，候問三月而後得見。談卒，春申君大說之。汗明欲復談，春申君曰："僕已知先生，先

---

① 積，當為"橫"，據《四部叢刊》本及《四庫全書》諸本。
② 自，當為"身"，據《四部叢刊》本、鮑本及吳本。
③ 救，當為"故"，據《四部叢刊》本及《四庫全書》諸本。

生大息休也矣。”汗明憱焉曰：“明願有問君，而恐固陋也。不審君之聖孰與堯也？”春申君曰：“先生過矣，臣何足以當堯。”汗明曰：“然則君料臣孰與舜？”春申君曰：“先生即舜也。”汗明曰：“不然，臣請爲君終言之。君之賢實不如堯，臣之能不及舜。夫以賢舜事聖堯，三年而後乃相知也。今君一旦而知臣，是君聖於堯，而臣賢於舜也。”春申君曰：“善。”召門吏爲汗先生著客籍，五日一見。汗明曰：“君亦聞驥乎？夫驥之齒至矣，服鹽車而上太行。蹄伸[1]膝折，尾湛胕潰，湛，沉同，汗多故然。胕，膚同，亦汗出於膚如潰。漉汗灑地，白汗交流；外阪遷延，負棘而不能上。棘，言步蹇。伯樂遭之，下車攀而哭之，解紵衣以冪之覆也。驥於是俛而噴，仰而鳴，聲達於天，若出金石聲者，何也？彼見伯樂之知己也。今僕之不肖，阨於州部，堀穴窮巷，沉洿鄙俗之日久矣，君獨無意湔祓僕，湔，洗其惡。祓，除不祥也。使得爲君高鳴屈於梁乎？聲己之屈。梁，南梁。”

穆文熙曰：堯舜之喻，可謂明切。然終無補于春申。

楊慎曰：春申爲汗明著客籍，則任用之心不專矣，故汗明所以復鹽車之喻。

朱㷆曰：知己亦甚难矣。語云“士爲知己者用”，然則可多得哉？

唐順之曰：今古遭遇之难，類如此，士君子所以甘心岩穴，長往而不顧也。三復鹽車之喻，兹以永嘆之。

①　伸，當爲“申”，據《四部叢刊》本及《四庫全書》諸本。

卷三

○ 趙

襄子

趙襄子滅智伯

智伯帥趙、韓、魏而伐范、中行氏，滅之。休數年，使人請地於韓。韓康子欲勿與，段規諫曰："不可。夫智伯之爲人也，好利而鷙言其殘忍復，來請地，不與，必加兵於韓矣。君其與之。彼狃大[①]性驕也，又將請地於他國，他國不聽，必鄉之以兵；然則韓可以免於患難，而待事之變。"康子曰："善。"使使者致萬家之邑一於智伯。智伯說，又使人請地於魏，魏桓子欲勿與。趙葭諫曰："彼請地於韓，韓與之。請地於魏，魏弗與，則是魏內自強，而外怒智伯也。然則其錯兵於魏必矣！不如與之。"桓子曰："諾。"因使人致萬家之邑一於智伯。智伯說，又使人之趙，請蔡、皋狼之地，趙襄子弗與。智伯陰結韓、魏，將以伐趙。

趙襄子召張孟談而告之曰："夫智伯之爲人，陽親而陰疏，三使韓、魏，而寡人弗與焉，他日陰疏，今則

田汝成曰：此段是形容智伯之爲人必亡者。

許應元曰：智伯之請地，狃于勝敵，其伐趙狃于得地，要之不亡不止者。

---

① 大，當爲"犬"，據鮑注。

顯矣。其移兵寡人必矣。今吾安居而可？"張孟談曰：
"夫董閼安于，簡子—作主之才臣也，世治晋陽，而君
澤循之，君澤，趙臣，繼安于者。其餘政教猶存，君其定
居晋陽。"君曰："諾。"乃使延陵君將車騎先之晋陽，
君因從之。至，行城郭，按府庫，視倉廩，召張孟談曰：
"吾城郭之完，府庫足用，倉廩實矣，無矢奈何？"張
孟談曰："臣聞董子之治晋陽也，公宮之垣墻也，皆以
荻蒿苫①楚廥之，荻，萑葦屬。苫，蓋也。楚，荆也。廥，牆同。
以是爲牆。其高至丈餘，君發而用之。"於是發而試之，
其堅則箘簬之勁不能過也。箘，音窘。簬，音輅。見《貢禹》②。
君曰："矢足矣，吾銅少若何？"張孟談曰："臣聞董
子之治晋陽也，公宮之室，皆以鍊銅爲柱質礩也，請發
而用之，則有餘銅矣。"君曰："善。"號令已定，備守
已具。

三國之兵乘晋陽城，遂戰。三月不能拔，因舒軍
而圍之，決晋水而灌之。圍晋陽三年，城中巢居而處，
懸釜而炊，財食將盡，士卒病羸。襄子謂張孟談曰：
"糧食匱，財力盡，士大夫病，吾不能守矣。欲以城下，
何如？"張孟談曰："臣聞之，亡不能存，危不能安，
則無爲貴知士也。君釋計③，勿復言也。臣請見韓、魏
之君。"襄子："諾。"

張孟談於是陰見韓、魏之君曰："臣聞唇亡則齒
寒，今智伯帥二國之君伐趙，趙將亡矣，亡則二君爲

楊慎曰：趙簡子以尹
鐸能治晋陽，而戒襄
子必以爲歸，蓋已知
有智氏禍矣。

陸深曰：不厭重復，此
叙事之妙。

丘濬曰：預儲矢銅，尹
鐸亦知有晋陽之變矣，
然其治晋陽也，匪唯
能保障且又能脩武備，
賢矣哉！

楊慎曰：張孟談自負
甚高，然亦得襄子用
之。

① 苫，當爲"苫"，據《四部叢刊》本及鮑本。夾注同。
② 貢禹，當爲"禹貢"，據《四部叢刊》本。
③ 君釋計，當爲"君釋此計"，據《四部叢刊》本及《四庫全書》
諸本。

歸有光曰：虞闇而假塗虢，虢亡而虞隨之。韓、魏慎而存趙，趙存而韓、魏亨之，當機之會，固宜審矣。

楊道賓曰：襄子從孟談之策，故必謀必成，將亡而卒至于勝。智伯愎智果[1]之諫，故有爲則敗，將勝而卒至于亡有國家者。視此策，豈不爲明鑑耶！

羅大經曰：孟談之反間二國，才智誠過人矣，而智果識其志矜行高，亦豈在談下哉？此兩人固敵手棋也，天下策士何限，趙氏用而智氏不用耳。

　　①　智果，即正文"智過"，智伯之族。下同。

之次矣。"二君曰："我知其然。夫智伯之爲人，麤中而少親，麤，同疏也。我謀未遂而知，則其禍必至，爲之奈何？"張孟談曰："謀出二君之口，入臣之耳，人莫之知也。"二君即與張孟談陰約三軍，與之期。夜，遣入晉陽。張孟談以報襄子，襄子再拜之。

　　張孟談因朝智伯而出，兵交，使在其間，故得朝之。遇智伯[1] 過轅門之外。以車爲門，而轅外向。智過入見智伯曰："二王[2] 殆將有變。"君曰："何如？"對曰："臣遇張孟談於轅門之外，其志矜，其行高。"智伯曰："不然。吾與二王約謹矣，破趙三分其地，寡人所親之，必不欺也。子釋之，勿出於口。"智過出見二主，入說智伯曰："二主色動而意變，必背君，不如令殺之。"智伯曰："兵着附也晉陽三年矣，旦暮當拔而饗其利，乃有他心？不可，子慎勿復言。"智過曰："不殺則遂親之。"智伯曰："親之奈何？"智過曰："魏桓子之謀臣曰趙葭，韓康子之謀臣曰段規，是能移其君之計[3]。君其與二君約，破趙則封二子者各萬家之縣一，如是則二主之心可不變，而君得其所欲矣。"智伯曰："破趙而三分其地，又封二子者各萬家之縣一，則吾所得者少，不可。"智過見君之不用也，言之不聽，出，更其姓爲輔氏，遂去不見。

　　張孟談聞之，入見襄子曰："臣遇智過於轅門之外，其視有疑臣之心，入見智伯，出更其姓。今暮不擊，

　　①　伯，當爲衍字，據上下文及《四部叢刊》本。
　　②　二王，當爲"二主"，下句"二王"亦同，據《四部叢刊》本及《四庫全書》諸本。
　　③　是能移其君之計，《四部叢刊》本及《四庫全書》諸本爲"是皆能移其君之計"，此句當脫"皆"字。

必後之矣。"襄子曰:"諾。"使張孟談見韓、魏之君,日夜期殺守堤之吏,而決水灌智伯軍。智伯軍救水而亂,韓、魏翼而擊之_{左右夾攻},襄子將卒犯其前,大敗智伯軍而禽智伯。

智伯身死,國亡地分,爲天下笑,此貪欲無厭也。夫不聽智過,亦所以亡也。智氏盡滅,唯輔氏存焉。

陸深曰:二句法前有味又不疏陋。

朱之藩曰:通篇詞意雄偉,與《楚策》"頃襄王獻地"篇如出一手。

豫讓報智伯之仇

晋畢陽之孫豫讓,始事范、中行氏而不説,去而就智伯,智伯寵之。及三晋分智氏,趙襄子最怨智伯,而將其頭以爲飲器_{史作漆其頭}。豫讓逃遁山中,曰:"嗟乎! 士爲知己者死,女爲説己者容。吾其報智氏之讎矣。"乃變姓名,爲刑人,入宮塗廁,欲以刺襄子。襄子如厠,心動,執問塗者,則豫讓也。刃其扞,_{銲同,矛}_{鐏謂之銲。刃,施刃其端。}曰:"欲爲智伯報讎! "左右欲殺之。趙襄子曰:"彼義士也,吾謹避之耳。且智伯已死,無後,而其臣至爲報讎,此天下之賢人也。"卒釋之。豫讓又漆身爲癘_{癩也},滅鬚去眉,自刑以變其容,爲乞人而往_{《史》作行乞},其妻不識,曰:"狀貌不似吾夫,其音何類吾夫之甚也。"又吞炭爲啞,變其音。其友謂之曰:"子之道甚難而無功,謂子有志則然矣,謂子智,則否。以子之才,而善事襄子,襄子必近幸子;子之得近而行所欲,此甚易而功必成。"預讓乃笑而

賈誼曰:此一豫讓也,反君事仇,行若狗彘,已而抗節致忠,行出乎烈士,人主使然也。

按:飲器决非盛酒,死骨,人所諱者,何以酒乎? 盖深怨而辱之爲溲器耳。

董份曰:其妻不識,其友識之者,妻熟其形,友知其心也。

歸有光曰：公孫杵臼存趙孤，而爲程嬰曰："吾爲其易者，若爲其難者。"豫讓亦曰："吾非從易。"蓋從易者甚易，而從難者甚難。古人爲義，非必擇其難易，求無愧於心而已。

何孟春曰：豫讓報智伯之仇，蓋富貴之徒而鄙夫之尤者。夫國士之遇，故所當報，而衆人之畜，獨非我君乎？獨可忘乎哉？

楊慎曰：舍生取義，豫子有之。胡氏謂無所爲而爲善，雖《大學》不是過也，諒夫。

後《索隱》引《策》云：衣盡出血，襄子回車，車輪未周而亡。今無此文，或周①以其怪而刪之與？

應之曰："是爲先知報後知，爲故君賊新君，太亂君臣之義者無此矣①。吾所謂爲此者，以明君臣之義，非從易也。且夫委質而事人，而求弒之，是懷二心以事君也。吾所爲難，亦將以愧天下後世懷二心者。"

居頃之，襄子當出，豫讓伏以過橋下。襄子至橋而馬驚。襄子曰："此必豫讓也。"使人問之，果豫讓。於是趙襄子面數預讓曰："子不嘗事范、中行氏乎？智伯滅范、中行氏，而子不爲報讎，反委質事智伯。智伯已死，子獨何爲報仇之深也？"豫讓曰："臣事范、中行氏，范、中行氏以衆人遇臣，臣故衆人報之；智伯以國士遇臣，臣故國士報之。"襄子乃喟然嘆泣曰："嗟乎，豫子之爲智伯，名既成矣，寡人舍子，亦已足矣。子自爲計，寡人不舍子。"使兵環之。豫讓曰："臣聞明主不掩人之義，忠臣不愛死以成名。君前已寬舍臣，天下莫不稱君之賢。今日之事，臣故伏誅，然願請君之衣而擊之，雖死不恨。非所望也，言有此心，望不及此。敢布腹心。"於是襄子義之，乃使使者持衣與豫讓。豫讓拔劍三躍，呼天擊之曰："而可以報智伯矣。"遂伏劍而死。死之日，趙國之士聞之，皆爲涕泣者。

鮑彪曰：豫讓，義士也。史遷列之《刺客》，而蘇氏《古史》亦謂之非賢，失之矣。《朱子綱目》附見於三晉始衆之下，則其事在前，不得持書以表之耳。②

---

① 周，衍文，據吳本及《四部叢刊》本。

① 太，當作"大"，據《四部叢刊》本及《四庫全書》諸本。
② 鮑彪曰，實爲吳師道曰；衆，當爲"命"；持，當爲"特"。據吳本及《四部叢刊》本。

肅侯

蘇秦始以合從説趙

蘇秦從燕之趙，始合從，説趙王曰："天下之卿相人臣，乃至布衣之士，莫不高賢大王之行義，皆願奉教陳忠於前之日久矣。雖然，奉陽君妒，_{肅侯相其弟成，號奉陽君。}大王不得任事，是以外_疏賓客游談之士，無敢盡忠於前者。今奉陽君捐館舍，大王乃今然後得與士民相親，臣故敢進其愚忠。爲大王計，莫若安民無事，請無庸有爲也。安民之本，在於擇交_{與諸侯交}，擇交而得則民安，擇交不得則民終身不得安_{終趙王身}。請言外患：齊、秦爲兩敵_{爲趙敵}，而民不得安；倚秦攻齊，而民不得安；倚齊攻秦，而民不得安。故夫謀人之主，伐人之國，常苦出辭_{苦，言其力}。斷絶人之交_{横人盖然}，願大王慎無出於口也。

"請屏左右，白言所以異，陰陽而已矣。_{陰陽，言事止有兩端，指從横。}大王誠能聽臣，燕必致氊裘狗馬之地，齊必致海隅魚鹽之地，楚必致橘柚雲夢之地，韓、魏皆可使致封地_{封内之地}湯沐之邑，貴戚父兄皆可以受封侯。夫割地效實_{如氊裘之類}，五霸之所以覆軍禽將而求也；封侯貴戚，湯、武之所以放殺而爭也。今大王垂拱而兩有之，是臣之所以爲大王願也。大王與秦，則秦必弱韓、魏；與齊，則齊必弱楚、魏。魏弱則割河外，韓弱則效宜陽。_{皆以與秦。}宜陽效則上郡絶，河外割則道不通。楚弱則無援。此三策者，不可不熟計也。夫秦下軹道則南陽動，劫韓包周則趙自銷鑠，據衛取淇

鮑彪曰：約從者，天下之心，亦其勢也。夫秦有吞天下之心，不盡不止。諸侯皆畔而欲擯之，此其心也。夫同舟遇風，胡越之相救，如手足之捍頭目，獨非勢乎？故謂之從。從者，從也，順也。

陸深曰：安民在擇交，乃一篇要領，言齊[1]皆不可倚，而爲之攻，應後與齊與秦之害。故謀攻伐是絶人之交，以明交不可擇而亦不可失也。

丘濬曰：此先言利以誘之，所以言得交之利也。

穆文熙曰：與秦固不可，與齊亦不可，應前倚齊倚秦之意。盖與秦、齊，則韓、魏、楚

① 據文意，"齊"字後當缺"秦"字。

弱而止郡①絶,道不通
而且無援,則趙被秦
之害。秦欲得山東,
則必舉兵向趙,而戰
于邯鄲之下。復言害
以惕之,所以言交不
得之害也。

又曰:趙所患者,韓、
魏不支而入秦,故當
親韓、魏以擯秦,此段
是申言交不得之害也。

《正義》云:此説士
無據之辭。且舜黄帝
後,有國於虞,其側微
特在下耳。禹乃崇伯
鯀之子,亦有國土者。
今曰云云,豈足信哉?
枚乘書"舜無立錐之
地,禹無十户之聚",
皆此類。

穆文熙曰:此欲其審
度利害而决之。

又曰:此又言從之利,
以實擇交而得之意。

① 止郡,當爲"上
郡",據上下文及正文。

則齊必入朝。秦欲已得行於山東,則必舉甲而向趙。
秦甲涉河踰漳,據番吾,則兵必戰於邯鄲之下矣。此
臣之所以爲大王患也。

　　"當今之時,山東之建國,莫如趙疆①。趙地方
三千里,帶甲數十萬,車千乘,騎萬匹,粟支十年;西
有常山,南有河、漳,東有清河,北有燕國。燕固弱國,
不足畏也。且秦之所畏害於天下者,莫如趙。畏趙害
己。然而秦不敢舉兵甲而伐趙者,何也?畏韓、魏之
議其後也。然則韓、魏,趙之南蔽也。秦之攻韓、魏
也,則不然。無有名山大川之限,稍稍蠶食之,傅附同
之國都而止矣兵止於此。韓、魏不能支秦,必入臣於秦;
秦無韓、魏之隔,禍必中於趙矣。此臣之所以爲大王
患也。

　　"臣聞,堯無三夫之分,一夫有百畝,此未爲唐侯時。
舜無咫尺之地,以有天下。禹無百人之聚,以王諸侯。
湯、武之卒不過三千人,車不過三百乘,而爲天子。
誠得其道也。是故明主外料其敵國之强弱,内度其土
卒之衆寡、賢與不肖,不待兩軍相當,而勝敗存亡之
機節節目,固已見於胸中矣,豈掩於衆人之言,而以冥
冥决事哉!臣竊以天下地圖按之。諸侯之地五倍於
秦,料諸侯之卒,十倍於秦。六國并力爲一,西面而
攻秦,秦必破矣。今西面而事之,見臣于秦。夫破人
之與破於人也,臣人之與臣於人也,豈可同日而言之
哉!夫横人者,皆欲割諸侯之地以與秦成。與秦成,
則高臺榭有木曰榭,美宫室,聽竽笙琴瑟之音,察五味

① 疆,古同"彊(强)",據《四部叢刊》本。

之和，前有軒轅^{權軒轅象後宫}，後有長庭，美人巧笑，卒有秦患，而不與其憂。是故橫人日夜務以秦權恐喝諸侯，以求割地。願大王之熟計之也。

"臣聞，明主①絕疑去讒，屏流言之迹，塞朋黨之門，故專②主廣地强兵之計，臣得陳忠於前矣。故竊爲大王計，莫如一韓、魏、齊、楚、燕、趙六國從親，以儐畔秦。令天下之將相，相與會于洹水之上，通質刑白馬以盟之。約曰：'秦攻楚，齊、魏各出銳師以佐之，韓絕食道，趙涉河、漳，燕守常山之北。秦攻韓、魏，則楚絕其後，齊出銳師以佐之，趙涉河、漳，燕守雲中。秦攻齊，則楚絕其後，韓守成皋，魏塞午道，^{一從一橫爲道，謂交道也。}趙涉河、漳、博關，燕出銳師以佐之。秦攻燕，則趙守常山，楚軍武關，齊涉渤海，韓、魏出銳師以佐之。秦攻趙，則韓軍宜陽，楚軍武關，魏軍河外，齊涉渤海，燕出銳師以佐之。諸侯有先背約者，五國共伐之。'六國從親以擯秦，秦必不敢出兵於函谷關以害山東矣。如是則霸業成矣。"

趙王曰："寡人年少，莅國之日淺，未嘗得聞社稷之長計。今上客有意存天下，安諸侯，寡人敬以國從。"乃封蘇秦爲武安君，飾車百乘，黄金千鎰，白璧百雙，錦繡千純，以約諸侯。

張之象曰：秦以揣摩之術始行于趙，經畫八極，商度海内，盡展其生平。至以利誘之於先，以患恐之於後，爲從親之説，陳白馬之盟，井井有法，使聽者心怡情逸，自樂從而不厭也。

① 主，同姚本，《四部叢刊》本及鮑本、吴本作"王"。
② 專，當爲"尊"，據《四部叢刊》本及《四庫全書》諸本。

按《天文志》："權軒轅，象後宫。"此言美人之所處也。

陸深曰：此段暗指橫人。

又曰：此下言合從之意，然合從之説僅以禦秦，不言所以圖秦者，抑秦亦未易圖者歟？

揚①慎曰：經理天下如指諸掌，此秦兵之所以不敢函谷以窺山東也。

顧起元曰：嘗觀葵丘之會，五命既具，而諸侯凛凛無敢犯者，何也？桓公威信足以懾服而又有尊周之名，是以牲不歃血而隣無棄好者數十年也。蘇子洹水之誓，偷爲苟且目前之謀，而不聞周天子之命，此市井匹夫指天誓日之私耳，安在其能約從也？不待儀之橫而自解矣。

① 揚，當爲"楊"，應爲刊刻之誤。

蘇秦爲趙王使秦

蘇秦爲趙王使於秦，反，三日不得見。謂趙王曰："秦乃者過柱山，有兩木焉，一盖呼侶_{招其徒也}，一盖哭。問其故，對曰：'吾已大矣，年已長矣，吾若① 夫匠人，且以繩墨案規矩刻鏤我。'一盖曰：'此非吾所苦也，是故吾事也。_{事，猶分也。}吾所苦夫鐵銛然，自入_{銛，言鐵之利。}若銛②，則鐵銛也，義不合此。而出夫人者！_{人，謂木屑，自鐵言之爲人。}'今臣使於秦而三日不見，無有爲臣爲鐵銛者乎？"

許應元曰：此亦類淳于滑稽之談，而于失事端者，必有缺誤。

武靈王

張儀以連衡説趙

穆文熙曰：連衡之謀不利六國，張儀之才不逮蘇秦，然而儀得以行其謀者，以秦之死也。秦不死則儀不興，兩人口吻，六國存亡係之矣。

張儀爲秦連橫，説趙王曰："敝邑秦王，使臣敢獻書于大王御史。_{言此，不敢斥王。}大王率收③ 天下以儐秦，秦兵不敢出函谷關十五年矣。大王之威，行於天下山東。敝邑恐懼懾伏，繕甲厲兵，飾車騎，習馳射，力田積粟，守四封之內，愁居懾處，不敢動搖，唯大王有意督_責過之也。今秦以大王之力_{因畏趙而斂兵故}，西舉巴蜀，并漢中，東收兩周而西遷九鼎，守白馬之津。秦雖僻遠，然而心忿悁_{恚也}含怒之日久矣。今寡君有

茅坤曰：儐秦者趙爲首，故儀之説趙，獨以秦所啣者恐喝之。

---

① 若，當爲"苦"，據《四部叢刊》本及《四庫全書》諸本。

② 銛，當爲"鉆"，據《四部叢刊》本及鮑本、吳本。

③ 率收，當爲"收率"，據《四部叢刊》本及《四庫全書》諸本。

敝甲鈍兵，軍於澠池，願渡河踰漳，據番吾，迎戰邯鄲之下。願以甲子之日合戰，以正殷紂之事。敬使臣先以聞於左右。

“凡大王之所信以爲從者，特[1]蘇秦之計。秦焚猶眩惑諸侯，以是爲非，以非爲是。欲反覆齊國而不能，自令車裂於齊之市。夫天下之不可一亦明矣。今楚與秦爲昆弟之國，而韓、魏稱爲東藩，齊獻魚鹽之地，此斷趙之右臂也。夫斷右臂而求與人鬥，失其黨而孤居，求欲無危，豈可得哉？今秦發三將軍，一軍塞午道，告齊使興師渡清河，軍於邯鄲之東；一軍軍於成皋，毆韓、魏而軍於河外；一軍軍於澠池。約曰：‘四國爲一以攻趙，破趙而四分其地。’是故不敢匿意隱情，先以聞於左右。臣竊爲大王計，莫如與秦遇於澠池，面相見而身相結也。臣請按兵無攻，願大王之定計。”

趙王曰：“先王之時，奉陽君相，專權擅勢，蔽晦先王，獨制官事。寡人宮居，屬於師傅，不得與國謀。先王棄郡[2]臣，寡人年少，奉祠祭之日淺，私心固竊疑焉。以爲一從不事秦，非國之長利也。乃且願變心易慮，剖地謝前過以事秦。方將約車趨行，而適聞使者之明詔。”於是乃以車二百乘入朝澠池，割河間以事秦。

武靈王欲胡服騎射

武靈王平晝閒居，肥義趙相。餘並公族。侍坐，曰：

---

① 特，當爲“恃”，據《四部叢刊》本及《四庫全書》諸本。
② 郡，當爲“群”，據《四部叢刊》本及《四庫全書》諸本。

陸深曰：趙聽蘇秦而合從，故言秦不得其死以孤之。

楊慎曰：説趙之詞，又與説齊、楚者異矣。蓋遣秦爲從者趙也，趙爲宗盟主，故言秦之積忿含怒于趙；而以合兵請戰之詞脅之于前，又以面相見相結之計怵之于後，故趙王懼而割地謝過也。

陸深曰：此篇作十三大節，文最宕蕩，《鹽鐵論》學此。

又曰：詞藻爛然可誦，然不足法也。人惟不善學之故，流爲對偶之病，而文無氣矣。

茅坤曰：武灵胡服騎射，其所北却林胡、楼煩，并中山以西，通雲中九原以窺秦，可謂英武矣。惜也，不幸中阻。至于兩立公子，分王其地，遂亡沙丘宮，悲夫！

田汝成曰：祖入裸国，事殊不經，此必無者。

丘濬曰：胡服則非，而言則是；其言或非，而文則佳。

"王慮世事之變，權甲兵之用，念簡、襄之迹，計胡、狄之利？"王曰："嗣立不忘先德，君之道也；錯〔犹委〕質務明主之長，臣之論也。是以賢君靜而有道民便事之教，動而有明古先〔猶高〕世之功。爲人臣者，窮有弟長辭讓之節，通有補民益主之業。此兩者，君臣之分也。今吾欲繼襄王之業，啓胡、翟之鄉，而卒世不見也〔言没世無能察此〕。敵弱者〔與弱爲敵，謂胡翟〕，用力少而功多，可以無盡百姓之勞，而享往古之勳。夫有高世之功者，必負遺俗之累〔不與俗同，俗所遺也〕；有獨智之慮者，必被庶人之恐〔所謂黎元懼焉〕。今吾將胡服騎射以教百姓，而世必議寡人矣。"

肥義曰："臣聞之，疑事無功，疑行無名。今王即定負遺俗之慮〔自定於心，不爲俗移〕，殆無①顧天下之議矣。夫論至德者，不和于俗；成大功者，不謀於衆。昔舜舞有苗，而禹祖入裸國，非以養欲而樂志也，欲以論德而要功也。愚者暗於成事，智者見於未萌，王其遂行之。"王曰："寡人非疑胡服也，吾恐天下笑之。狂夫之樂，智者哀焉；愚者之笑，賢者戚焉〔以此異趣，知俗必見遺〕。世有順我者，則胡服之功〔作攻〕未可知也。雖毆世以笑我，胡地中山我必有之〔應前胡狄之鄉，所謂成大功者不謀於衆〕。"王遂胡服。

使王孫緤告公子成曰："寡人胡服，且將以朝，亦欲叔之服之也。家聽於親，國聽於君，古今之公行也。子不反親，臣不逆主，先王之通誼也。今寡人作教易服，而叔不服，吾恐天下議之也。夫制國有常，而利

---

① 無，當爲"毋"，據《四部叢刊》本及《四庫全書》諸本。

民爲本；從政有經，而令行爲上。故明德在於論賤猶擧賢，行政在於信貴尊貴者先信之。今胡服之意，非以養欲而樂志也。事有所出，功有所止猶至。事成功立，然後德可見也。今寡人恐叔叔字疑衍逆從政之經，以輔公叔之議。與之論此，所以輔之。且寡人聞之，事利國者行無邪，因貴戚者名不累。故寡人願慕公叔之義，以成胡服之功。使諜①謁之叔，請服焉。”

　　公子成再拜曰："臣固聞王之胡服也，不佞寢疾，不能趨走，是以不先進。王今命之，臣固敢竭其愚忠。臣聞之，中國者，聰明睿智之所居也，萬物財貨之所聚也，聖賢之所教也，仁義之所施也，詩書禮樂之所用也，異敏技藝之所試也，遠方之所觀赴也，蠻夷之所義行也以中國爲有義有行。今王釋此，而襲遠方之服，變古之教，易古之道，逆人之心，畔學者，離中國，臣願大王圖之。”

　　使者報王。王曰："吾固聞叔之病也。"即之公叔成家，自請之曰："夫服者，所以便用也；禮者，所以便事也。是以聖人觀其鄉而順宜，因其事而制禮，所以利其民而厚其國也。被髮文身，錯臂左衽，甌越之民也。黑齒雕題，鰓冠秫縫，鰓，大鮎，以其皮爲冠。秫，綦②緘也，言女工之拙。大吳一作犬戎之國也。禮服不同，其便一也。是以鄉異而用變，事異而禮易。是故聖人苟可以利其民，不一其用；果可以便其事，不同其禮。儒者一師而禮異，中國同俗而教離，又況山谷之便乎？故去就之變，智者不能一；遠近之服，賢聖不

陸深曰：此處又分三段。
王韋曰：行政先信於貴，所謂行法自近始也。

田藝衡曰：連用八"也"字，文如貫珠。

《正義》曰：自"中國者"至此八句，似《周官·大司徒》文。

《正義》云：錯臂，以兩臂交錯而立，言無禮容也。

董份曰：儒者一師，宜俗之同也；中國同禮，宜教之合也。然禮異而教離，則禮不足恃而治無常法也。

---

① 諜，當爲"牒"，據上文及《四部叢刊》本。
② 綦，當爲"綦"，據鮑注。秫，通"鈌"，長鍼也，指鍼脚粗陋。

能同。窮鄉多異異俗，曲學多辯。不知而不疑，言各不
知其異，而不言之。異於己而不非者，公於求善也。今卿
之所言者，俗也。吾之所言者，所以制俗也。今吾國
東有河、薄洛之水，與齊、中山同之，而無舟楫之用。
自常山以至代、上黨，東有燕、東湖 ① 之境，西有樓
煩、秦、韓之邊，而無騎射之備。故寡人且聚舟楫之
用，求水居之民，以守河、薄洛之水；變服騎射，以備
燕、東胡、樓煩、秦、韓之邊。且昔者簡主不塞晉陽，
以及上黨，不塞者，志在遠略。而襄主兼戎取代，以攘諸
胡，此愚智之所明也。先時中山負齊之強兵，侵掠吾
地，係累吾民，引水圍鄗，非社稷之神靈，即鄗幾不守。
先王忿之，其怨未能報也。今騎射之服，近可以備上
黨之形，遠可以報中山之怨。而叔也順中國之俗以逆
簡、襄之意，惡變服之多 ② 而忘國事之恥，非寡人所望
於子！”

公子成再拜稽首曰：“臣愚不達於王之議，敢道
世俗之間。今欲繼簡、襄之意，以順先王之意 ③，臣敢
不聽令。”再拜，乃賜胡服。

趙文進諫曰：“農夫勞力而君子養焉，政之經也。
愚者陳意而智者論焉，教之道也。臣無隱忠，君無蔽
言，國之祿猶福也。臣雖愚，願竭其忠。”王曰：“慮無
變擾，能定慮，則不亂於物。忠無過罪，子其言乎。”趙文
曰：“當猶順世輔俗，古之道也。衣服有常，禮之制也。
循法無愆，民之職也。三者，先聖之所以教。今君釋

又曰：無舟楫，將何以
守者，反言也。變服
以備者，正言也。戰
國先秦文字多如此。

張洲曰：灵王欲継簡、
襄之志，富國强兵，豈
無要道？乃必欲易服
更制，用夏變夷，始足
以廣前人之業哉！不
過以此言阻人之議論，
使不得不從耳，余為
之發其口①。

張之象曰：衛鞅、武灵
所称民不可慮始，治
不必根襲者，初不全

① 原書此字漫漶
不清，當爲“隱”字，
據《戰國策評苑》。

① 湖，當爲“胡”，據下文及《四部叢刊》本。
② 多，當爲“名”，據《四部叢刊》本及《四庫全書》諸本。
③ 意，當爲“志”，據《四部叢刊》本及《四庫全書》諸本。

此，而襲遠方之俗，變古之教，易古之道，故臣願王之圖之。”王曰：“卿言世俗之間 所言不能出俗。常民溺於習俗，學者沈於所聞。此兩者，所以成官而順政也，非所以觀遠而論始也。且夫三代不同服而王，五霸不同教而治①。智者作教，而愚者制焉。賢者議俗，不肖者拘焉。夫制於服之民 爲上所制而服從者，不足與論心；拘於俗之衆，不足以②致意。故勢與俗化，而禮與變俱，聖人之道也。承教而動，循法無私，民之職也。知學之人，能與聞遷，有所聞，則改前之爲。達於禮之變，能與時化。故爲己者不待人，制今者不治③古，子其釋之。”

趙造諫曰：“隱忠不竭，奸之屬也。以私誣國，賤之類也。賤，謂輕國。犯奸者身死，賤國者族宗 族滅其宗。有此兩者，先王之明刑，臣下之大罪也。臣雖愚，願盡其忠，無遁其死。”王曰：“竭意不讓，忠也。上無蔽言，明也。忠不避危，明不距人。子其言乎。”

趙造曰：“臣聞之，聖人不易民而教，智者不變俗而動。因民而教者，不勞而成功；據俗而動者，慮徑而易見也。今王易初不循俗，胡服不顧世，非所以教民而成禮也。且服奇者志淫，俗僻者亂民。是以莅國者不襲奇僻之服，中國不近蠻夷之行，非所以教民而成禮者也。且循法無過，脩禮無邪，臣願王之圖之。”

王曰：“古今不同俗，何古之法？帝王不相襲，何禮之循？處犧、神農教而不誅，黃帝、堯、舜誅而不

① 治，當爲“政”，據《四部叢刊》本及《四庫全書》諸本。
② 以，當爲“與”，據《四部叢刊》本及《四庫全書》諸本。
③ 治，當爲“法”，據《四部叢刊》本及《四庫全書》諸本。

非。但所以行是言者，悖耳。傳文、策文可以參觀。漢韓安國、王恢議伐匈奴辯難之詞類此。

汪道昆曰：武灵之論，几於復諫。顧其志意，信非尋常所可測，反覆開論，語語奪人。

何孟春曰：三王不相襲禮，五帝不沿樂，俗豈必循哉？《傳》曰：“通其變，使民不倦。”此堯、舜所以垂衣裳而治也。兹欲去法服而服胡服，是亦不可以已乎？

王世貞曰：趙武灵變胡服而强，魏孝文胡夏服而弱。雖然，寧爲此不爲彼也。

怒。及至三王，觀時而制法，因事而制禮，法度制令，各順其宜；衣服器械，各便其用。故禮世_{施禮於世不一}其道，便國不必法古。聖人之興也，不相襲而王。夏、殷之衰也，不易禮而滅。然則反古未可非，而循禮未足多也。且服奇而志淫，是鄒、魯無奇行也；_{言二國雖無奇服，不無其行。}俗僻而民易，是吳、越無俊民也。是以聖人利身之謂服，便事之謂教，進退之謂節，衣服之謂制，所以齊常民，非所以論賢者也_{此謂"進退"以下。}故聖與俗流，賢與變俱。諺曰：'以書爲御者，不盡馬之情。以古制今者，不達事之變。'故循法之功，不足以高世；法古之學，不足以制今。子其勿反也。"

武靈王使周紹胡服以傅王子

　　王立周紹爲傅曰："寡人始行縣，過番吾，當子爲子之時，踐石以上者_{踐石，謂能騎乘者，石，乘馬石也。}皆道子之孝。故寡人問子以璧，_{問，以禮遺之。}遺子以酒食，而求見子。子謁①病而辭。人有言子者曰：'父之孝子，君之忠臣也。'故寡人以子之智慮，爲辯足以道人，危足以持難_{有危苦之節}，忠可以寫意，信可以遠期。諺云：'服難以勇，治亂以智，事之計也_{指胡服。}立傅以行，教少以學，義之經也。循計之事_{先計而順行之}，佚而不累；訪_{咨也}議之行，窮而不憂_{窮言盡事之情。}'故寡人欲子之胡服以傅王子。"

　　周紹曰："王失論矣，非賤臣所敢任也。"王曰：

左側批註：

《索隱》云：鄒魯好長纓，是奇服也。服非其志，皆淫僻也。而乃有孔門顏、冉之屬，豈無奇行哉？方俗僻處山谷，而人皆改易，不通大化，則是吳、越無秀士，何得有季札、大夫種之屬哉？

朱焯曰："父之孝子"二句，即求忠臣於孝子之門意。

陸深曰：此段大似《國語》文。

又曰：胡服以傅王子，即上章"行政在于信貴"也。

① 謁，同《四庫全書》諸本，《四部叢刊》本作"謂"。

“選子莫若父，論臣莫若君。君，寡人也。”周紹曰：“立傅之道六。”王曰：“六者何也？”周紹曰：“智慮不躁達於辯，身行寬惠達於禮，威嚴不足以易於位，重利不足以變其心，恭於教而不快縱逸，和於下而不危。六者，傅之才，而臣無一焉。隱中不謁，隱，自匿也；中，謂情實。臣之罪也。傅命僕猶辱官，以煩有司，立傅而令之辱官，以煩有司之養。吏之恥也。王請更論。”

王曰：“知此六者，所以使子。”周紹曰：“乃國未通於王之胡服。雖然，臣，主①之臣也，而王重命之，臣敢不聽令乎？”再拜，賜胡服。

王曰：“寡人以王子爲子任師傅之官，欲子之愛愛②之，無所見醜。御道之以行義，勿令溺苦於學。言厚愛以教之，無使見惡事。御道以行義，勿令溺苦於誦習之末也。事君者，順其意，不逆其志。事先先君者，明其高，不倍其孤。故有臣可命，其國之禄也。子能行是，所以事寡人者畢矣。《書》云：‘去邪勿疑，任賢勿貳。’寡人與子，不用人矣。”遂賜周紹胡服，衣冠具帶帶飾之備，黃金師比，《漢書》“黃金□③比”，師古云：胡帶之飾也。以傅王子。

> 按《大事記》書，趙惠后卒，使周紹胡服傅王子。《解題》云：“惠后，吳娃也。娃方死，怜其子幼，將立之。……廢長立少之意，已見於此。而其論傅時，有古之遺言。”愚謂，命胡服而誦古之遺言，豈其然乎？

---

① 主，當爲“王”，據《四部叢刊》本及《四庫全書》諸本。
② 愛愛，當爲“厚愛”，據《四部叢刊》本及《四庫全書》諸本。
③ □，當爲“犀”，據鮑注。

許應元曰：胡服騎射猶可説也，而以傅王子，則非訓也。古昔王子生，使之所見無非正者，奈何以胡服？二子之禍，基于是矣。

張洲曰：周紹稱六才以辭傅，而卒受胡服，其義何居。

陸深曰：愚謂“無所見醜”，欲其不以王子爲醜也，猶曰幸勿見醜，勿令溺苦於學是欲。

武靈王讓趙燕後胡後 ①

趙燕後胡服_{服後於□}②，王令讓之曰：“事主之行，竭意盡力，微諫而不譁_{不譁}，應對而不恕 ③，不逆上以自伐，不立私以爲名。子道順而不拂，臣行讓而不争。子用私道者家必亂，臣用私義者國必危。反親以爲子 ④，慈父不子；逆主以自成，惠主不臣也。_{惠，猶慈也。}寡人胡服，子獨弗服，逆主罪莫大焉。以從政爲累，_{政，}_{胡服之政。}以逆主爲高，行私莫大焉。故寡人恐親犯刑戮之罪，_{燕，公族也，故稱親。}以明有司之法。”趙燕再拜稽首曰：“前吏命胡服，施及賤臣，臣以失令過期，更不用侵辱教，_{更，猶反也。侵辱，刑也。言己宜服刑，王反不刑}_{而教之。}王之惠也。臣敬循衣服，以待令日。_{令，善也。}”

穆文熙曰：趙燕之後胡服，其中必有所見，及灵王以逆主責之，則嘿嘿順從。忠臣事君，倘不若是也。

唐順之曰：武灵之言，巧文辨詞，其不亡國幸矣，能免于没身乎？

牛贊諫破原陽爲騎邑

王破原陽，以爲騎邑。_{破散步卒他所，而居騎士於此。}牛贊_{趙人}進諫曰：“國有固藉 ⑤，_{固，言不變。藉，猶令甲。}兵有常經。變藉則亂，失經則弱。今王破原陽，以爲騎邑，是變藉而棄經也。且習其兵者輕其敵，_{習於敵人}_{之兵，則玩而易之。}便其用者_{此言本國械用}易其難。今民便

張洲曰：贊之言誠是，惜乎！灵王以辨勝之，幸而成功，不足取也。

---

① 後一“後”字當爲“服”，據正文及諸本。
② □，當爲“衆”，據鮑注。
③ 恕，當爲“怨”，據《四部叢刊》本及《四庫全書》諸本。
④ 子，當爲“行”，據《四部叢刊》本及《四庫全書》諸本。
⑤ 藉，當爲“籍”，據《四部叢刊》本及鮑本，此篇中以下“藉”字同。

其用而王變之,是損君而弱國也。故利不百者不變俗,功不什者不易器。今王破卒散兵,以奉騎射,臣恐其攻獲之利,不如所失之費也。"

王曰:"古今異利,遠近易用。陰陽不同道,四時不一宜。故賢者觀時<small>猶俗</small>,而不觀於時;制兵,而不制於兵。子知官府之藉,不知器械之利;知兵甲之用,不知陰陽之宜。<small>趙居胡之南,陽也,欲攻胡而用趙兵,非其宜也。</small>故兵不當於用,何兵之不可易?教不便於事,何俗之不可變?昔者先君襄王與代交<small>接地</small>,城境封之,<small>築城境上,爲之封域。</small>名曰無窮之門,所以詔後而期遠也。今重甲循兵,<small>循,行也,言被重甲執兵而行,不若明①服騎射之便利。</small>不可以踰險;仁義道德,不可以來朝<small>言胡</small>。吾聞信不棄功,智不遺時。今子以官府之藉,亂寡人之事,非子所知。"

牛贊再拜稽首曰:"臣敢不聽令乎?"至遂胡服,率騎入朝②,出於遺遺之門,<small>此門義取胡者,古今所遺。</small>踰九限之固,絕五徑之險,<small>太行山有九徑,此第五徑在趙。</small>至胡中,辟地千里。<small>按胡服三章多排偶語,漢鄒、枚、終、王之文似之。</small>

田汝成曰:習胡以攻胡,此古今之上策也,何時人之不達耶?

羅洪先曰:騎射,虜之長技,習騎射則不得不胡服,但不當施於中國耳。

陸深曰:"至"當作①。

或說趙合韓魏以弱秦

謂趙王曰:"三晋合而秦弱,三晋離而秦強,此天下之所明也。秦之有燕而伐趙,有趙而伐燕;有梁而伐趙,有趙而伐梁;有楚而伐韓,有韓而伐楚;此天

張之象曰:是策料事定謀確而中,三晋合

---

① 明,當爲"胡",據《四部叢刊》本及吳本。
② 朝,當爲"胡",據《四部叢刊》本及《四庫全書》諸本。

① "作"後疑缺一字,當補"王"字,據《張陸二先生批評戰國策抄》。

而秦弱，此山東百世之利。使合晉能併力合謀而弱秦，雖虎狼之秦，其敢牧馬山東哉！

穆文熙曰：禽虎之喻，言其痛切，六國竟坐是以亡。或人之論，亦蘇子合從之意。

田汝成曰：切中時病，趙烏得不從。

陸深曰：其曰智不禽，又曰食未飽而禍已及，豈非保趙名言。

下之所明見也。然山東不能易其路易橫秦之道以合從，兵弱也。弱而不能相一，是何秦之智，山東之愚也。是臣所爲山東之憂也。虎將即禽走獸總名，禽不知虎之即己也，而相鬥兩罷，而歸其死於虎。故使禽知虎之即己，決不相鬥矣。今山東之主不知秦之即己也，而尚相鬥兩敝，而歸其國於秦，智不如禽遠矣。願王熟慮之也。

　　"今事有可急者，秦之欲伐韓、梁，東闚于周室甚，惟寐亡①之。今南攻楚者，惡三晉之大合②也。楚強晉弱，先攻其強，則弱者沮，不敢合楚。今攻楚休而復之兵已罷而復攻，已五年矣，攘地千餘里。今謂楚王懷：'苟來舉玉趾而見寡人，必與楚爲兄弟之國，必爲楚攻韓、梁，反楚之故地。'楚王美秦之語，怒韓、梁之不救己，必入於秦。秦有謀，故發使之趙，以燕餌趙言欲與趙攻燕，而離三晉。韓魏時不合秦，而趙合之，必不善趙。今王美秦之言，而欲攻燕，攻燕，食未飽而禍已及矣。楚王入秦，秦、楚爲一，東面而攻韓。韓南無楚，北無趙，美秦反地餌燕之説，故不救韓，亦離三晉之策也。韓不待伐，割挈馬兔而西走。割地挈而走秦，疾於馬兔。秦與韓爲上交，秦禍安移於梁矣。安，言不勞。以秦之強，有楚、韓之用，梁不待伐。割挈馬兔而西走，秦與梁爲上交，秦禍案安同環中—一作移於趙矣。秦視趙在其度內，如物在環中。以強秦之有韓、梁、楚，與燕之怒，秦有三國，趙之患也，燕又怒之。割必深矣秦割趙地。國之舉此趙國行此，臣之所爲來。

---

① 亡，鮑本作"忘"，注"元作'亡'"，吳師道補曰："姚云，劉本作'忘'。"

② 大合，同鮑本、姚本，《四部叢刊》本及吳本作"相合"。

臣故曰：事有可急爲者。

"及楚王之未入也，三晉相親相堅，出銳師以戍韓、梁西邊，楚王聞之，必不入秦，秦必怒而循攻楚_{循前而攻}，是秦禍不離此也，便於三晉。若楚王入秦，秦見三晉之大合而堅也，必不出楚王_{恐其合晉}，即多割楚_{求出故}，是秦禍不離楚也，有利於三晉。願王之熟計之也！急^①_{重言急以促之。}"

趙王因起兵，南伐山戎，_{戎近秦，伐之以逼秦。}戍韓、梁之西邊。秦見三晉之堅也，果不出楚王，而多求地。

惠文王

蘇子^②説李兌

蘇子説李兌曰："雒陽乘軒車^③蘇秦，家貧親老，無罷車駑馬，_{罷，疲同，敝也。車勞則敝。}桑輪蓬篋羸勝，負書擔囊，觸塵埃，蒙霜露，越河、漳，足重繭，_{繭，足胝也。}日百而舍_{日行百里乃就舍}，造外關，願見於前，口道天下之事。"李兌曰："先生以鬼之言見我則可，若以人事，兌盡知之矣。"蘇子對曰："臣固以鬼之言見君，非以人之言也。"李兌見之。蘇子曰："今日臣之來也暮，後郭門，_{郭門後至，不及其開時。}藉席無所得，寄

王士性曰：縱橫之説，未有善於此者。趙少嘗其效已見，是以知張儀之可折也。然六國每自離者，偷安之習勝耳。

田汝成曰：李兌之不納蘇秦，豈憂其反覆變哉？直恐其侵權耳。

---

① 急，吳師道補曰："一本無'急'字，是。此下蓋敘述者之辭。"

② 蘇子，同《四部叢刊》本及鮑本、吳本，姚本作"蘇秦"。下同。

③ 乘軒車，同《四部叢刊》本及《四庫全書》諸本。吳師道補曰："一本'乘軒里'。既曰'乘軒車'，而下又云'無罷車駑馬'，則此作'里'字爲是。"又，黃丕烈案："《史記正義》引《策》云：蘇秦，洛陽（乘）軒里之人也。則張守節所見本是'里'字，可證一本之善也。"

穆文熙曰：此喻不切
於兌之事，蓋以鬼事
發其言耳。

張洲曰：蘇子之計，策
文不載，意必如蔡澤
説范雎成功者退，兌
先揣知之，故不欲其
言而令就舍與。

丘濬曰：見大規高，堅
塞兩耳，舍人既以告
主人，而又以告蘇子；
舍人深識蘇子，又能
量主人非其人也，觀
其請資厚用可見。

凌約言曰：韓文公《送
石處士序》中學此。

宿人田中，旁有大叢。夜半，土梗與木梗土亦言梗，因木
爲類也。鬥曰：‘汝不知①我，我者乃土也。使我逢疾風
淋雨，淋，言其大能沃物。壞阻，乃復歸土。今汝非木之根，
則木之枝耳。汝逢疾風淋雨，漂入漳、河，東流至海，
汎濫無所止。’臣竊以爲土梗勝也。今君殺主父而族
之，君之立於天下，危於累卵。君聽臣計則生，不聽
臣計則死。”李兌曰：“先生就舍，明日復來見兌也。”
蘇子出。

　　李兌舍人謂李兌曰：“臣竊觀君與蘇公談也，其
辨過君，其博過君，君能聽蘇公之計②？”李兌曰：“不
能。”舍人曰：“君即不能，願君堅塞兩耳，無聽其談
也。”明日復見，終日談而去。舍人出送蘇君，蘇子
謂舍人曰：“昨日我談粗而君動，今日精而君不動，何
也？”舍人曰：“先生之計大而規高，吾君不能用也。
乃我請君堅塞兩耳，無聽談者。雖然，先王③明日復來，
吾請資先生厚用。用，財費也。”明日來，抵掌而談。李
兌送蘇子明月之珠、和氏之璧、黑貂之裘、黃金百鎰。
蘇子得以爲用，西游而入於秦④。

孟嘗君擇舍人爲武城吏

　　趙王封孟嘗君以武城。孟嘗君擇舍人以爲武城
吏，而遣之曰：“鄙語豈不曰‘借車者馳之，借衣者被

---

　　① 知，同鮑本，《四部叢刊》本及吳本、姚本作“如”。
　　② “計”下當脱“乎”字，據《四部叢刊》本及《四庫全書》諸本。
　　③ 先王，當爲“先生”，據《四部叢刊》本及《四庫全書》諸本。
　　④ 西游而入於秦，當爲“西入於秦”，據《四部叢刊》本及《四
庫全書》諸本。

之'哉？" 借車與衣，固將馳且被也，今云然，蓋常常馳被，而
弗爱者也。皆對曰："有之。" 孟嘗君曰："文甚不取也。
夫所借衣車者，非親友，則兄弟也。夫馳親友之車，
被兄弟之衣，文以爲不可。今趙不知文不肖，而封
以武城，願大夫之往也，毋伐樹木，毋發屋室，訾然
使王悟而知文。訾，不思称意也，言其不期得知而見知，知其
善任人也。謹使可全而歸之遣吏之辭。"

王士性曰：所命止此
二言，則其他可知。

蘇代爲齊說奉陽君

　　五國伐秦無功，罷於成皋。趙欲講於秦，楚與魏、
韓將應之，齊弗欲。蘇代謂齊王閔曰："臣已爲足下見
奉陽君矣。臣謂奉陽君乃趙之李兌，非蘇秦也。曰：'天下
散而爭秦爭先事之，秦必據宋。魏冉必妒君之有陰也。
秦王貪，魏冉妒，則陰不可得已矣。君無講，齊必攻宋。
齊攻宋，則楚必攻宋，魏必攻宋，燕、趙助之。五國
據宋，不至一二月，陰必得矣。得陰而講，秦雖有變，
君無患矣。趙非不可以與秦講，而不可獨講。獨講則云[1]秦弱，
秦必輕之。今助四國攻宋而得陰，是五國爲一也，不惧秦矣。若
不得已而必講，據此時，趙可以無講，故云。則願五國復堅
約。同伐秦也，先伐後講，則不示弱。五國願得趙時趙强故，
足下雄飛，雄者，衆雌所從。與韓氏大吏東勉，齊王必無
名禁珉也。《正義》曰："珉，蓋韓氏之善齊、秦者，今代勸奉陽
君合諸侯，與韓氏大吏勉齊王共合從，則齊必不召珉也。" "名"字，
當作 "召"，"禁" 字衍。使臣守約，若與國謂五國有倍約者，
以四國攻之。無倍約者，而秦侵敗約，五國復堅而償

許應元曰：奉陽急於
得陰，故蘇代請以所
欲中之。

陸深曰：陰即上之陶
邑，李兌所取封者也。

楊慎曰：有倍約者以
四國攻之，無倍約者
而秦侵約，五國復堅
而償。秦雖强，烏
得拒同盟之師哉？惜
也不堅。

---

① 云，當爲 "示"，據《四部叢刊》本及鮑本。

之。今韓、魏與齊相疑也，若復不堅約而講，臣恐與國之大亂也。齊、秦非復合也，必有觭重者矣。_{角，一俯一仰曰觭，言有一重。}復[1]合即上"復合"與觭重者，皆非趙之利也。且天下散而事秦，是秦制天下也。秦制天下，將何以天下爲？_{天下自爲秦用，趙無所用之也。}臣願君之蚤計也。

"'天下爭秦有六舉，皆不利趙矣。天下爭秦，秦王_昭受負海內之國_{負字疑衍}，合負親之交，_{天下常橫而親秦矣，已而負之，今復合之。}以據中國，而求利於三晉，是秦之一舉也。秦行是計，不利於趙，而君終不得陰，一矣。天下爭秦，秦王內韓珉於齊，內成陽君於韓，相魏懷於魏，_{此皆其國人之與秦事者，故秦納之。}復合衍_{公孫衍時相魏，雅不善秦。}合[2]相懷，因使合之。交兩王，_{秦、魏，一云燕、楚。}王賁、韓佗之曹，皆起而行事，是秦之一舉也。秦行是計也，不利於趙，而君又不得陰，二矣。天下爭秦，秦王受齊受趙，三強三親，_{此三皆強國，自相親。}以據猶臨魏而求安邑，是秦之一舉也。秦行是計，齊、趙應之，魏不待伐，抱安邑而倍_{益也}秦，秦得安邑之饒，魏爲上交，韓必入朝秦，過趙已_{以通}安邑矣。_{言秦之勝趙，以得魏之安邑。}秦行是計，不利於趙，而君必不得陰，三矣。天下爭秦，秦堅燕、趙之交，以伐齊收楚，與韓珉而攻魏，_{珉自善於秦者，前時魏疑其有秦私，必不合於魏，故使之攻魏。}是秦之一舉也。秦行是計，而燕、趙應之。燕、趙伐齊，兵始用_{交鋒之初，}秦因收楚而攻魏，_{三國交鋒，勢不得解，故得以此時收攻二國。}不至一二月，魏必破矣。秦舉

穆文熙曰：一言秦求利三晉，必及于趙，故不利。

張之象曰：秦用其私人於諸侯，而諸侯皆向秦。趙雖講於秦，秦弗善也。

穆文熙曰：二言秦用其所親必謀趙，故不利。

又曰：三言秦得韓、魏，則秦強趙弱，故不利。

又曰：四言秦連橫伐齊，因而收楚攻魏，絕韓包周，趙自消鑠，故不利。

---

[1] 復，當爲"後"，據《四部叢刊》本及《四庫全書》諸本。
[2] 合，當爲"今"，據鮑注。

安邑而塞汝戟，韓之太原絶，下軹道、南陽，而伐魏，絶韓，包二周，即趙自消鑠矣。國燥猶爍於秦，兵分於齊，非趙之利也。而君終身不得陰，四矣。天下爭秦，秦堅三晋之交攻齊，國破財屈，而兵東分於齊，破、屈、分，皆謂三晋。秦按兵攻魏，取安邑，秦於是時因三晋之敝，乃按伏其兵攻魏，以取安邑。是秦之一舉也。秦行是計也，君按安然救魏，是以攻齊之已弊，救之，而與秦爭戰也；君不救也，韓、魏焉免西合？韓、魏不支，必合於秦。國在謀之中在秦謀中，而君有猶又終身不得陰，五矣。天下爭秦，秦按爲義，存亡繼絶，固危扶弱，定無罪之君，必起中山與勝焉。秦起中山與勝，而趙、宋同命，宋，小弱。趙失中山，聽命於秦，與宋同。何暇言陰？六矣。故曰君必無講，則陰必得矣。'

　　"奉陽君曰：'善。'乃絶和於秦，而收齊、魏，以成取陰。"

許應元曰：蘇代之説奉陽，終始以陰動之。始言終不得陰，必不得陰。既而曰終身不得陰，曰又終身不得陰。卒之曰何暇言陰。辨博非縱，無際可尋。到末只一言曰君必無講，陰必得矣。使奉陽聽之，不覺顛倒。

蘇厲爲齊説趙王

　　趙收天下，且以伐齊。蘇厲爲齊上書説趙王曰："臣聞古之賢君，德行非施於海内也；教順慈愛，非布於萬民也；祭祀時享，非當於鬼神也。甘露降，風雨時，農夫登，年穀豐盈，衆人善之，而賢主惡之。心不安也，以無以致之故。今足下功力謂戰伐，非數痛加於秦國，

張洲曰：蘇厲止趙伐齊，不首言齊，而言秦之害，與秦則不利，與齊則利，此固縱横家之常談。而辭旨横伏，論説精深，學士家亦當究心。

許應①曰:秦豈愛趙憎韓哉,直欲兩斃之耳,故陽收其功,而陰濟其利。

田藝衡曰:此段明日②張胆直寫秦人挾詐胸臆。

歸有光曰:此雖以秦之禍趙劫之,然天下大勢必至於此,非若橫人徒以虛声恐喝之者。

張洲曰:此段言秦之害,以見秦之不可與。是以害惕之,爲不當伐齊之根本。

又曰:此言秦不可縱,

而怨毒積惡,非曾深陵於韓也。臣竊外聞大臣及下吏之議,皆言王前專據行之不疑,以秦爲愛趙而憎韓。臣竊以事觀之,秦豈得愛趙而憎韓哉? 欲亡韓吞兩周之地,故以韓爲餌,趙時惡韓,故秦以亡韓悦趙,趙遂以爲愛己也。先出聲於天下,欲鄰國聞而觀之也觀其愛趙。恐其事不成,故出兵以佯示趙、魏虛以伐韓示之。恐天下之驚覺,故微伐韓以貳猶疑之。恐天下疑己,故出質以爲信。聲德於與國,而實伐空韓實欲伐空虛之韓。臣竊觀其圖之也。議秦以謀計,必出於是。言擬議秦之为计,必出于此數者。

　　且夫説士之計,皆曰韓亡三川,魏滅晋國謂安邑,是韓未窮,而禍及於趙三晋唇齒之國也。且物固有勢異而患同者,又有勢同而患異者。昔者,楚人久伐而中山亡。楚受秦伐,趙無秦患,故破中山滅之。今燕盡齊之北地,盡,言得也。距沙丘,而至鉅鹿趙地之界三百里自此皆言近趙;距於扞關,至於榆中趙地五百里。秦盡韓、魏之上黨,則地與國都謂趙邦屬而壤挈者言爲秦所取。挈,言取之易。七百里。秦以三軍強弩坐羊腸之上,即地去邯鄲二十里。且秦以三軍攻王之上黨而危其北,則勾注之西,非王之有也。今踰勾注禁常山而守猶閉,三百里通於唐、曲逆①趙地,此代馬胡騎不東,而昆山之玉不出也。此三寶者,又非王之有也。今從於強秦与之伐齊,臣恐其禍出於是矣。五國之主齊、楚、魏、韓、燕嘗合橫而謀伐趙,三分趙國壤地,著之盤盂,言得地,盟於器也。屬之讎柞相屬伐趙於酬酢之間。五國之兵有日矣,齊乃西師以禁秦國止秦之伐,使秦發令素服而聽,兵敗,

①許應,當爲“許應元”,據上下文。
②日,當爲“目”,據文意。

①逆,《四部叢刊》本及吳本、鮑本作“遇”,鮑注:“元作‘吾’。”

以喪禮自居也。反溫、軹、高平于魏，反三公_{公字誤}、什清於趙，此王之明知也_{以上言齊德趙之事}。夫齊事趙宜爲上交_{以其有志爲趙閉①}；今乃以邸抵_{同，當也}。罪取伐，臣恐其後事王不敢自必也_{言必其不敢再事王也}。今王收齊，天下必以王爲得齊。齊抱社稷以事王，天下必重王。然則齊義王以天下就之，_{趙得天下之交而屈就齊，故齊以爲義}。下至齊慕王以天下收之，_{就之，上也，故收言下}。是一世之命，制於王已。臣願大王深與左右群臣卒計而重謀，先事成慮而熟圖之也。”

齊不可伐，利害分明，乃爲正論。

又曰：此言齊之兵力足以制秦而庇趙，見趙之當事齊。

張洲曰：此段言齊之利，以見齊之當與。是以利誘之，正見齊之不當伐。

田單與趙奢論兵

　　趙惠文王三十年，相平都君田單問趙奢曰：“吾非不說將軍之兵法也，所以不服者，獨將軍之用衆。用衆者，使民不得耕作，糧食輓貨不可給也。此坐而自破之道也，非單之所爲也。單聞之，帝王之兵，所用不過三萬，而天下服矣。今將軍必負_恃十萬、二十萬之衆乃用之，此單之所不服也。”

　　馬服君曰：“君非徒不達於兵也，又不明其時勢。_{兵，則吳干之喻。時勢，則萬國、七國之異}。夫吳干之劍，肉試則斷牛馬，金試則絕②_{盤匜}；薄_{猶迫}之柱上而擊之，則折爲三，質之石上而擊之，則碎爲百。今以三萬之衆而應强國之兵，是薄柱擊石之謂也。且夫吳干之劍材難，_{材，謂脊脾之類，不易得也}。夫無脊之厚，而鋒不入；無脾之薄，_{脾，近刃處}。而刃不斷。兼有是兩者，無鉤

許應元曰：帝王之師，奚事三萬？革車三百，虎賁三千，武王所以克殷也。

田藝衡曰：李陵欲以五千橫行匈奴，所以輕戰而敗。

何孟春曰：兵雖以奇勝，然貴萬全。持重者百不一失，用奇者一戰不勝，所損良多。故孔子曰：“必也臨事而懼，好謀而成者也。”

① “閉”後缺一“秦”字，據《四部叢刊》本及吳本、鮑本。
② 絕，當爲“截”，據《四部叢刊》本及《四庫全書》諸本。

竿鐔蒙須之便，鈎，劍頭環。竿，柄也。鐔，珥鼻也。蒙須，疑爲劍繩。操其刃而刺，則未入而手斷。君無十萬、二十萬之衆，而爲此鈎竿鐔蒙須之便，而徒以三萬行於天下，君焉能乎？且古者四海之内，分爲萬國。城雖大，無過三百丈者。人雖衆，無過三千家者。而以集兵三萬團集，距此奚難哉！今取古之爲萬國者，分以爲戰國七，不能具數十萬之兵，曠日持久，數歲，即君之齊已即下云齊以二十萬衆攻荆五年之事。齊以二十萬之衆攻荆，五年乃罷。趙以二十萬之衆攻中山，五年乃歸。雖衆，猶不亟得志。今者齊韓相方猶敵，而國圍攻焉兩國或圍或攻，豈有敢曰，我其以三萬救是者乎哉？今千丈之城，萬家之邑相望也，而索以三萬之衆，圍千丈之城，不存其一角曾不處城之一角，而野戰不足用也，既不能圍，亦不可戰。君將以此何之？"平都君喟然太息曰："單不至也！"

陸深曰：引譬跌宕①橫俠，是深於兵法者。

袁了凡曰：以齊事論事，深中肯綮。

鮑彪曰：單以少擊衆，奇兵也。奢以衆敵衆，正兵也。用兵者，當以正爲尚，安平狙於即墨之勝，而欲以奇爲常，此其論所以屈也。

朱之藩曰：用兵不必多少，視吾師與敵師何如耳。奢之侵閼與，曰："道遠險狹，猶兩鼠鬥穴中，將勇者勝。"其後卒以計敗秦。而長平之後①，括以四十五萬之衆，卒至全軍覆後②，此又安可執一論乎？

① 岩，當爲"宕"，或因"宕"之形草書與"岩"字形似所致。

① 後，當爲"役"，據《四部叢刊》本及吳本。
② 後，當爲"没"，據文意。

孝成王

左師公託長安君爲質

趙太后惠文王威后新用事，秦急攻之。趙氏求救於齊，齊曰："必以長安君孝成母弟爲質，兵乃出。"太后不肯，大臣强諫。太后明謂左右："有復言令長安君爲質者，老婦必唾其面。"

左師官名觸讋願見。太后盛氣而揖之。入而徐趨，至而自謝，曰："老臣病足，曾不能疾走，不得見久矣。竊自恕，以病，亦知太后不罪。恐太后玉體之有所郄也，郄，却同。亦恐后不能前，蓋自恕以及人也。故願望見。"太后曰："老婦恃輦而行。"曰："日食飲得無衰乎？"曰："恃鬻耳。"曰："老臣今日①殊不欲食，乃自强步，日三四里，少益嗜食，和終②身。"曰："老婦不能。"太后之色少解。

左師公曰："老臣賤息舒祺，息，子也。舒祺，名也。最少，不肖；而臣衰，竊愛憐之。願令補黑衣之數，黑衣，戎服。故云衛王宫。以衛王宫。没死以聞。没，沉溺無見之辭。"太后曰："敬諾。年幾何矣？"對曰："十五歲矣。雖少，願及未填溝壑而託之。"太后曰："丈夫亦愛憐其少子乎？"對曰："甚於婦人。"太后曰："婦人異甚。"異於丈夫，而有甚焉。對曰："老臣竊以爲媪之愛燕后太后女賢於長安君。"曰："君過矣！不若長安君之甚。"左師公曰："父母之愛子，則爲之計深遠。

① 日，當爲"者"，據《四部叢刊》本及《四庫全書》諸本。
② 終，當爲"於"，據《四部叢刊》本及《四庫全書》諸本。

袁了凡曰：人臣説國君易，而説婦人难。左師公從容數語，而太后不和之色即解，可爲人臣進諫之法。

唐順之曰：左師可謂善處人母子之間矣。

顧起元曰：先以食息起居相劳，所以和其心，而又憐愛少子以發其端，最有曲折，可謂善説者。

陸深曰：觸讋以太后愛女賢于愛子，未旋踵而長安君出質，以理而諭之也。

媼之送燕后也，持其踵，爲之泣，念悲其遠也念且悲，亦哀之矣。已行，非弗思也，祭祀必祝之，祝曰：‘必勿使反。’豈非計長久，有子孫相繼爲王也哉？”太后曰：“然。”左師公曰：“今三世以前，至於趙之爲趙，趙王之子孫侯者，其繼有在者乎？”曰：“無有。”曰：“微獨趙，諸侯有在者乎？”曰：“老婦不聞也。”此下左師對。“此其近者禍及身，遠者及其子孫。豈人主之子侯則必不善哉？位尊而無功，奉厚而無勞，而挾重器多也。重，寶。今媼尊長安之位，而封之以高①腴之地，多予之重器，而不及今令有功於國，一旦山陵崩，長安君何以自託於趙？老臣以媼爲長安君計短也，故以爲其愛不若燕后。”太后曰：“諾，恣君之所使之。”於是爲長安君約車百乘，質于齊，齊兵乃出。

子義趙之賢士聞之曰：“人主之子也，骨肉之親也，猶不能恃無功之尊、無勞之奉，以守金玉之重也，而況人臣乎？”

唐順之曰：鄴侯說德宗無廢太子，亦得此意。

鮑彪曰：左師以從容納說，而取成功，與夫強諫於廷，怒罵於坐，自待必死者，力少而功倍矣。程子釋《易》“納約自牖”曰：“左師因其明而導之，故其聽之也如響。”

陸深曰：既載左師之言，又載子義之論，亦一例也。

馮亭以上黨嫁禍於趙

秦王昭謂公子他曰：“昔歲殽下之事，韓爲中軍，以與諸侯攻秦。韓與秦接境壤界，其地不能千里，展轉不可約。日者秦、楚戰於藍田，韓出銳師以佐秦，秦戰不利，因轉與楚，不固信盟，唯便是從。韓之在我，心腹之疾。吾將伐之，何如？”公子他曰：“王出兵韓軍於其地，韓必懼，懼則可以不戰而深取割。”王曰：

土鼇曰：攝於大國之間，動息由人，而反覆如此，未有不亡其國者。

---

① 高，當爲“膏”，據《四部叢刊》本及《四庫全書》諸本。

“善。”乃起兵，一軍臨滎①陽，一軍臨太行。

韓恐，使陽城君入謝於秦，謂效上黨之地以爲和。令韓陽告上黨之守靳黈曰：“秦起三②軍以臨韓，韓不能支。今王_{桓惠}令韓興兵_{恐守不效地故}以上黨入和於秦，使陽言之太守，太守其效之。”靳黈曰：“人有言：挈瓶之智，不失守器。_{器，謂瓶。守之不失，則其人智矣。}王則有令，而臣太守，雖王與子，其亦猜焉_{嫌其不能守}。臣請悉發守_{發所守之兵}以應秦，若不能卒_{言戰敗不終事}，則死之。”韓陽趨以報王，王曰：“吾始已諾於應侯矣，今不與，是欺之也。”乃使馮亭代靳黈。

馮亭守三十日，陰使人請趙王曰：“韓不能守上黨，且以與秦，其民皆不欲爲秦，而願爲趙。今有城市之邑七十，願拜納之於王，惟王才_{裁同之}之。”趙王喜，召平陽君_{趙豹}而告之曰：“韓不能守上黨，且以與秦，其吏民不欲爲秦，而皆願爲趙。今馮亭令使者以與寡人，何如？”趙豹對曰：“臣聞聖人甚禍無故之利。”王曰：“人懷吾義，何謂無故乎？”對曰：“秦蠶食韓氏之地，中絶不令相通，故自以爲坐受上黨也。且夫韓所以内趙者，欲嫁其禍也。秦被其勞，而趙受其利，雖强大不能得之於小弱，而小弱顧能得之强大乎？今王取之，可謂有故乎？且秦以牛田，水通糧，_{牛田，秦地，蓋近上黨者，因其水爲漕。}其死士皆列之於上地_{韓之上流}，令嚴政行，不可與戰。王自圖之。”王大怒曰：“夫用百萬之衆，攻城③踰年歷歲，未見一城也。今不用兵

唐順之曰：爲人臣折圭擔爵，受土宇之寄，而忘挈瓶之義者，愧於靳黈多矣。

張洲曰：戰國爭城以戰，殺人盈城；爭地以戰，殺人盈野。曠日持久，所得不能踰一城一邑。而趙氏曾無亡矢遺鏃之費坐受七十城，可不思懼乎？及聞趙豹無故之論，而曰人懷吾義，樂禍甚矣，欲無亡，得乎？

鮑彪曰：平陽嫁禍之言，豈不易曉，而孝成怒之，昏於利也。勝、禹入而順旨，以濟其欲，不幾於一言喪邦歟！

---

① 滎，同《四部叢刊》本，鮑本、吳本作“滎”，姚本作“熒”。
② 三，同姚本，《四部叢刊》本及鮑本、吳本作“二”。
③ 城，當爲“戰”，據《四部叢刊》本及《四庫全書》諸本。

而得城七十，何故不爲？"趙豹出。

王召趙勝、趙禹而告之曰："韓不能守上黨，今其守以與寡人，有城市之邑七十。"二人對曰："用兵踰年，未見一城，今坐而得城七十，此大利也。"乃使趙勝往受地。

勝至曰："敝邑之王，使使者臣勝，告太守有詔_{秦人語耳}，使臣勝謂曰：'請以三萬戶之都封太守，千戶封令尹①，諸吏皆益爵三級，民能相集者，賜家六金。'"馮亭澾②涕而免_{辭也}曰："是吾處三不義也：爲王守地不能死，而以與人，不義一也；主內之秦，不順主命，不義二也；賣主之地而食之_{食封戶也}，不義三也。"辭封而入韓，謂韓王曰："趙聞韓不能守上黨，今發兵已取之矣。"

韓告秦曰："趙起兵取上黨。"秦王怒，令公孫起、王齕以兵遇趙於長平。

樓緩虞卿論講秦得失

秦攻趙於長平，大破之，引兵而歸。因使人索六城於趙而講。趙計未定，樓緩新從秦來，趙王與樓緩計之曰："與秦城何如？不與何如？"樓緩辭讓曰："此非臣之所能知也。"王曰："雖然，試言公之私。"樓緩曰："王亦聞夫公甫文伯母乎？公甫文伯官於魯，病死。婦人爲之自殺於房中者二八③。其母聞之，不

穆文熙曰：馮亭何人也？始而嫁禍，繼而辭封，其識見高出策士之表。然而嫁禍之謀慘矣，何忍以空餌釣鄰好，致長平之敗乎？

張之象曰：此時趙兵新破，人人自危，講六城以圖片時之安，亦事勢使然。緩之論亦未必不忠於趙，但講而不免秦攻，不如無講之愈。虞卿確守初議，卒以集事，不可謂不智。趙王喪胆于秦，易于偷安，而能納虞卿之策，亦似有不可及者。

① 令尹，《四部叢刊》本及《四庫全書》諸本均作"縣令"。
② 澾，當爲"垂"，據《四部叢刊》本及《四庫全書》諸本。
③ 八，同《四部叢刊》本及姚本、鮑本，吳本作"人"非。

肯哭也。相室曰：'焉有子死而不哭者乎？'其母曰：
'孔子，賢人也，逐於魯，是人不隨。今死，而婦人爲
死者十六人。若是者，其於長者薄，而於婦人厚。'
故從母言之，爲賢母也；從婦言之，必不免爲妒婦也。
故其言一也，言者異，則人心變矣。今臣新從秦來，
而言勿與，則非計也；言與之，則恐王以臣之爲秦也。
故不敢對。使臣得爲王計之，不如予之。"王曰："諾。"

　　虞卿聞之，入見王，王以樓緩言告之。虞卿曰："此
飾説也。"王曰："何謂也？"虞卿曰："秦之攻趙也，
倦而歸乎？王以其力尚能進，愛王而不攻乎？"王曰：
"秦之攻我也，不遺餘力矣，必以倦而歸也。"虞卿曰：
"秦以其力攻其所不能取，倦而歸。王又以其力之所
不能攻而資之，是助秦自攻也。來年秦復攻王，王無
以救矣。"

　　王以虞卿之言告樓緩。樓緩曰："虞卿能盡知秦
力之所至乎？言秦力豈止是已乎？誠不知秦力之所至，此
彈丸之地，猶不予也，令秦來年復攻王，得無割其內
而講乎？"王曰："誠聽子割矣，子能必來年秦之不
復攻我乎？"樓緩對曰："此非臣之所敢任也。昔者
三晉之交於秦，相善也，今秦釋韓、魏而獨攻王，王
之所以事秦必不如韓、魏也。今臣爲足下解負親之攻，
趙嘗親秦而復負之，故秦攻之。啓關通幣，齊交韓、魏使其交
秦與韓、魏等。至來年而王獨不取於秦不爲秦所取，王之
所以事秦者，必在韓、魏之後也。此非臣之所敢任也。"

　　王以樓緩之言告虞卿。虞卿曰："樓緩言不講，
來年秦復攻王，得無更割其內而講。今講，樓緩又不
能必秦之不復攻也，雖割何益？來年復攻，又割其力

田汝成曰：叙二人間
見出入如目擊之，且
委曲盡情。

楊慎曰：愛王而不攻，
此句自足以破講秦之
説，動趙王之心，而屈
樓緩之辭矣。

陸深曰："不知"之
"不"，一作"未"。

又曰：古今主和者率
如此。

朱之藩曰：辭雄氣壯，讀之令人踴躍。使六國之臣，盡如虞卿，秦人吞之，將不下咽矣。

許應元曰：虞卿此言，萬世蓍蔡。

董份曰：論縱橫之害，如此剴切，使人主聽之，雖愚必明。焉得不用？

丘濬曰：緩以"趙且亡，何秦之圖"寒趙王之膽，而虞卿乃曰"危矣，樓子之爲秦也"。此句挽回有力，非以一繩釣千斤者哉？

之所不能取而講也，此自盡之術也。不如無講。秦雖善攻，不能取六城；趙雖不能守，亦不至失六城。秦倦而歸，兵必罷。我以六城收天下以攻罷秦，是我失之於天下，而取償于秦也。吾國尚利，孰與坐而割地，自弱以强秦？今樓緩曰：'秦善韓、魏而攻趙者，必王之事秦不如韓、魏也。'是使王歲以六城事秦也，即坐而地盡矣。來年秦復求割地，王將予之乎？不予，則是棄前資而挑秦禍也；與之，則無地而給之。語曰：'强者善攻，而弱者不能自守。'今坐而聽秦，秦兵不敝而多得地，是强秦而弱趙也。以益强之秦[1]，而割愈弱之趙，其計固不止矣言割不止。且秦虎狼之國也，無禮義之心。其求無已，而王之地有盡。以有盡之地給無已之求，其勢必無趙矣。故曰此飾説也。王必勿與。"王曰："諾。"

樓緩聞之，入見於王，王又以虞卿之言告之。樓緩曰："不然。虞卿得其一，未得其二也。夫秦、趙構難，而天下皆説，何也？曰：'我將因强而乘弱'。今趙兵困於秦，天下之賀戰勝者，則必在於秦矣。故不若亟割地求和，以疑天下，慰秦心。不然，天下將因秦之怒，乘趙之敝而瓜分之，趙且亡，何秦之圖？王以此斷之，勿復計也。"

虞卿聞之，又入見王曰："危矣，樓子之爲秦也！爲秦計深，而趙勢危。夫趙兵困於秦，又割地爲和，是愈疑天下，而何慰秦心哉？不亦大示天下弱乎？且臣曰勿予者，非固勿予而已也。秦索六城於王，王以六城

---

① 以益强之秦，同鮑本，《四部叢刊》本及吳本、姚本作"以益愈强之秦"，鮑注、吳注皆以"愈"爲衍字。

賂齊。齊，秦之深讎也，得王六城，并力而西擊秦也。
齊之聽王，不待辭之畢也。是王失於齊而取償於秦，
一舉結三國之親，韓、魏本趙與國，與齊爲三。而與秦易道
也。"趙王曰："善！"因發虞卿東見齊王王建，與之
謀秦。

陸深曰："與秦易道"，
言勝在趙而不在秦也。

虞卿未反，秦之使者已在趙矣。樓緩聞之，逃去。

魯仲連義不帝秦

秦圍趙之邯鄲。魏安釐王使將軍晋鄙救趙，畏秦，
止於蕩陰不進。魏王使客將軍辛垣衍間入邯鄲，因平
原君謂趙王曰："秦所以急圍趙者，前與齊閔王爭强
爲帝，已而復歸帝，以齊故；由齊不稱，秦亦失之。今齊
益弱，方今唯秦雄天下，此非必貪邯鄲，其意欲求爲
帝。趙誠發使尊秦王昭爲帝，秦必喜，罷兵去。"平原
君猶豫未有所決。

楊維楨曰：向非魯連，
則山東諸侯馳車馬，
奉玉帛，奔走關中，秦
且儼然以鞏、洛之國
自處矣。及其拒五城
之封，渺千金之壽，高
節雅度，振曜千古。

此時魯仲連適游趙，會秦圍趙，聞魏將欲令趙尊
秦爲帝，乃見平原君，曰："事將奈何矣？"平原君曰：
"勝也何敢言事！百萬之衆折於外，今又內圍邯鄲而
不去。魏王使客將軍辛垣衍令趙帝秦，今其人在是。
勝也何敢言事！"魯連曰："始吾以君爲天下之賢公
子也，吾乃今然後知君非天下之賢公子也。梁客辛垣
衍安在？吾請爲君責而歸之！"平原君曰："勝請爲
召而見之於先生。"平原君遂見辛垣衍曰："東國有魯
連先生，其人在此，勝請爲紹介而見之於將軍。"辛
垣衍曰："吾聞魯連先生，齊國之高士也。衍，人臣也，
使事有職，吾不願見魯連先生也。"平原君曰："勝已

朱焯曰：勝兩言"何
敢言事"，畏懼甚矣，
以長平之敗故也。

凌約言曰：衍既知仲
連爲高士，而顧不願
見之，亦預知其不肯
帝秦耳。

茅坤曰：魯連不肯帝秦，是戰國一大節目。

楊道賓曰：仲連不肯帝秦，志則大矣，曷不曰：“周，天子也；列國，亦諸侯也。以周在上而復帝秦，是太陽之尊下同萬物，蒼生何由仰照，連有蹈東海而死耳！”豈不名正言順哉。

董份曰：引鄒、魯不肯納齊閔王之事爲證，可謂深切著明。

黃德秀曰：反覆論帝秦之害，有功于當時，真天下士也。李白詩云：“獨立千載間，清風洒蘭雪。”可謂善知仲連矣。

泄之矣。”辛垣衍許諾。

魯連見辛垣衍而無言。辛垣衍曰：“吾視居此圍城之中者，皆有求於平原者也。今吾視先生之玉貌，非有求於平原君者，曷爲久居此圍城中而不去也？”魯連曰：“世以鮑焦 周之介士 無從容而死者，皆非也。今衆人不知，則爲一身。 不知者，以其抱木死，爲無以自養，不知其非世也。明己今皆然。 彼秦，棄禮義而上首功之國也，權使其士，虜使其民，彼則肆然而爲帝，過 甚 而遂正於天下，則連有赴東海而死耳，吾不忍爲之民也！所爲見將軍者，欲以助趙也。”辛垣衍曰：“先生助之奈何？”魯連曰：“吾將使梁及燕助之，齊楚固助之矣①。”辛垣衍曰：“燕則吾請以從矣。若乃梁，則吾乃梁人也，先生惡能使梁助之耶？”魯連曰：“梁未睹秦稱帝之害故也，使梁睹秦稱帝之害，則必助趙矣。”辛垣衍曰：“秦稱帝之害將奈何？”

魯仲連曰：“昔②齊閔王將之魯，夷維子執策而從，謂魯人曰：‘子將何以待吾君？’魯人曰：‘吾將以十太牢待子之君。’夷維子曰：‘子安取禮而來待吾君？彼吾君者，天子也。天子巡狩，諸侯避舍，納筦鍵，筦，籥也。鍵，其牡。避納者，示不敢有其國。 攝衽抱几，視膳於堂下；天子已食，而聽退朝也。’魯人投其籥， 籥同，關下牡也。投者，下其牡。 不果納，不得入於魯。將之薛，假塗於鄒。當是時，鄒君死，閔王欲入吊。夷維子謂

---

① 齊楚固助之矣，同《四部叢刊》本及鮑本、吳本，姚本作“齊楚則固助之矣”。

②《四部叢刊》本及《四庫全書》諸本“昔”下有“齊威王嘗爲仁義矣……卒就脯醢之地也”一段。

鄒之孤曰：‘天子吊，主人必將倍殯柩，設北面於南方，然後天子南面吊也。’鄒之群臣曰：‘必若此，吾將伏劍而死。’故不敢入於鄒。鄒、魯之臣，生則不得事養，死則不得飯含_{以珠玉實死者之口曰含}，然且欲行天子之禮於鄒、魯之臣，不果納。_{言時君弱臣強，鄒、魯君生時，不得盡事養，死不得行賻襚之禮。然齊欲行天子禮於鄒、魯，其臣皆不果納，是猶秉禮而存大體也。}今秦萬乘之國，梁亦萬乘之國，交有稱王之名。睹其一戰而勝，欲從而帝之，是使三晉之大臣，不如鄒、魯之僕妾也。且秦無已_{無已，必欲爲之而不止也。}而帝，則且變易諸侯之大臣，彼將奪其所謂不肖，而予其所謂賢，奪其所憎，而與其所愛，梁王安得晏然而已乎？而將軍又何以得故寵乎？”

於是辛垣衍起，再拜謝曰：“始以先生爲庸人，吾乃今日而知先生爲天下之士也！吾請去，不敢復言帝秦！”秦將聞之，爲却軍五十里。

適會公子無忌奪晋鄙軍以救趙擊秦，秦軍引而去。於是平原君欲封魯仲連。魯仲連辭讓者三，終不肯受。平原君乃置酒，酒酣，起前以千金爲魯連壽。魯連笑曰：“所貴於天下之士者，爲人排患釋難、解紛亂而無所取也。即有所取者，是商賈之人也，仲連不忍爲也。”遂辭平原君而去，終身不復見。

董份曰：激昂慷[1]慨，雖懦夫吐氣。

許應元曰：説秦人強暴之行，使人目眥盡裂，魯連一世人豪哉！

孫應鼇曰：前責以大義，不動；至此利害切身，遽起拜謝。此當時人情之常，而孟子之言所以不如儀、秦之易入也。

蘇子由曰：連辨過儀、秦，氣凌髡、衍，排難解紛，不終日而成功。逃避於[2]，脱屣而去，戰國一人而已。

[1] 慷，疑爲“慷”，《戰國策評苑》引爲“忼”，同“慷”。

[2] 據《七雄策纂》，“逃避於”後似脱“爵賞”二字。

馮忌諫平原君攻燕

平原君謂馮忌曰："吾欲北伐上黨，出兵攻燕，何如？"馮忌對曰："不可。夫以秦將武安君公孫起乘七勝之威_{勝趙}，而與馬服之子戰於長平之下，大敗趙師，因以其餘兵圍邯鄲之城。趙以亡敗之餘眾，收破軍之敝守，而秦罷於邯鄲之下，趙守而不可拔，然者_{言所以然}，攻難而守者易也。今趙非有七克之威也，而燕非有長平之禍也。今七敗之禍未復，而欲以罷趙攻強燕，是使弱趙爲強秦之所以攻，而使強燕爲弱趙之所以守。而強秦以休兵承趙之敝，此乃強吳之所以亡，而弱越之所以霸。故臣未見燕之可攻也。"平原君曰："善哉！"

平原君說平陽君

平原君謂平陽君曰："公子牟_{魏牟}游於秦，且東歸魏，而辭應侯。應侯曰：'公子將行矣，獨無以教之乎？'曰：'且微君之命命之也，臣固且有效於君。夫貴不與富期，而富至；富不與粱肉期，而粱肉至；粱肉不與驕奢期，而驕奢至；驕奢不與死亡期，而死亡至。累世以前，坐此者多矣。'應侯曰：'公子之所以教之者厚矣。'僕得聞此，_{僕，平原自稱。}不忘於心。願君之亦勿忘也。"平陽君曰："敬諾。"

田汝成曰：明於強弱之勢，勝敗之机，胸中籌策若運掌然，馮忌辨察於事勢者。

黃震曰：上黨之禍幾於覆国，幸信陵君之救，得脫危亡，今又欲伐燕何哉？

陸深曰：文勢如流泉。

陸深曰：應侯之謝相印，豈獨悟蔡澤之説？盖魏牟有以啓其机也。

楊慎曰：此言富貴之金石也，有能書紳、銘几、勒盤，則何亡國敗家之有？

或説張相國重趙

説張相國_{梁人相趙}曰："君安能少趙人，而令趙人多君？_{少多，猶薄厚。}君安能憎趙人，而令趙人愛君乎？夫膠膝^①，至黏也，而不能合遠；鴻毛，至輕也，而不能自舉。夫飄於清風_{舉鴻毛以見膠漆}，則橫行四海。故事有簡而功成者，因也。今趙萬乘之强國也，前漳、滏，右常山，左河間，北有代，帶甲百萬，嘗抑强秦四十餘年，而秦不得所欲。由是觀之，趙之於天下也不輕。今君易萬乘之强趙，而慕思不可得之小梁，臣竊爲君不取也。"君曰："善。"_{君字誤。}自是之後，衆人廣坐之中，未嘗不言趙人之長者也，未嘗不言趙俗之善者也。

穆文熙曰：少人不能使人多，憎人不能使人愛，此理甚易知。然而不免於少人憎人者，則偏心之難制也，張君可謂善聽説矣。

陸深曰：不可得，猶言不可知也。

或説建信君

或謂建信君："君之所以事王者，色也。茸_{趙人名}之所以事主者，智也。色老而衰，智老而多。以日多之智而逐衰惡之色，君必困矣。"建信君曰："奈何？"曰："並驥而走者，五里而罷；乘驥而御之，不倦而取道多。君令茸乘獨斷之車_{不與分治}，御獨斷之勢，以居邯鄲；令之内治國事，外刺諸侯_{探候其事}，則茸之事有不言者矣。君因言王而重責之，茸之軸令^②折矣_{不勝任。}"建信君再拜受命，入言於王，厚任茸以事，而重

穆文熙曰：奸人之不可知，甚矣！彼厚任以事，茸以爲不世之遇，殫力畢慮，恐不給焉，而不知建信之困之也。故國有奸人，賢智之得全者寡矣。

《王^①義》曰：所治者多，不暇悉言於上矣。

---

① 膝，當爲"漆"，據《四部叢刊》本及《四庫全書》諸本。
② 令，同鮑本，《四部叢刊》本及吳本、姚本作"今"。"今"是。

---

① 王，當爲"正"，應爲刊刻之誤。

責之。未期年而茸亡走矣。

魏牟説趙王

建信君貴於趙。公子魏牟過趙，趙王迎之，顧反至坐，_{迎客面之，有顧則反。}前有尺帛，且令工人以爲冠。工見客來也，因避。趙王曰："公子乃驅後車，幸以臨寡人，願聞所以爲天下。"魏牟曰："王能重王之國若此尺帛，則王之國大治矣。"趙王不説，形於顏色，曰："先王不知寡人不肖，使奉社稷，豈敢輕國若此？"魏牟曰："王無怒，請爲王説之。"曰："王有此尺帛，何不令前郎中以爲冠？"王曰："郎中不知爲冠。"魏牟曰："爲冠而敗之，奚虧於王之國？而王必待工而後乃使之。今爲天下之工_{所與治國之人}，或非也，社稷爲虛戾，先王不血食，而王不以予工，乃與幼艾。且王之先帝，駕犀首_{駕、驂，以御馬喻。}[1]而驂馬服，以與秦角逐。秦當時避其鋒。今王憧憧_{往來不絕貌}，乃輦建信以與強秦角逐，臣恐秦折王之轊也。_{轊，車旁也，以輦喻。}"

田藝衡曰：即建信君之助秦爲衡，則不可任明矣。

許應元曰：即冠論國，此因所明以通，亦祖治玉之論也。

穆文熙曰：爲國不如爲冠，世人通弊。駕犀首而驂馬服，英主之度自別，而可以概責人哉？

魏佋説建信君

魏佋[2]謂建信君曰："人有置係蹄者_{以機繫虎之蹄}而得虎。虎怒，決蹯而去。虎之情，非不愛其蹯也。然而不以環寸之蹯，害七尺之軀者，權也。今有國，非

田汝成曰：此説爲建信君計論當矣，建信君果能圖之否也？取譬亦佳。

---

[1] 底本原刻如此，此句夾注放於正文"驂馬服"後更妥。

[2] 佋，同鮑本，吳本及《四部叢刊》本作"佋"，吳注："音'介'，元作'魪'，字書无之。"姚本作"魪"。

直七尺軀也。而君之身於王，非環寸之蹯也。言王且愛國[①]，故去之。願公之熟圖之也。”

或爲齊獻書趙王

爲齊獻書趙王，曰：“臣一見，而能令王坐而天下致名實。名，即下尊名。實，即下致地。而臣竊怪王之不試見臣，而窮困臣也。群臣必多以臣爲不能者，故王重猶難見臣也。以臣爲不能者非他，欲用王之兵，成其私者也。則交有所偏者也[②]言賣趙與諸國爲私；非然，則智不足者也；非然，則欲以天下之重恐王，而取行於王者也。王畏惧之，必行其説。臣以齊循事王，王能亡燕，能亡韓、魏，能攻秦，能孤秦。臣以齊致尊名於王，天下孰敢不致尊名於王？臣以齊致地於王，天下孰敢不致地於王？臣以齊爲王求名於燕及韓、魏，孰敢辭之？臣之能也，其前可見已言可見於未效之前。齊先重王，故天下盡重王；王無齊，天下必盡輕王也。秦之强，以無齊故重王，燕、韓、魏自以無齊故重王。趙得齊，故四國無齊。今王無齊獨安能無重天下？猶四國重趙。故勸王無齊者，非智不足，則不忠者也。非然，則欲用王之兵成其私者也；非然，則欲輕王以天下之重，取行於王者也；非然，則位尊而能卑材能卑下者也。願王之熟慮無齊之利害也。”

陸深曰：此篇只用幾語助變换，神駿如許，《史記》最長此法。

歸有光曰：坐而致名實，孰不樂有此厚利於天下？而當時説者，徒曰能亡燕、亡韓魏，能孤秦、攻秦，見以爲有强大之名，而考其實無一效驗，盖空言無當者。

楊慎曰：全用数句應上，不令人厭，大是常山蛇乎！

---

① 言王且愛國，“且”後脱“以”字，據《四部叢刊》本及鮑本、吴本。

② 則交有所偏者也，姚本此句前有“非然”二字，餘本皆無。

客谏趙王親建信君

　　客見趙王曰："臣聞王之使人買馬也，有之乎？"王曰："有之。""何故至今不遣？"王曰："未得買馬之工也。"對曰："王何不遣建信君乎？"王曰："建信君有國事，又不知相馬。"曰："王何不遣紀姬乎？"王曰："紀姬，婦人也，不知相馬。"對曰："買馬而善，何補於國？"① "買馬而惡，何危於國？"② "然而王之買馬也，必將待工。今治天下，舉錯非也，國家爲虛戾，而社稷不血食，然而王不待工，而與建信君，何也？"趙王未之應也。客曰："燕郭之法，有所謂桑雍者，桑中有蠹，則外魂魂如癰。王知之乎？"王曰："未之聞也。""所謂桑雍者，便辟左右之人，及夫人優饒也愛孺子也。此皆能乘王之醉昏，而求所欲於王者也。是能得之於內，則大臣爲之枉法於外矣。故日月暉於外，其賊在於內，月照天下，食於詹諸。謹備其所憎，而禍在於所愛。"

張之象曰：此段文與魏牟同，不若牟之簡而益工，但末三四言，自是奇傑可愛。

按朱子云：晦朔而日月之合，東西同度，南北同道，則月掩日而日食；望而日月之對，同度同道，則月亢日而月食。又謂蛙兔桂樹之説，其惑久矣。

鮑彪曰：王斗、魏牟及此三士，其言若出一口，所謂理義人心之所同然者與？至於此章肆直而慈惠，尤可喜可愛，有國者宜實之座右。

---

　　① 此處《四部叢刊》本及《四庫全書》諸本均有"王曰：無補於國"六字。

　　② 此處《四部叢刊》本及《四庫全書》諸本均有"王曰：無危於國。對曰：然則買馬善而若惡，皆無危補於國"二十二字。

幽王

司空馬料趙速亡

文信侯出走，與司空馬_{不韋吏也}之趙，趙以爲守相。秦下甲而攻趙。①

司空馬去趙，渡平原。平原津令郭遺勞而問："秦兵下趙，上客從趙來，趙事何如？"司空馬言其爲趙王計而不用，趙必亡。平原令曰："以上客料之，趙何時亡？"司空馬曰："趙將武安君_{李牧}，期年而亡；若殺武安君，不過半年。趙王之臣有韓倉者，以曲合於趙王，其交甚親，其爲人嫉賢妒功臣。今國危亡，王必用其言，武安君必死。"

韓倉果惡之，王令人代。武安君至，使韓倉數之，曰："將軍戰勝，王觴將軍。將軍爲壽於前而捍匕首，_{誣其以匕首自衛，如欲刺王然。}當死。"武安君曰："繓_{牧名}病鉤_{短傴如鉤}，身大臂短，不能及地，起居不敬，_{間王起居，拜不及地爲不敬。}恐懼死罪於前，故使工人爲木材以接手。上若不信，繓請以出示。"出之袖中，以示韓倉，狀如振梱，_{梱，門橛也，牧右臂短，故爲木材接之，如振動梱橛也。}纏之以布。"願公入明之。"韓倉曰："受命於王，賜將軍死，不赦。臣不敢言。"武安君北面再拜賜死_{拜賜死之命，搚引也}劍將自誅，乃曰："人臣不得自殺宮中。"過司馬門_{官門}，趨甚疾，出諔_{別也門也謂遠宮中。}右舉劍將自誅，臂短，不能及，銜劍徵之於柱以自刺。_{銜劍於口，}

① 此處《四部叢刊》本及《四庫全書》諸本均有"司空馬説趙王曰"一段。

汪道昆曰：司空馬智士，必文信侯相知之深，故與之俱亡。

田汝成曰：司空馬之智，全在于決趙之期年而亡。不惟知趙之國事，而能知秦業之必成，又可謂知天時者矣。

許應元曰：廉頗既逐，李牧既誅，必欲盡去其謀臣以資敵國。天之所廢，誰能興之？

張洲曰：牧有功于趙多矣，以反間死，觀其自言及臨死狀，良可痛心，趙不亡何待。

因柱以自刺，驗其手之不能及也。武安君死。五月趙亡。

平原令見諸公，必爲之言曰："嗟嗞乎，司空馬！"又以謂司空司馬[1]逐於秦，非不智也；去趙，非不肖也。趙去司空馬而亡國。國亡者，非無賢人，不能用也。

李東陽曰：李牧用兵，以全取勝，是故始攻匈奴，中而攻燕，終而擊秦，所向皆克。此誠戰國之良將，趙氏之元勛也。奈何趙王遷之闇劣，郭開之讒一入，遂斬牧而亡趙。噫！夫趙何足惜哉，余良惜牧耳。

陸深曰：趙亡不係司空馬之去，故於李牧之死事猶力詳。末歸重司空馬者，蓋結法也。

○ 魏

文侯

魏文侯論西門豹

西門豹爲鄴令，而辭乎魏文侯。文侯曰："子往矣，必就子之功，而成子之名。"西門豹曰："敢問就功成名，亦有術乎？"文侯曰："有之矣。鄉邑老者而先受坐之士老者坐先於衆，子入而問其賢良之士，而師事之，求其好掩人之美而揚人之醜者，而參驗之。夫物多相類而非也，幽莠之幼也似禾，莠，似禾之草。幽，言其色茂。驪牛之黃也似虎，驪，黑黃色。白骨疑象，武夫類玉武夫石似玉，此皆似之而非者也。"

朱熀曰：褚生續《滑稽溥[1]》載豹治鄴止河伯娶婦事，引"民不敢欺"語贊之，則豹亦可謂能吏也。

歸有光曰：似是而非者，最難察識，非精心廉平者，鮮不爲所掩覆。

---

[1] 溥，當爲"傳"，誤刻。

---

[1] 司空司馬，當爲"司空馬"，人名。據《四部叢刊》本及《四庫全書》諸本。

樂羊伐中山

樂羊爲魏將而攻中山。其子在中山，中山之君烹其子而遺之羹，樂羊坐於幕下而啜之_{飲之}，盡一杯。文侯謂覩斯贊曰_{魏人}："樂羊以我之故，食其子之肉。"贊對曰："其子之肉尚食之，其誰不食！"樂羊既罷中山，文侯賞其功而疑其心。

湯賓尹曰：吾起[①]殺妻求將，樂羊啜美[②]結君，二子皆起於貪。故昔人云，樂羊食子受謗，可爲貪功者之戒，諒夫！

文侯不失虞人之期

文侯與虞人期獵。是日，飲酒樂，天雨，文侯將出，左右曰："今日飲酒樂，天又雨，公將焉之？"文侯曰："吾與虞人期獵，雖樂，豈可不一會[①]哉？"_{昔與之期，今往會之。}乃往，身自罷之。魏於是乎始强。

穆文熙曰：魏之强，雖不係於失信虞人之期，然信者國家之寶也，上不失信於下，而君道立矣，雖强也亦宜。

田子與文侯論樂

魏文侯與田子方飲酒而稱樂，文侯曰："鍾聲不比乎？左高。"_{比，協也。言左方之聲高。}田子方笑。文侯曰："奚笑？"子方曰："臣聞之，君明則樂_{音洛}官_{以治官爲樂}，不明則樂音。今君審於聲_{言聽之察}，臣恐君之聾於官也。"文侯曰："善，敬聞命。"

楊慎曰：子方學術不純懿，然好諫而氣直，要非戰國之士，蓋有西河之風焉。其論樂官樂聲，深得君人之理。

① 吾起，當爲"吳起"，誤刻。

② 美，當爲"羹"，據正文。

---

① "會"後脱"期"字，據《四部叢刊》本及《四庫全書》諸本。

惠王

公叔痤辭賞田

魏公叔痤爲魏將，而與韓、趙戰澮北，禽樂祚_{趙將}。魏王説，郊迎，以賞田百萬禄之_{閒田以待賞有功者}。公叔痤反走，稱[①]拜辭曰：“夫使士卒不崩，直而不倚，_{直，直前。倚，邪行。}棟撓而不避者_{喻敵之壓己}，此吳起餘教也，臣不能爲也。前脉形地之險阻，_{脉，見其幽。形，見其顯。}決利害之備，使三軍之士不迷惑者，巴寧、爨襄之力也。懸賞罰於前，使民昭然信之於後者，王之明法也。見敵之可也_{一作可擊}，鼓之不敢怠倦者，臣也。王特爲臣之右手不倦賞臣，可也？若以臣之有功，臣何力之有乎？”王曰：“善。”於是索吳起之後，賜之田二十萬。巴寧、爨襄田各十萬。

王曰：“公叔豈非長者哉！既爲寡人勝強敵矣，又不遺者者[②]之後，不掩能士之迹，公叔何可無益乎？”故又與田四十萬，加之百萬之上，使百四十萬。故《老子》曰：“聖人無積，盡以爲人，己愈有；既_亦盡以愈人，己愈多。”公叔當之矣。

魯君論酒味色能亡國

梁王魏罃觴諸侯於范臺。酒酣，請魯君共公舉觴。魯君興，避席擇言_{擇善而言}曰：“昔者帝女_{蓋堯、舜女令儀}

陸深曰：棟橈，以屋壓喻。脉，醫家所謂方脉，猶察也。

張洲曰：公叔痤不貪澮北之功以受賞，正得居功之法。而曰“見敵之可擊，鼓之不敢怠”，則居然以大將之体自任，而凡將士之功，皆其功矣。其文隱約可玩。范通説王濬讓平吳之功，語出於此。

穆文熙：結語蒼古。

鄒守益曰：諫文直鋭，議論雄偉，引証典雅，句句着意，無一字艱澀。

---

① 稱，當爲“再”，據《四部叢刊》本及《四庫全書》諸本。
② 者者，當爲“賢者”，據《四部叢刊》本。

狄作酒而美，進之禹，禹飲而甘之，遂疏儀狄，絕旨酒，曰：‘後世必有以酒亡其國者。’齊桓公夜半不嗛_{言不喜食}，易牙乃煎敖燔炙，和調五味而進之，桓公食之而飽，至旦不覺，曰：‘後世必有以味亡其國者。’晉文公得南之威，三日不聽朝，遂推南之威而遠之，曰：‘後世必有以色亡其國者。’楚王_莊登强臺而望崩山，左江而右湖，以臨彷徨_{徙倚}，其樂忘死，遂盟强臺而弗登，曰：‘後世必有以高臺陂池亡其國者。’今主君之尊，儀狄之酒也；主君之味，易牙之調也；左白台而右閭須，南威之美也；前夾林而後蘭臺，强臺之樂也。有一於此，足以亡其國。今主君兼此四者，可無戒與！”梁王稱善相屬。

> 鮑彪曰：魯，周公之後也，其教澤存焉。故齊仲孫湫曰：“猶秉周禮。”韓起亦曰：“周禮盡在魯矣。”仲尼氏作，縉紳先生萃焉。於是特爲中國禮義之邦。觀魯君之所称説，則周、孔之澤深矣。舉觴一時而爲天下萬世之明戒，魯君豈非賢君哉！

襄王

蘇秦以合從説魏王

蘇子爲趙合從，説魏王曰：“大王之地，南有鴻溝、陳、汝南、許、鄢、昆陽、邵陵、舞陽、新郪_{音妻}，東有淮、潁、沂、黃、煮棗、無疏，西有長城之界，北有河外、卷、衍、燕、酸棗，地方千里。名雖小，然而廬田廡舍，_{廬，田間屋。}無①，_{廊下周室。}曾無所芻牧牛馬之地_{居人多故。}

---

① 無，當爲“廡”，據《四部叢本》本及鮑本、吳本。

歸有光曰：凡文章前立数柱議論，後宜鋪應，或意思未盡，雖再言亦可，只要轉換得好。如此非惟見文有情，而章法亦覺整齊，共公此論可以爲式。

許應元曰：魯君之論，深醇典密，萬世龜鑑。雖以惠王之昏愚，猶能稱善相屬。

許應元曰：説魏之富强令人色飛。

陸深曰："夜"，一本作
"下"。

馮夢禎曰：此數語雖
是激詞，亦皆實事。

穆文熙曰：蘇秦說魏
王之詞，簡易明切，不
避臣下之忌，蓋以趙
勢脅之，如引刀破竹
耳。

茅坤曰：魏所患者，亦
在割地。

按《家語》云：孔子
觀周廟，《金人之銘》
曰："焰焰不滅，炎炎
若何？涓涓不壅，終
爲江河。綿綿不絕，
或成網羅。毫毛不札，
將成斧柯。"此謂《周
書》，其指此與？

人民之衆，車馬之多，日夜行不休已，無以異於三軍之衆。臣竊料之，大王之國不下於楚。然橫人詶誘也王，外交强虎狼之秦，以侵天下，卒有國謂魏患，不被其禍謂橫人。夫挾强秦之勢，以内劫其主，罪無過此者。且魏，天下之强國也；大王，天下之賢主也。今乃有意西面而事秦，稱東藩，築帝宮，爲秦築宮，備其巡幸。受冠帶受服於秦，祠春秋助秦祭，臣竊爲大王愧之。

"臣聞越王勾踐以散卒三千，禽夫差於干遂；武王卒三千人，革車三百乘，斬紂於牧之野。豈其士卒衆哉？誠能振其威也。今竊聞大王之卒，武力二十余萬，蒼頭二十萬，奮擊二十萬，厮徒烹炊供養雜役十萬，車六百乘，騎五千疋。此其過越王勾踐、武王遠矣。今乃劫於群臣之說，而欲臣事秦。夫事秦必割地效質，故兵未用而國已虧矣。凡群臣之言事秦者，皆姦臣，非忠臣也。夫爲人臣，割其主之地以外交，偷取一旦之功而不顧其後，破公家而成私門，外挾强秦之勢以内劫其主，以求割地，願大王之熟察之也。

"《周書》曰：'綿綿薄弱不絕，蔓蔓延也若何？毫毛不拔喻樹之喻①，將成斧柯斧柄。'前慮不定，後有大患。將奈之何？大王誠能聽臣，六國從親，專心并力，則必無强秦之患。故弊邑趙王肅侯使使臣獻愚計，奉明約，在大王詔之。"

魏王曰："寡人不肖，未嘗得聞明教。今主君以趙王之詔詔之，敬以國從。"

楊慎曰：蘇秦說魏，其意大概以說韓同辭，蓋韓、魏一也。其

---

① 第二箇 "喻"，當爲 "萌"，據《四部叢刊》本及鮑本、吳本。

要亦在乎"事秦之割地以效實①，故兵未用而國已虧"，與"不戰而地已削"之語正同，中間明衡人及群臣皆不忠，而公私內外之言，猶爲明白。

龐葱市虎之喻

龐葱與太子質於邯鄲_{魏太子}，謂魏王曰："今一人言市有虎，王信之乎？"王曰："否。""二人言市有虎，王信之乎？"王曰："寡人疑之矣。""三人言市有虎，王信之乎？"王曰："寡人信之矣。"龐葱曰："夫市之無虎明矣，然而三人言而成虎。今邯鄲去大梁也遠於市，而議臣者過於三人矣。願王察之也。"王曰："寡人自爲知。"_{言不信人。}於是辭行，而讒言先至。後太子罷質，果不得見。

茅坤曰：市中有虎，乃事之最無者，而三言乃成之，況迹之疑似者乎！此《巷伯》有萋菲①、侈哆之喻與？

解縉曰：甚哉！惠王之蔽也。知三言之足以成市虎，而卒疑其子，內無所主，而不能勝其惛，故也。

惠施欲以魏合齊楚

張儀欲以魏合於秦、韓而攻齊、楚。惠施欲以魏合於齊、楚以案兵。人多爲張子於王所_{人於王處多爲儀計}。惠子謂王曰："小事也，謂可者謂不可者正半，_{言雖小事，人可否者且正半。}況大事乎？以魏合於秦、韓而攻齊、楚，大事也，而王之群臣皆以爲可。_{言此大事，而人同聲是之。}不知是其可也，如是其明邪？_{言皆明見其可。}亡群臣之智術也，_{亡，得無也。}如是其同邪？是其可也，未如是其明也，而群臣之智術也，又非皆同也，是其

陸深曰："不知其可也"八句當分爲兩段，前四句爲一段，是發其疑；後四句爲一段，是實其皆然。文甚舒徐。

---

① "實"，當爲"質"，據正文。

---

① 菲，當爲"斐"，據《戰國策評苑》。

有①半塞也。塞,不知。所謂劫失②者,失其半者也。事不明而劫王必從,是於事理失其半矣。"

哀王

季子説梁王專用公孫衍

田汝成曰:掣肘之弊,信然! 不可以移步,况百步乎?

公孫衍爲魏將,與其相田需不善。季子爲衍謂梁王曰:"獨不見夫服牛驂驥乎? 不可以行百步。今王以衍爲可使將,故用之也;而聽相之計,是服牛驂驥也。牛馬俱死,而不能成其功,王之國必傷矣! 願王察之。"

張儀以連衡説魏

楊慎曰:按《儀傳》,儀説魏在諸國之先,蓋魏迩秦而無阻。故儀先之魏,一搖而諸國動矣。敗從之約,魏其過與! 使魏而繹其説曰:"秦豈能有愛於我哉? 兵來不除道,何爲以説客先之,是知其不可而誆我也。且我事秦,安得高枕而無憂哉?"如是展轉計之,則儀之辭屈矣。魏不搖,諸侯將又曰:"彼魏四達之國,又迩於秦,彼猶堅約不動,我何懼乎秦!"

張儀爲秦連横,説魏王曰:"魏地方不至千里,卒不過三十萬人。地四平,諸侯四通,條達輻湊,無有名山大川之限。從鄭至梁,不過百里;從陳至梁,二百餘里。人馳人趨③,不待倦而至梁。南與楚境,西與韓境,北與趙境,東與齊境,卒戍四方,它國境或有山川關塞,唯梁無之,皆以卒戍守。守亭障者參列。粟糧漕庚,不下十萬。魏之地勢,故戰場也。魏南與楚而不與齊,則齊攻其東;東與齊而不與趙,則趙攻其北;不合於韓,則韓攻其西;不親於楚,則楚攻其南。此所謂四

---

① 其有, 同鮑本、吳本,《四部叢刊》本、姚本作"有其"。

② 失,《四部叢刊》本及鮑本、吳本作"王", 姚本作"主"。

③ 人馳人趨,當作"馬馳人趨",據《四部叢刊》本及《四庫全書》諸本。

分五裂之道也。

"且夫諸侯之爲從者，以安社稷、尊主、强兵、顯名也。合從者，一天下，約爲兄弟，刑白馬以盟於洹水之上，以相堅也。夫親昆弟，同父母，尚有争錢財。而欲恃詐僞反覆蘇秦之餘謀，其不可以成亦明矣。大王不事秦，秦下兵攻河外，拔卷、衍、燕、酸棗，劫衛取晋陽，則趙不南；趙不南，則魏不北；魏不北，則從道絶；主從者趙，故不言其他。則大王之國欲求無危，不可得也。秦挾韓而攻魏，韓劫於秦，不敢不聽。秦、韓爲一國，魏之亡可立而須也，此臣之所爲大王患也。爲大王計，莫如事秦，事秦則楚、韓必不敢動；無楚、韓之患，則大王高枕而卧，國必無憂矣。

"且夫秦之所欲弱莫如楚，而能弱秦①者莫若魏。楚雖有富大之名，其實空虛；其卒雖衆多，然而輕走易北，不敢堅戰。悉魏之兵南面而伐，勝楚必矣。夫虧楚而益魏，攻楚而適秦，内—作乃嫁禍安國，此善事也。大王不聽臣，秦甲出而東伐，雖欲事秦而不可得也。

"且夫從人多奮辭猶大言而寡可信，説一諸侯之王，出而乘其車；約一國而成，反而取封侯之基②。是故天下之游士，莫不日夜搤腕把手也、瞋目張目也、切齒言之力也以言從之便，以説人主。人主覽其辭，牽其説，惡得無眩哉？臣聞積羽沉舟，群輕折軸，衆口鑠金，故願大王之熟計之也。"

如是則諸侯一矣，惜魏之不知出此也。

陸深曰："秦韓爲一國魏之亡"八字，一本作"秦韓爲一國之危亡"。

許應元曰：夫從人連疏爲親者，不可恃。然以秦之蚕食六國，唯此猶可支吾。儀謂奮辭寡信，固矣，不識橫人果何心也？

---

① 秦，當作"楚"，據《四部叢刊》本及《四庫全書》諸本。

② "約一國而成，反而取封侯之基"，同《四部叢刊》本及鮑本、吴本，姚本作"約一國而反，成而封侯之基"。

唐順之曰：始終謀帝秦者，梁也。梁事秦最誠，而最先亡。

魏王曰："寡人蠢愚，前計失之。請稱東藩，築帝宮，受冠帶，祠春秋，效河外。"

惠子説田需

田需貴於魏王，惠子曰："子必善左右。今夫楊，橫樹之則生，倒樹之則生，折而樹之又生。然使十人樹之，一人拔之，則無生楊矣。故以十人之衆，樹易生之物，然而不勝一人者，何也？樹之難而去之易也。今子雖工自樹於王，而欲去子者衆，則子必危矣。"

穆文熙曰：惠子之言若鄙，而實至理。所謂善左右者，亦自有策，非必阿意徇之也，可與達者論矣。

或爲魏説秦昭王攻楚

獻書秦王昭曰："臣竊聞大王之謀出事於梁谓攻之，謀恐不出於計矣非得计也，願大王之熟計之也。梁者，山東之要也。有蛇於此，擊其尾，其首救；擊其首，其尾救；擊其中身，首尾皆救。今梁者，天下之脊也。夫秦攻梁者，是示天下要斷山東之脊也，明示天下，中斷山東諸國之脊也。是山東首尾皆救中身之時也。山東見亡必恐，恐必大合，山東尚強，臣見秦之必大憂可立而待也。臣竊爲大王計，不如南出。事於南方谓楚，其兵弱，天下必不能救，地可廣大言秦也，國可富，兵可強，主可尊。王不聞湯之伐桀乎？試之弱密須氏以爲武教如試兵耳，得密須氏而湯知服桀矣。今秦欲與山東爲讎，不先以弱爲武教，兵必大挫，國必大憂矣。"秦果南攻藍田、鄢、郢。

翟景淳曰：此爲魏救亡，不得不後。此喻以天下大勢論，魏亦未爲天下之脊。秦守近攻之説，恐此言亦不入也。

許應元曰：後秦亦卒用此策以伐楚。

按《史記·周記①》"西伯伐密須"，《詩》所謂"密人不恭"者也，此誤以爲湯。

又云："試之於弱"，戰

① 記，當爲"紀"。

朱之藩曰：秦人善遠交近攻之策，蚕食諸侯。先三晋而後齊楚，卒以成功。其用兵之序可考矣。此策魏畏秦攻，移禍於楚，故爲之飾辭云爾。苟以爲試於弱之徵，謬矣。

國游士言聖賢事多妄謬，此尤顯然者也。

昭王

蘇代説魏王勿講於秦

五國伐秦，無功而還。其後，齊欲伐宋，而秦禁之。齊令宋郭之秦，請合而以伐宋。秦王_昭許之。魏王畏齊、秦之合也，欲講於秦。

田汝成曰：此篇可与苏秦之说參看。

謂魏王曰："秦王謂宋郭曰：'分宋之城，服宋之强者，六國也。乘宋之敝，而與王_{齊閔}争得者，楚、魏也。請爲王毋禁楚之伐魏也，而王獨舉宋。王之伐宋也，請剛柔而皆用之。_{宋强、宋弱，必皆伐之。}如宋者，欺之不爲逆，殺之不爲讎者也。王無與之講以取地，既已得地，又以力攻之，期於啗宋而已矣。'

陸深曰："禁"，一作"合"；"魏"，一作"宋"。

"臣聞此言，而竊爲王患，秦且必用此於王矣。又必且劫王以求地，既已得地，又且以力攻王。又必謂王使王輕齊，齊、魏之交已醜_{惡也}，又且收齊以東索於王。秦嘗用此於楚矣，又嘗用此於韓矣，願王之深計之也。秦善魏不可知也已_{言不可信}。故爲王計，太上伐秦，其次賓_{即擯}秦，其次堅約而詳_{佯通}講，與國無相讎也。秦、齊合，國不可爲也已。王其聽臣也，必無與講_{與秦講}。

陸深曰：用伐宋之策於魏。

"秦權重魏，魏冉明熟是_{言慮此明且熟}，故有謂足下傷秦者，不敢顯也。_{言或有爲魏傷秦之人，亦不敢顯明爲之，}

鮑彪曰：此非蘇代不能也，故《史》言代復約從親如蘇秦時，獨所謂行其上不可，則行其中，下爲不可用也。夫伐秦不勝，竄走求成之不給，安能擯之？諸侯見其敗，輕之矣，豈有聽其堅約之説哉？蓋代之計專以伐爲上,而游□[1]以見其多策耳,計不出於此也。

吳澄曰:鬻王爲資,戰國之比肩而立,而此客不耻言之,以谁欺乎?

恐秦先覺。天下可令伐秦,則陰勸而弗敢圖也。見天下之傷秦也,則先鬻與國而以自解也。言與國爲之,非我也,是賣與國矣。天下可令償秦,則爲劫於與國而不得已者。言爲與國所劫,出於不得已之故。天下不可,則先去,而以秦爲上交以自重也。言與國以擯秦爲不可,則先畔去,而交余以自重。如是人者,鬻王以爲資者也,而焉能免國於患?免國於患者,必窮三節即上三事,而行其上。上不可,則行其中;中不可,則行其下;下不可,則胡[1]不與秦。而生以殘秦,三不可,必爲秦所伐,則誓鬥而必死。不與秦俱生以殘秦。使秦皆無百怨百利,唯已之曾安。無令天下鬻之以合於秦,使秦無多怨於人,多利於己,惟止兵之爲安,無令天下賣主以合余。是免國於患者之計也。臣何足以當之?雖然,願足下之論臣之計也。

"燕,齊讎國也;秦,兄弟之交也燕、齊與秦。合讎國以伐婚姻,臣爲之苦矣。言欲爲魏合燕、齊以伐秦,而己爲之難。"

吳師道曰:按《趙策》"五國伐秦"章,蘇代説奉陽君云云,中有與此章出入者,此必代之辭也。三策並陳,上則伐之,中則擯之,下則媾之,未及伐之故也。鮑説謬矣。

---

[1] 此字漫漶不清,當爲"辭",據鮑注。

[1] 胡,當爲"明",據《四部叢刊》本及《四庫全書》諸本。

◯ **卷四**

○ **韓**[①]

安釐王

須賈爲魏説穰侯

　　秦敗魏於華，走芒卯而圍大梁。須賈_{魏人}爲魏謂穰侯曰：“臣聞魏氏大臣父兄皆謂魏王曰：‘初時惠王伐趙，戰乎三梁，十萬之軍拔邯鄲，趙氏不割，而邯鄲復歸。齊人攻燕，殺子之，破故國，燕不割，而燕國復歸。燕、趙之所以國全兵勁，而地不并乎諸侯者，以其能忍難而重出地也。宋、中山數伐數割，而隨以亡。臣以爲_{此魏大臣所稱}燕、趙可法，而宋、中山可無爲也。夫秦貪戾之國而無親，蠶食魏，盡晉國，戰勝暴子_{地缺}，割八縣，地未畢入而兵復出矣。夫秦何厭之有哉！今又走芒卯，入北地，此非但攻梁也，且劫王以多割也，王必勿聽也。今王循_{猶順}楚、趙而講，_{秦時蓋合楚、趙共攻魏，魏見二國爲秦用，遂欲講秦。}楚、趙怒而與王争事秦，秦必受之。秦挾楚、趙之兵以復攻，則國救亡不可得也。願王之必無講也。王若欲講，必少

　　① 韓，當爲“魏”，據目録。

董份曰：此亦可明不當割地之效，而六國皆坐困削，悲夫。

許應元曰：論甚是，而當時無人聽之，迫於目前也。

楊慎曰：穰侯柄秦用事，而賈斥言其貪戾無親，真爲壯也。

董份曰：自“臣聞”至“不然必欺”，皆須賈述魏人之言，故結之曰“是臣之所聞於魏也”，詞意極明。

茅坤曰：秦敝六國，非直天幸，策六國必入其彀中耳。

張洲曰：陰，穰侯別邑也。言陰必亡，以私計動之也。

孫應鰲曰：須賈剖析利害處，如指諸掌。雖爲梁作説客，實爲穰侯謀也，以故竟罷梁圍。

割而有質求秦質子，不然必欺。’是臣之所聞於魏也，願君之以是慮事也。《周書》曰：‘維命不于常。’此言幸之不可數也。夫戰勝罤子而割八縣，此非兵力之精，非計之功也，天幸爲多矣。今又走芒卯，入北地，以攻大梁，是以天幸自爲常也。智者不然。

　　“臣聞魏氏悉其百縣勝兵，以止戍大梁，臣以爲不下三十萬。以三十萬之衆，守十仞之城，臣以爲雖湯、武復生，弗易攻也。夫輕信楚、趙之兵，陵十仞之城，戴三十萬之衆，而志必舉之，臣以爲自天下之始分以至于今，未嘗有之也。攻而不能拔，秦兵必罷，陰必亡，則前功必棄矣。今魏方疑，可以少割收也。願君之及楚、趙之兵未任于大梁也未以攻梁自任，亟以少割收魏。魏方疑，而得以少割爲和，必欲之，則君得所欲矣。楚、趙怒於魏之先己講也，己兵未至，而與秦講。必爭事秦。從是以散言從事敗，而君後擇焉擇所與於從散之後。且君之嘗割晉國取地也，何必以兵哉？先割取時不用兵。夫兵不用，而魏效絳、安邑，又爲陰啓言得二縣以拓陰之封地兩機，盡得縣啓封，無遺也。①故宋，衛效魏自比二小國也尤憚。秦兵出地而小，故愈畏秦。②已合③魏合秦，而君制之，何求而不得？何爲而不成？臣願君之熟計而毋行危也。”

　　穰侯曰：“善。”乃罷梁圍。

---

　　① “得縣啓封，無遺也。”此句《四部叢刊》本及鮑本、吳本作“兩，謂得縣啓封。盡，無遺也。”此處或爲選評者省引。

　　② 又爲陰啓……秦兵，此段正文與夾注割裂，實因斷句與今有別。按夾注的位置，鮑本斷之爲“又爲陰啓兩機盡，故宋、衛效，尤憚秦兵”。

　　③ 合，同《四部叢刊》本及鮑本、吳本，姚本作“令”。

周訴^①諫止魏王朝秦

秦敗魏於華，魏王且入朝於秦。周訴謂王曰：“宋人有學者，三年反而名其母。其母曰：‘子學三年，反而名我者何也？’其子曰：‘吾所賢者，無過堯、舜，堯、舜名。吾所大者，無大天地，天地名。今母賢不過堯、舜，母大不過天地，是以名母也。’其母曰：‘子之於學者_{於其所學}，將盡行之乎？願子之有以易名母也。子之於學也，將有所不行也？願子之且以名母爲後也。’今王之事秦，尚有可以易入朝者乎？願王之有以易之，而以入朝爲後。”魏王曰：“子患寡人入而不出邪？許綰爲我祝曰：‘入而不出，請殉寡人以頭。’”周訴對曰：“如臣之賤也，今人有謂臣曰，入不測之淵而必出，不出，請以一鼠首爲汝殉者，臣必不爲也。今秦不可知之國也，猶不測之淵也；而許綰之首，猶鼠首也。内王於不可知之秦，而殉王以鼠首，臣竊爲王不取也。且無梁孰與無河内急？”王曰：“梁急。”“無梁孰與無身急？”王曰：“身急。”曰：“以三者，身，上也；河内，其下也。秦未索其下，而王效其上，可乎？”

王尚未聽也。支期曰：“王視楚王_{頃襄}。楚王入秦，王以三乘先之_{先楚至秦}；楚王不入，楚、魏爲一，尚足以捍秦。”王乃止。

許應元曰：以名母喻朝秦，其詞迫，其情哀。

丘濬曰：此一轉妙甚。

穆文熙曰：名母、鼠首之喻，兩事精切易曉，釐王遂止不入秦，懷王之臣豈或論不及此與？

許應元曰：至此辭愈迫，而情愈哀，明白痛快，可爲潸下。

---

① 訴，同《四部叢刊》本及鮑本、吳本，姚本作“訢”。

孫臣諫魏王割地講秦

華軍①之戰，魏不勝秦。明年，將使段干崇割地而講。

孫臣並魏人謂魏王曰："魏不以敗之上割，上，謂當其時。可謂善用不勝矣；而秦不以勝之上割，可謂不善用勝矣。今處期年乃欲割，是群臣之私計不及也而王不知也。且夫欲璽者，得秦封，受其璽。段干子也，王因使之割地；欲地者，秦也，而王因使之授璽。夫欲璽者制地，而欲地者制璽，其勢必無魏矣。且夫奸臣固皆欲以地事秦。以地事秦，譬猶抱薪而救火也，薪不盡，則火不止。今王之地有盡，而秦之求無窮，是薪火之說也。"

魏王曰："善。雖然，吾已許秦矣，不可以革也更也。"對曰："王獨不見夫博者之用梟邪？猶上善用勝矣。欲食則食，欲握則握。握，不食也。食者行棋，握不行也。今君劫於群臣而許秦，因曰不可革，何用智之不若梟也！"魏王曰："善。"乃按其行。

田汝成曰：善用不勝，不善用勝，語隱約可觀，且曲中事理。

李廷機曰：欲地者制璽，欲璽者制地，勢必無魏，不待明者必能察之。奸人以地事秦，此最是當時之害，孫臣之言可謂苦口。

茅坤曰：安釐好博，以其所解通之，孫臣善于曉人。

范痤上書信陵君

虞卿謂趙王曰："人之情，寧朝人乎？寧朝於人也？"趙王曰："人亦寧朝人耳，何故寧朝於人？"虞卿曰："夫魏為從主，而違者范座②也。今王能以百

穆文熙曰：虞卿，策士之雄也，乃以地為殺痤之計。夫我以地殺人，人亦以地殺我，一相之命，懸於百里，何其舛謬難行乎！

----

① 軍，同姚本、鮑本，《四部叢刊》本及吳本作"陽"。

② 范座，同姚本，《四部叢刊》本及鮑本、吳本作"范痤"。下同。

里之地，若萬户之都，請殺范座於魏。范座死，則從事可移於趙趙可主從。”趙王曰：“善。”乃使人以百里之地，請殺范座於魏。魏王許諾，使司徒執范座，而未殺也。

范座獻書魏王曰：“臣聞趙王以百里之地，請殺座之身。夫殺無罪范座，薄故也猶細事也；而得百里之地，大利也。臣竊爲大王美之。雖然，而有一焉，百里之地不可得，而死者不可復生也，則王必爲天下笑矣！臣竊以爲與其以死人市，不若以生人市便也。”又遺其後相信陵君曰：“夫趙、魏，敵戰之國也。趙王以咫尺之書來，而魏王輕爲之殺無罪之座，座雖不肖，故魏之免相也。嘗以魏之故，得罪於趙。夫國無用任臣，外雖得地，勢不能守。然今能守魏者，莫如君矣。王聽趙殺座之後，强秦襲趙之欲，襲，言猶因趙之故態。倍趙之割，則君將何以止之？此君之累也。”信陵君曰：“善。”遽言之王而出之。

信陵君說魏王

魏將與秦攻韓，無忌①謂魏王曰：“秦與戎、翟同俗，有虎狼之心，貪戾好利而無信，不識禮義德行。苟有利焉，不顧親戚兄弟，若禽獸耳。此天下之所同知也，非所施厚積德也。故太后母也，而以憂死；穰侯舅也，功莫大焉，而竟逐之；兩弟無罪，而再奪之國。此其於親戚兄弟若此，而又況於仇讎之敵國也！

---

① 無忌，《四部叢刊》本作“朱己”，鮑注：“《史》作‘無忌’。”

楊慎曰：痤之獻趙①王書，求稍緩之；其獻信陵書，則利害直透人心骨，皆策之必行者也。

張之象曰：虞卿之計智矣，然殺百人痤，不能合從也。何者？秦王遠交近攻之策，而且暮出兵撓六國，譎間以遏其救，虛聲以奪其心，六國之魄褫矣，又何能從親以儐秦乎？

呂祖謙曰：信陵之言深切綜練，識天下之大勢。使魏能用其計，率楚、趙助韓，則韓不至失上黨，趙不至敗長平，六國不至爲秦所吞矣！謀既不用，又以矯殺晉鄙，流落

---

① 趙，當爲“魏”，據正文。

于外。六國垂亡，魏
始再用，猶能令諸侯
以折秦鋒。若早聽其
計，天下事未可知也。

陸深曰："是何也"以
下皆言秦亡韓之後，
必不伐楚與趙之故。

此言不伐趙。

許應元曰：歷陳秦所
不敢，以明當時諸侯
坐失機會。

許應元曰：歷陳諸國
之危，以揣當時諸侯
坐受其斃。

"今大王與秦伐韓，而益近秦，臣甚惑之，而王弗識也，則不明矣。群臣知之，而莫以此諫，則不忠矣。今夫韓氏以一女子承一弱主，內有大亂，外安能支強秦、魏之兵，王以爲不破乎？韓亡，秦有鄭地，時鄭亡，屬韓。與大梁鄰，王以爲安乎？王欲得故地蓋嘗喪地於韓，而今負強秦之禍也，王以爲利乎？

"秦非無事之國也，韓亡之後，必且更事；更事，必就易與利；就易與利，必不伐楚與趙矣。是何也？夫越山踰河，絕韓之上黨而攻強趙，則是復閼與之事也先時趙奢敗秦於此，秦必不爲也。若道河內，倍鄴、朝歌，絕漳、滏之水，而以與趙兵決勝於邯鄲之郊，是受智伯之禍也，秦又不敢。伐楚，道涉山谷，行三十里而攻危隘之塞，所行者甚遠，而所攻者甚難，秦又弗爲也。若道河外，倍大梁，而右上蔡、召陵，以與楚兵決於陳郊，秦又不敢也。故曰，秦必不伐楚與趙矣，又不攻衛與齊矣衛、齊皆在三晉之東。韓亡之後，兵出之日，非魏無攻矣。

"秦故有懷茅、邢丘、安城、垝當作延津，而以之臨河內，河內之共、汲莫不危矣。秦有鄭地，得垣雍，決滎澤，而水大梁，大梁必亡矣。王之使者大過矣，乃惡安陵氏魏之附庸於秦，秦之欲許之久矣秦欲而取之久矣。然而秦之葉陽、昆陽與舞陽、高陵鄰，此二縣安陵封地，以與昆陽、葉陽鄰，故秦久惡安陵。聽使者之惡也，隨安陵氏而欲亡之。秦繞舞陽之北，以東臨水 ①，則南國必危矣。南國雖無危，則魏國豈得安哉？且夫憎韓不愛

---

① 水，當爲 "許"，據《四部叢刊》本及《四庫全書》諸本。

安陵氏可也，夫不患秦之不愛南國非也。秦得南國，則諸侯之势危，魏不可以非已地而不恤也。

　　"異日者，秦乃在河西，晋國之去梁也，千里有餘言都絳、安邑時，有河山以闌之，有周、韓而間之。從林鄉軍秦伐林鄉以至于今，秦十攻魏，五入國中，邊城盡拔。文臺墮，垂都焚，林木伐，麋鹿盡，而國繼以圍。又長驅梁北，東至陶、衛之郊，北至平闞，所亡乎秦者，山北、河外、河内，大縣數百，名都數十。秦乃在河西，晋國之去大梁也尚千里，而禍若是矣。又況於使秦無韓而有鄭地，無山河以闌之，無周、韓以間之，去大梁百里，禍必百此矣。異日者，從之不成也，楚、魏疑而韓不可得而約也。今韓受兵三年矣受秦兵，秦撓之以講以求地擷撓之，韓知亡，猶弗聽，投質約也於趙，而請爲天下雁行頓刃。以臣之愚觀之，則楚、魏① 必與之攻矣。此何也？則皆知秦欲之無窮也，非盡亡天下之兵，而臣海内之民，必不休矣。是故臣願以從事乎王，王速受楚、趙之約，而挾韓之質，以存韓爲務，因求故地於韓，韓必效之。如此，則士民不勞而故地得，其功多於與秦共伐韓，然而無與强秦鄰之禍。

　　"夫存韓安魏而利天下，此亦王之大時已。通韓之上黨於共、甯，使道已通，是時秦欲取韓上黨，故蚕食其地，使與韓國中絶。信陵勸魏假道，使韓得與上黨往來，豈專爲韓？韓不失上黨，則三晋之势猶完也。因而關之，出入者賦之征商賈，是魏重質猶贄韓以其上黨也。共有其賦韓、魏共之，足以富强②，韓必德魏、愛魏、重魏、畏魏，韓必不敢

唐順之曰：論至此，非深識范雎情者，不能詳悉若是，其較量六國危亡先後形势，不爽毫釐，信人傑也。

又曰："臣願"以下纔說約楚、趙以存韓，則魏以爲利。

吴寬曰：信陵魏無親秦，且料秦必滅六國乃休，可謂先覺之賢矣。

---

① 魏，當爲"趙"，據《四部叢刊》本及《四庫全書》諸本。
② 强，當爲"國"，據《四部叢刊》本及《四庫全書》諸本。

太史公曰：說者皆咎魏不用信陵君，故國削弱至于亡。天方令秦平海內，魏雖得阿衡之佐，何益乎！

丘濬曰：恃援而無政者，國必亡。

又曰：豈但與國不可恃，雖己亦不恃也。

許相卿曰：賓秦非失也，獨信春申乃魏之大失。春申之知於魏，豈利魏哉？令魏代楚受禍耳。

反魏。是韓則魏之縣也。魏得韓以爲縣，則衛、大梁、河外必安矣<small>衛時附梁</small>。今不存韓，則二周必危，安陵必易<small>言不難取</small>。楚、趙大破，衛、齊甚畏。天下之西鄉而馳秦，入朝爲臣之日不久。”

或諫魏王信春申君

十八年 ①，謂魏王曰：“昔曹恃齊而輕晉，齊伐釐、莒而晉人亡曹。<small>魯僖二十八年，晉侯伐曹。</small>繒恃齊而輕越，<small>繒，禹後。</small>齊和子亂而越人亡繒。鄭恃魏以輕韓，魏伐榆關而韓氏亡鄭。原恃秦、翟以輕晉，秦、翟年穀大凶而晉人亡原<small>即趙衰處原時</small>。中山恃齊、魏以輕趙，齊、魏伐楚而趙亡中山。此五國所以亡者，皆有所恃也。非獨此五國爲然而已也，天下之亡國皆然矣。夫國之所以不可恃者多，其變不可勝數也。或以政教不脩，上下不輯，而不可恃者；或有諸侯鄰國之虞，而不可恃者；或以年穀不登，畜積竭盡，而不可恃者；或化<small>猶</small>移於利，比猶近於患。臣以此知國之不可必不 ② 恃也。今王恃楚之强，而信春申君之言，以是賓秦，而久<small>猶後</small>不可知。即春申君有變，是王獨受秦患也。即<small>猶是</small>王有萬乘之國，而以一人之心爲命也，臣以此爲不完，願王之熟計之也。”

---

① 十八年，同《四部叢刊》本及鮑本、吳本，姚本作“八年”。鮑注：“‘十’補。”

② 不，當爲衍字，據《四部叢刊》本及《四庫全書》諸本。

季梁諫魏攻邯鄲

魏王欲攻邯鄲，季梁聞之，中道而反，衣焦^卷不申，頭塵不去，皆欲見之速，故不暇。往見王曰："今者臣來，見人於大行。方北面而持其駕，告臣曰：'我欲之楚。'臣曰：'君之楚，將奚爲北面？'曰：'吾馬良。'臣曰：'馬雖良，此非楚之路也。'曰：'吾用多。'資用不乏。臣曰：'用雖多，此非楚路也。'曰：'吾御者善。'此數者愈善，而離此愈遠耳！今王動欲成霸王，舉欲信於天下。恃王國之大，兵之精銳，而攻邯鄲，以廣地尊名，王之動愈數，而離王愈遠耳。猶至楚而北行也。"

許應元曰：莊子所稱，蓋《左傳》所載季梁右而楚兵戢者，隨大夫也。

田藝衡曰：此必爲從說者，故不欲魏之攻趙。

陸深曰：此即緣木求魚之說。

唐雎説信陵君

信陵君殺晋鄙，救邯鄲，破秦人，存趙國，趙王^{孝成}自郊迎。

唐雎謂信陵君曰："臣聞之曰，事有不可知者，有不可不知者；有不可忘者，有不可不忘者。"信陵君曰："何謂也？"對曰："人之憎我也，不可不知也；吾憎人也，不可得而知也人不能知。人之有德於我也，不可忘也；吾有德於人也，不可不忘。今君殺晋鄙，救邯鄲，破秦人，存趙國，此大德也。今趙王自郊迎，卒然見趙王，臣願君之忘之也。"信陵君曰："無忌謹受教。"

楊維禎曰：予獨取信陵君之客一人焉，公子有功于趙，而客說公子曰："願君忘之。"予以唐雎爲上客。

茅坤曰：客說公子，其慮甚長，而公子能聽之，此信陵君美處。

縮高全父子君臣之義

王鏊曰：縮高明父子之義，安陵明君臣之義，信陵君亦可謂知過能改矣。

魏攻管而不下。安陵人縮高，其子爲管守。信陵君使人謂安陵君曰：“君其遣縮高，吾將仕之以五大夫，使爲持節尉。”安陵君曰：“安陵，小國也，不能必使其民。使者自往，請使道使者<small>使人道之</small>至縮高之所，復<small>致也</small>信陵君之命。”縮高曰：“君之幸高也，將使高攻管也。夫以父攻子守，人大笑也。見臣而下，是背王也<small>秦王</small>。父教子背，亦非君之所喜也。敢再拜辭。”

陸深曰：戰國惟此策，大類左氏辭令。

張之象曰：叙事從容。

歸有光曰：信陵君之爲人，非悍而自用者，聞安陵之言，必釋罪也。縮高不憚死以全安陵，善矣。能無傷其子心乎？攻管之事不再見，爲縮高之子，亦不忘死以报其父。

使者以報信陵君，信陵君大怒，遣大使之安陵曰：“安陵之地，亦猶魏也。今吾攻管而不下，則秦兵及我，<small>不得秦地，必受秦攻。</small>社稷必危矣。願君之生束縮高而致之。若君弗致，無忌將發十萬之師，以告安陵之城。”安陵君曰：“吾先君成侯<small>趙主也</small>，受詔襄王<small>安陵，趙襄子所封，後附庸於魏</small>。以守此地也，手受大府之憲。<small>蓋晉之成憲。憲，法令也。</small>憲之上篇曰：‘子弑父，臣弑君，有常刑不赦。國雖大赦，降城亡子<small>以城降人，及亡人之子。</small>不得與焉。’今縮高謹辭大位，以全父子之義，而君曰‘必生致之’，是使我負襄王詔而廢大府之憲也，雖死，終不敢行。”

縮高聞之曰：“信陵君爲人，悍而自用也。此辭反，必爲國禍。吾已全己，無違人臣之義矣<small>即全己之意</small>，豈可使吾君有魏患也。”乃之使者之舍，刎頸而死。

信陵君聞縮高死，服縞素避舍，使使①謝安陵君

---

① 使使，同《四部叢刊》本及鮑本、吳本，姚本爲“使使者”。

曰：“無忌，小人也，困於思慮，失言於君，敢再拜釋罪。”

龍陽君泣魚固寵

魏王與龍陽君_{魏之幸臣}共船而釣，龍陽君得十餘魚而涕下。王曰：“有所不安乎？如是，何不相告也？”對曰：“臣無敢不安也。”王曰：“然則何爲涕出？”曰：“臣爲臣之所得魚也。”王曰：“何謂也？”對曰：“臣之始得魚也，臣甚喜，後得又益大，今臣直欲棄臣前之所得矣。今以臣之凶惡，而爲[①]王拂枕席。今臣爵至人君，走人於庭_{在庭則人爲之趨走}，避人於涂_{在涂則行者避}。四海之內，美人亦甚多矣，聞臣之得幸於王也，必褰_{揭也}裳而趨大王。臣亦猶曩臣之前所得魚也，臣亦將棄矣，臣安能無涕出乎？”魏王曰：“誤！_{猶言誤也}有是心也，何不相告也？”於是布令於四境之內曰：“有敢言美人者族。”

由是觀之，近習之人，其摯_{猶進也}諂也固矣，其自冪繫也完矣。_{冪，覆也，言自芘自結於王。}今曰[②]千里之外，欲進美人，所效者庸必得幸乎？假之得幸，庸必爲我用乎？而近習之人相與怨，我見有禍，未見有福；見有怨，未見有德，非用智之術也。

_{許應元曰：安釐之世，國危孔棘矣，猶溺于嬖寵，以自耽也，能無亡乎？}

_{按龍陽君當是王幸姬，其稱臣者，臣妾之通稱。今代婦人奏疏亦稱臣，詳“有可言美人者族”可見。}

_{穆文熙曰：茲策因龍陽微事，乃發弘論。近習易固，疏遠難親，明著持甚。}

---

① “爲”字前當脫“得”字，據《四部叢刊》本及《四庫全書》諸本。

② 曰，當爲“由”，據《四部叢刊》本及《四庫全書》諸本。

景閔王

唐雎不辱使命

唐順之曰：秦憸詐之國，無信義者也，得安陵豈復以五百償之哉？安陵之不與是也。

田汝成曰：觀安陵君爲縮高之言，則亦能自守其封者。

鮑彪曰：刺劫之士，自漕①沫以至荆軻皆不聞道，惟若康②雎者可也，爲其激而發，不專志於刺也。

張洲曰：唐雎能挺劍挾袂，劫虎狼之秦，而與之爭，卒全安陵，奇甚！此其賢於荆卿遠矣。

　　① 漕，當爲"曹"，據上下文。
　　② 康，當爲"唐"，據上下文。

秦王始皇使人謂安陵君曰："寡人欲以五百里之地易安陵，安陵君其許寡人！"安陵君曰："大王加惠，以大易小，甚善。雖然，受地於先王，願終守之，弗敢易！"秦王不説。安陵君因使唐雎使於秦。秦王謂唐雎曰："寡人以五百里之地易安陵，安陵君不聽寡人，何也？且秦滅韓亡魏，而君以五十里之地存者，以君爲長者，故不錯意也。今吾以十倍之地，請廣於君，而君逆寡人者，輕寡人與？"唐雎對曰："否，非若是也。安陵君受地於先王而守之，雖千里不敢易也，豈直五百里哉？"秦王怫然怒，謂唐雎曰："公亦嘗聞天子之怒乎？"唐雎對曰："臣未嘗聞也。"秦王曰："天子之怒，伏屍百萬，流血千里。"唐雎曰："大王嘗聞布衣之怒乎？"秦王曰："布衣之怒，亦免冠徒跣，以頭搶突也地耳。"唐雎曰："此庸夫之怒也，非士之怒也。夫專諸之刺王僚也，彗星襲月；聶政之刺韓傀也，白虹貫日；要離之刺慶忌也，倉鷹擊於殿上。此三子者，皆布衣之士也，懷怒未發，休祲降於天，休，吉徵。祲，戾氣。自三子言之爲吉。與臣而將四矣。若士必怒，伏尸二人，流血五步，天下縞素，今日是也。"挺劍而起。秦王色撓擾也，長跪而謝之曰："先生坐！何至於此！寡人諭矣曉也。夫韓、魏滅亡，而安陵以五十里之地存者，徒以有先生也。"

○ 韓

烈侯

聶政爲嚴遂刺韓相

　　韓傀相韓，嚴遂重於君，二人相害也。嚴遂政_正^同議直指，舉韓傀之過。韓傀以之叱之於朝。嚴遂拔劍趨之，以救解。於是嚴遂懼誅，亡去游，求人可以報韓傀者。

　　至齊，齊人或言：“軹深井里聶政，勇敢士也，避仇隱於屠者之間。”嚴遂陰交於聶政，以意厚之。聶政問之曰：“子欲安用我乎？”嚴遂曰：“吾得爲役之日淺，事今薄^{猶迫}，奚敢有請？”於是嚴遂乃具酒，自觴聶政母前。仲子^{遂字}奉黃金百鎰，前爲聶政母壽。聶政驚，愈怪其厚，固謝嚴仲子。仲子固進，而聶政謝曰：“臣有老母，家貧，客游以爲狗屠，可旦夕得甘脆^{肉之肥美者}以養親。親供養備，義不敢當仲子之賜。”嚴仲子辟人，因爲聶政語曰：“臣有仇，而行游諸侯衆矣。然至齊，聞足下義甚高，故直進百金者，特以爲丈人麤糲之費^{米一斛曰糲}，以交足下之驩，豈敢以有求耶？”聶政曰：“臣所以降志辱身，居市井屠者，幸以養老母^{以有養爲幸}。老母在前，政身未敢以許人也。”嚴仲子固讓，聶政竟不肯受。然仲子卒備賓主之禮而去。

　　久之，聶政母死，既葬，除服。聶政曰：“嗟乎！政乃市井之人，鼓刀以屠，而嚴仲子乃諸侯之卿相也，

陸深曰：此與《荊軻傳》並妙，字字可諷。

張洲曰：昔師曠以大臣不心競而力爭，知晉國之衰。俠累以政議直指而叱人於朝，韓衰自此始矣。

許應元曰：專諸、聶政，有國士之風焉，貧賤不忘其親。荊軻非其倫矣。

穆文熙曰：嚴仲子之所感動聶政者，不在黃金，而在屈己。故聶政義不受其金，而以爲知政。

陸深曰：須收此一段，乃見聶政心事。

董份曰：此段戰國第一等文字。

茅坤曰：士爲知己者死，聶政有焉，獨恨所以處死者，未得所耳。

唐順之曰：機事不密，則敗乃事。政蓋工於爲機者，荆生以所與非人致敗，視政愧多矣。

朱之藩曰：聶政獨行仗劍至韓，荆卿歌易水之上，就事不顧，此時風氣，懦夫生色。

凌約言曰：此篇以母姊二字作骨，始辭仲子者，以老母在也；繼從仲子者，以老母亡也；終披面抉眼者，慮禍及姊也。通篇以母姊纏綿，著其孝友。按《史記》云：向政知姊無濡忍之志，不重暴骸之難，必絕險千里以列其名，姊弟

不遠千里，枉車騎而交臣，臣之所以待之者，至淺矣，未有大功可以稱報稱者，而嚴仲子舉百金爲親壽，我義不受，然是深知政也。夫賢者以感忿睚眦之意，睚眦，怒視也。而親信窮僻之人，而政獨安可嘿然而止乎？且前日要政，政徒以老母。老母今以天年終，政將爲知己者用。"

遂西至濮陽，見嚴仲子曰："前日所以不許仲子者，徒以親在。今親不幸而死，仲子所欲報仇者，請得從事焉。"嚴仲子具告曰："臣之仇韓相韓傀。傀又韓君之季父也，宗族盛多，居處兵衛甚設陳也，臣使人刺之，終莫能就。今足下幸而不棄，請益具車騎壯士，以爲羽翼。"政曰："韓與衛相去中間不遠，今殺人之相，相又國君之親，此其勢不可以多人。多人不能無生得失謂相可否，生得失則語泄，語泄則韓舉國而與仲子爲讎也，豈不殆哉！"遂謝車騎人徒，辭，獨行仗劍至韓。

韓適有東孟地缺之會，韓王及相皆在焉，持兵戟而衛侍者甚衆。聶政直入，上階刺殺韓傀。韓傀走而抱列侯，聶政刺之，兼中列侯，左右大亂。聶政大呼，所擊殺者數十人。因自皮面①去面之皮抉眼，屠腸②，遂以死。韓取聶政屍暴於市，縣購之千金。久之莫知誰。

政姊嫈聞之，曰："吾弟至賢，不可愛妾之軀，滅吾弟之名，非弟意也。"乃之韓。視之曰："勇哉！氣矜之隆。矜，自持也。是其軼賁育、軼，車相出也。高成荆矣。成荆，古之勇士。今死而無名，父母既殁矣，兄弟無有，

---

① 皮面，同鮑本、姚本，《四部叢刊》本、吳本作"面皮"。

② 屠腸，同《四部叢刊》本及鮑本、吳本，姚本作"自屠出腸"。

此爲我故也。夫愛身不揚弟之名，吾不忍也。”乃抱屍而哭之曰：“此吾弟軹深井里聶政也。”亦自殺於屍下。

晋、楚、齊、衛聞之曰：“非獨聶政之能，乃其姊者列女也。聶政之所以名施於後世者，其姊不避菹醢之誅，以揚其名也。”

俱僇於韓市者，亦未必敢以身許仲子也。《列女傳》云：“婁仁而有勇，不怯死以滅名。《詩》云：‘死喪之威，兄弟孔懷。’此之謂也。”

董份曰：政猶春秋間刺客常事，然以爲烈若姊則尤奇，故序次其事，令人撫劍於數千年之下，猶爲欷歔者。

昭侯

昭侯不從申子之請

申子請仕其從兄官仕其從兄以官，昭侯不許也。申子有怨色。昭侯曰：“非所謂學於子者也。聽子之謁，而廢子之道乎？又亡其行子之術，而廢子之請乎？子嘗教寡人循功勞，視次第。今有所求此，我將奚聽乎？”申子乃避舍請罪，曰：“君真其人也！”一本“其”作“聖”字。

穆文熙曰：申韓之學，皆欲必行其術，豈肯爲其兄請官乎？此乃所以嘗試昭侯，而昭侯果能行其術矣，故曰君真其人也。

昭王

蘇秦以合從説韓

蘇秦爲趙合從，説韓王曰：“韓北有鞏、洛、成皋之固，西有宜陽、常阪之塞，東有宛、穰、洧水，南有陘山，地方千里，帶甲數十萬。天下之强弓勁弩，皆

楊慎曰：當時列國有此險固，而每屈首事秦者，此所謂以千里畏人也。

自韓出。谿子、少府、時力、距來，作之得時，力倍於常，其勁足以距來敵。皆射六百步之外。韓卒超足而射舉蹠踏弩，百發不暇止，遠者達胸，近者掩心。箭中心上，如掩。韓卒之劍戟，皆出於冥山、棠溪、墨陽、合伯。鄧師、宛馮、龍淵、太阿，皆陸斷馬牛，水擊鵠鴈，當敵即斬堅。甲盾、鞮鍪、鐵幕、革拔、呿芮，無不畢具。以韓卒之勇，被堅甲，蹠勁弩，帶利劍，一人當百，不足言也。夫以韓之勁，與大王之賢，乃欲西面事秦，稱東藩，築帝宮，受冠帶，祠春秋，交臂而服焉。夫羞社稷而為天下笑，無過此者矣。是故願大王之熟計之也。大王事秦，秦必求宜陽、成皋。今茲效之，明年又益求割地。與之，即無地以給之；不與，則棄前功而後更受其禍。且夫大王之地有盡，而秦之求無已。夫以有盡之地而逆無已之求，此所謂市怨而買禍者也，不戰而地已削矣。臣聞鄙語曰：‘寧為雞口，無為牛後。’《正義》云：“雞口雖小，乃進食；牛後雖大，乃出糞。”今大王西面交臂而臣事秦，何以異於牛後乎？夫以大王之賢，挾強韓之兵，而有牛後之名，臣竊為大王羞之。”

　　韓王忿然作色，攘臂按劍，仰天嘆息曰：“寡人雖死，必不能事秦。今主君以趙王之教詔之，敬奉社稷以從。”

余有丁曰：此策論連衡之害，可謂徹盡，蘇明允《六國論》全出於此。

又曰：六國惟韓迫近秦患，故說之難為力。

董份曰：此段將前面意總□□① 法奇崛。

陸深曰：凡言衡害者，莫能外此。

張之象曰：韓，秦之近國也，韓之所患者在割地事秦，故此篇極言割地之失。

王衡曰：蘇秦以牛後羞韓，而惠王按劍嘆息，此激而怒之也。羞惡之心，人皆有之，諒夫。

　　①“總”下有墨跡一處，佔二字，暫以“□”代替。

宣惠王

樛留論公仲公叔不可兩用

宣王謂樛留^{韓人}曰：“吾欲兩用公仲、公叔，其可乎？”對曰：“不可。晉用六卿而國分，簡公用田成、監止而簡公弑，魏兩用犀首、張儀而西河之外亡。今王兩用之，其多力者内樹其黨，其寡力者藉外權。群臣或内樹其黨以擅其主，或外爲交以裂其地，則王之國必危矣。”

羅洪先曰：舜用十六相而天下治，豈兼用便能危國哉！《國語》曰：“偏聽生奸，獨任成乱。”留之論未當也。

襄王

張儀以連衡説韓

張儀爲秦連橫説韓王曰：“韓地險惡，山居，五穀所生，非麥而豆；民之所食，大抵豆飯①藿羹。^{藿，菽之少者。}一歲不收，民不饜糟糠；地方不滿九百里，無二歲之所食。料大王之卒，悉之不過三十萬，而廝徒負養在其中矣，爲除守徼^{巡也}亭障塞，見卒不過二十萬而已。秦帶甲百餘萬，車千乘，騎萬匹，虎鷙之士，跿跔^{謂徒跣科頭不著兜鍪}，貫頤奮戟者，^{貫被殺者之頤，而猶奮戟以戰。}至不可勝計也。秦馬之良，戎兵之衆，探前蹶^{跳也}後，蹄間三尋者，不可勝數也。山東之卒，被甲冒胄以會戰，秦人捐甲徒裎以趨敵，左挈人頭，右挾生虜。夫秦卒之與山東之卒也，猶孟賁之與怯夫也；

諸爕曰：合從連衡，其利害判然可曉。張儀從舌未及掉而諸侯之應者如響，蓋不深明國計，而樂苟且一日之安也。

《索隱》云：“探前”云云，謂馬前足探向前，後足趹於後。趹，謂抉地，言馬走勢疾，前後蹄間一躑而過三尋也。

① 飯，當爲“飯”，據《四部叢刊》本及《四庫全書》諸本。

許應元曰：誇秦之強大，以懾諸侯，即前挾韓之意。

歸有光曰：韓近秦，故言直下甲宜陽，言甚便如水之下流。

楊慎曰：説韓襄王，大抵言韓之弱，不能抗秦之強。然欲爲秦，又必先爲秦弱楚，則利其地，此轉禍爲福也。

李元齡曰：築帝宮，則秦帝矣，韓亦不得已而從之，其時勢然也。

以重力相壓，猶烏獲之與嬰兒也。夫戰孟賁、烏獲之士，以攻不服之弱國，無以異於墮千鈞之重，集於鳥卵之上，必無幸矣。幸不破碎，無是理也。諸侯不料兵之弱，食之寡，而聽從人之甘言好辭，比周以相飾也，皆言曰：'聽吾計則可以強霸天下。'夫不顧社稷之長利，而聽須臾之説，詿誤人主者，無過於此者矣。大王不事秦，秦下甲據宜陽，斷絕韓之上地；東取成皋、宜陽，則鴻臺之宮，桑林之苑，非王之有已。夫塞成皋，絕上地，則王之國分矣。先事秦則安矣，不事秦則危矣。夫造禍而求福，計淺而怨深。逆秦而順趙，雖欲無亡，不可得也。故爲大王計，莫如事秦。秦之所欲，莫如弱楚，而能弱楚者莫如韓。非以韓能強於楚也，其地勢然也。今王西面而事秦以攻楚，敝邑①，秦王必喜惠文。夫攻楚而私其地，轉禍而説秦，計無便於此者也。是故秦王使使臣獻書於大王御史，須臾②以決事。"

　　韓王曰："客幸而教之，請比郡縣，築帝宮，祠春秋，稱東藩，效宜陽。"

> 鮑彪曰：橫人之詞，真所謂虛喝者。韓之兵信弱，食信寡矣，獨不曰從合則能以弱爲強，以寡爲衆乎？惜乎世主不少察於此也。

────────

① 敝邑，同鮑本，姚本作"爲敝邑"。鮑注："衍'爲'字。"吳師道補曰："一本無。"黃丕烈云："《史記》無'爲敝邑'三字，《策》文不同。當以此三字別爲句，'爲'讀去聲。"今按，有"爲"，則"以攻楚"斷後，作"以攻楚爲敝邑"；无"爲"，則"敝邑"斷後，作"敝邑秦王必喜"。

② 臾，當爲衍字，《四部叢刊》本及《四庫全書》諸本均無此字。

或諫公叔輕秦

謂公叔曰：“乘舟，舟漏而弗塞，則舟沉矣。塞漏舟，而輕陽侯之波，_{伏羲六佐，一曰陽侯，爲江海。蓋因此爲波神歟？}則舟覆矣。今公自以爲辦_{治也}於薛公而輕秦，是塞漏舟而輕陽侯之波也，願公之察也。”

《正義》曰：此出陶潛《聖賢群輔錄》。“侯”，一作“使”。《博物志》：“晋陽國侯溺水，因爲大海之神。”

或説韓公仲爲秦魏之和

或謂韓公仲曰：“夫攣①子之相似者，_{攣，一乳兩子。}唯其母知之而已；夫利害之相似者，唯智者知之而已。今公國其利害之相似，正如攣子之相似也。得其道爲之，則主尊而身安；不得其道，則主卑而身危。今秦、魏之和成，而非公適兩束之，_{謂秦、魏和成，非出於公仲之約。}則韓必謀矣_{謂必謀與二國和。}若韓隨魏以善秦，是爲魏從也_{從人而已，}則韓輕主卑矣。秦已善韓，必將置其所愛信者，令用事於韓以完之_{全秦之事，}是公危矣。今公與安成君_{韓人}爲秦、魏之和，成固爲福，不成亦爲福。秦、魏之和成，而公適兩束之，是韓爲秦、魏之門户也_{喻兩國由我而成也，}是韓重而主尊矣。安成君東重於魏而西重於秦，操右契而爲公責德於秦、魏之王，_{公仲制和，爲德於秦，今責其報。}裂地而爲諸侯，公之事也_{言當務此。}若夫安韓、魏而終身相，公之下服，_{服，猶事。}以侯國爲上，則相猶爲下也。此主尊而身安矣。秦、魏不終

余有丁曰：是謀者，徒稱國之利害；而所陳利害，實公仲之利害。皆公死党，俗之敝愈甚矣。

茅坤曰：“兩束之”謂勸成秦、魏之交也。

龍德孚曰：是客自託於智者，其言雖不外於縱橫兩端，而計慮曲悉，處置停當，正自娓娓。

---

① 攣，當爲“攣”，誤刻，據《四部叢刊》本及《四庫全書》諸本。下同。

相聽者也勢必相違，秦怒於不得魏，必欲善韓以塞魏；魏不聽秦，必務善韓以備秦，是公擇布而割也。布，喻秦、魏。割，喻制之。秦、魏和，則兩國德公；不和，則兩國爭事公。所謂成為福，不成亦為福者也。願公之無疑也。"

穆文熙曰：秦、魏和則見德，不和則爭事。此正微芒之界，非智者不能察，所以終攀子之意。

或説公仲以韓合秦

或謂公仲曰："今有一舉而可以忠於主，便於國，利於身，願公之行之也。今天下散而事秦，則韓最輕矣；今天下合而離秦，則韓最弱矣；合離之相續，則韓最先危矣。此君國長民之大患也。今公以韓先合於秦，天下隨之，是韓以天下事秦，秦之德韓也厚矣。韓與天下朝秦，而獨厚取德焉。公行之猶此計，是其於主也至忠矣。天下不合秦，秦令而不聽，秦必起兵以誅不服。秦久與天下結怨構難，而兵不決，韓息士民以待其釁。釁字，罅也。公行之計，是其於國也，大便也。昔者，周佼以西周善於秦，而封於梗陽；周啟以東周善於齊，而封於平原。今公以韓善秦，韓之重於兩周也無先計①，而秦之爭機也，在己之計，無先於此。在秦則為爭，言欲之急。機，言不可失。萬於周之時。今公以韓為天下先合於秦，秦必以公為諸侯，以明示天下。公行之計，是其於身大利也。願公之加務也。"

李攀龍曰：信如或之言，則秦之德韓至矣，韓宜與秦存亡可也；而卒先六國以亡者，國近而受兵易，且秦未嘗一夕忘韓也。

丘濬曰：此策得保境息民之術。

張洲曰：先計，謂不待先計而知韓之重於周也。

---

① 無先計，同《四部叢刊》本及鮑本、吳本，姚本作"無計"。黃丕烈云："《策》文'無'多作'无'，而誤複衍也。"

釐王

蘇代爲韓説秦

　　韓人攻宋，秦王昭大怒曰：“吾愛宋，與新城、陽晉同也。韓珉與我交，而攻我所甚愛，何也？”蘇代因①爲韓説秦王曰：“韓珉之攻宋，所以爲王也。以韓之強，輔之以宋，楚、魏必恐。恐，必西面事秦。王不折一兵，不殺一人，無事而割安邑，此韓珉之所以禱於秦也言以此求事秦。”秦王曰：“吾固患韓之難知，一從一橫言反不定，此其説何也？韓難知，而代説如此，何也？”對曰：“天下固令韓可知矣。下文皆不欲秦、韓之合，是天下令韓可知矣。韓固已攻宋矣，其西事秦，以萬乘秦也自輔；不西事秦，則宋地不安矣。雖得宋地，不能自安。中國白頭游敖之士，皆積智欲離秦、韓之交。伏軾結靷西馳者，未有一人言善韓者也；伏軾結靷東馳者，未有一人言善秦者也。皆不欲秦、韓之合者何也？則晉、楚智而韓、秦愚也。晉、楚合，必伺韓、秦伺而圖之；韓、秦合，必圖晉、楚。請以決事。”秦王曰：“善”。

陸深曰：秦之橫，於是益甚。

楊道賓曰：蘇代之説，所謂狐假虎威，有識者豈畏之？蓋亦救過之言耳。

穆文熙曰：秦、韓相依，而韓弱秦強。韓之伐宋，是爲秦驅除也，故范雎後得以行其蠶食之術。

按：稱“晉”，蓋指趙、魏也。

或説韓王不可事秦

　　或謂韓王曰：“秦王昭欲出事於梁，而欲攻降②、安邑，韓計將安出矣？謂有齒寒之憂。秦之欲伐韓以東闚

　　① 代，鮑注：“元作‘秦’，今從《史》。”吳補曰：“當作‘代’。”因，當爲衍字，《四部叢刊》本及《四庫全書》諸本均無此字。
　　② 降，同吳本，《四部叢刊》本及鮑本、姚本爲“絳”。

按：此魏人欲説韓救魏，以攜韓、秦之交者。

周室甚，唯寐亡之。今韓不察，因欲與秦，必爲山東大禍矣。秦之欲攻梁也，欲得梁以臨韓，恐梁之不聽也，故欲痛之以固交也。攻之深，使之懲創，不可離秦。王不察，因欲中立，不助秦，亦不救魏。梁必怒於韓之不與己，必拆 ① 爲秦用，韓必舉矣。願王熟慮之也。不如急發重使之趙、梁，約復爲兄弟，使山東皆以銳師戍韓、梁之西邊，非爲此也，山東無以救亡，此萬世之計也。秦之欲并天下而王之也，不與古同。事之雖如子之事父，猶將亡之也。行雖如伯夷，猶將亡之也。行雖如桀、紂，猶將亡之也。言志於亡之而已，無擇也。雖善事之無益也。不可以爲存，適足以自令亟亡也。然則山東非能從親合而相堅如一者，必皆亡矣。"

田汝成曰：終始知秦必并天下，此人亦必見事之早者。

劉懷恕曰：此言秦與六國必不並立，故父子之親亦亡也，伯夷之聖，桀、紂之惡亦亡也。譬喻親切，明灼時勢。

鮑彪曰：秦人之情，此策陳之無餘蘊矣，非蘇氏兄弟不能也。説之著明如此，而聽之者藐藐，豈天亡之耶？蓋漢運將興，而秦爲之鷸獺耳。

或説鄭王尊秦以定韓

謂鄭王曰："昭釐侯，一世之明君也；申不害，一世之賢士也。韓與魏敵牟之國也，申不害與昭釐侯執珪而見梁君，非好卑而惡尊也，非慮過而議失也。申不害之計事，曰：'我執珪於魏，魏君必得志於韓，必外靡於天下矣，靡，蔑視之。是魏敝矣。諸侯惡魏必事韓，是我偃於一人之下，而信於萬人之上也。夫弱魏之兵，而重韓之權，莫如朝魏。'昭釐侯聽而行之，明

汪道昆曰：一篇雙關。

《正義》曰：此策時不可考，其説雖多，務尊強國而已，非善謀也。

---

① 拆，當爲"折"，據《四部叢刊》本及《四庫全書》諸本。

君也；申不害慮事而言之，忠臣也。今之韓弱於始之韓，而今之秦強於始之秦。今秦有梁君之心矣謂欲人尊事之，而王與諸臣不事爲尊秦不以尊秦爲事以定韓者，臣竊以爲王之明爲不如昭釐侯，而王之諸臣莫如申不害也。

　　"昔者，秦穆公一勝於韓原而霸西州，晋文公一勝於城濮而定天子，此皆以一勝立尊謂霸令，成功名於天下。今秦數世强矣，大勝以十數，小勝以百數，大之不王，小之不霸，名尊無所立，制令無所行諸侯不從其令，然而春秋用兵者，非以求主尊成王於天下也志於尊王而已。昔先王之政①，有爲名者，有爲實者。爲名者攻其心使之心服，爲實者攻其形謂地與民。昔者，吳與越戰，越人大敗，保於會稽之上。吳人入越而户撫之。越王使大夫種行成於吳，請男爲臣，女爲妾，身執禽小賫也而隨諸御吳執事者。吳人果聽其辭，與成而不盟，此攻其心者也。其後越與吳戰，吳人大敗，亦請男爲臣，女爲妾，反以越事吳之禮事越。越人不聽也，遂殘吳國而禽夫差，此攻其形者也。今將攻其心乎？宜使如吳。攻其形乎？宜使如越。夫攻形不如越，而攻心不如吳，而君臣、上下、少長、貴賤，畢呼霸王，臣竊以爲猶之井中而謂曰：'我將爲爾求火也。'

　　"東孟之會，聶政、陽堅堅，政之副。刺相兼君。許異韓人蹙列②侯而殪之，立以爲鄭君。韓氏之衆無不聽令者，則許異爲之先也。是故烈侯爲君，而許異終身

田藝衡曰："今"字凡八，"昔"字凡四，皆援古證今法。

又曰："昔先王"以下，又開一翻。

張洲曰：攻心之説始此。

羅洪先曰：吳之許越，豈知服其心哉？西破楚、南入越，謂天下莫予若也，服而臣之，又以爲予侮毒耳。玩目前之計，而忘永終之敝，吳之謂矣。

丘濬曰：蹙，猶留侯躡漢王足，盖使之佯死也。

---

　　① 政，當爲"攻"，據《四部叢刊》本及《四庫全書》諸本。
　　② 列，元作"哀"，鮑彪改"哀"作"列"；下"烈"同。又，"列""烈"同。

鮑彪曰：按烈①侯既弒，則無終身相之事。以爲烈侯，則又非陽堅爲賊之事。哀、烈二字，舛錯不明，且從本文讀之而已。

朱燿曰："夫先與強國"至未②，又總徹上三大段。

田汝成曰：此亦欲秦稱帝者。

按此文與《策》上文略同，其下則異。子順之言，主除忿全好。《策》文主尊秦，非子順意也，並錄以俟考者。

① 烈，當作"哀"，據正文及腳注。又按此評爲吳師道補曰，非鮑云。
② 未，疑當作"末"，據上下文。

相焉。而韓氏之尊許異也，猶其尊烈侯也。今日鄭君不可得而爲也，雖終身相之焉，然而吾弗爲云者，豈不爲過謀哉！言無前日之難可以久久相，而曰爲者，過也。① 昔齊桓公九合諸侯，未嘗不以周相②王之命。然則雖尊襄王，桓公亦定霸矣。九合諸侯之尊桓公也，猶其尊襄王也。今日天子不可得而爲也，雖爲桓公然而吾弗爲云者，豈不爲過謀而不知尊哉！此欲其尊秦。韓氏之士數十萬，皆戴烈侯以爲君，而許異獨取相焉者，無它也；諸侯之君無不任事於周室也，而桓公獨取霸者，亦無他也知所尊而已。今強國將有帝王之譽謂秦，而以國先者，此桓公、許異之類也。豈可不謂善謀哉？夫先與強國之利，強國能王，則我必爲之霸；強國不能王，則可以避其兵，使之無伐我。然則強國事成，則我立命③而霸；言彼爲帝，由我尊之。強國之事不成，猶之厚德我也。今與強國，今，謂韓。強國之事成則有福，不成則無患，然則先與強國者，聖人之計也。"

按《孔叢子》，韓與魏有隙，子順謂韓王曰："昭釐侯，一世之明君也；申不害，一世之賢相也。韓與魏敵侔之國，而釐侯執珪見梁君者，非好卑而惡尊、慮過而計失也。與嚴敵爲鄰，而動有滅亡之憂，獨動不能支二難，故降心以相從，屈己以求存也。申不害慮事而言之，忠臣也。昭釐侯聽而行之，明君也。今韓弱于始之韓，魏弱④于始之魏，秦強于始之秦，而背先人之舊好，以區區之衆，居二敵國之間，非良策也。齊、楚遠而難恃，秦、魏呼吸而至，舍近而求遠，是以虛名自累，而不免近

① 久久相，當爲"久相"，衍一"久"字，據《四部叢刊》本及鮑本、吳本。爲，當爲"不爲"，脫一"不"字，據《四部叢刊》本及鮑本、吳本。
② 相，當爲"襄"，據《四部叢刊》本及《四庫全書》諸本。
③ 命，當爲"帝"，據《四部叢刊》本及《四庫全書》諸本。
④ 弱，當爲"均"，據《四部叢刊》本及吳本。

敵之困者也。爲王計者，莫如除小忿、全大好也。吳、越之人，同舟濟江，中流遇風波，其相救如左右手者，所患同也。今不恤所同之患，是不如吳、越之舟人也。"韓王曰："善。"

◉ 燕

文公

蘇秦始以合從説燕

蘇秦將爲從，北説燕文侯曰："燕東有朝鮮、遼東，北有林胡、樓煩，西有雲中、九原，南有呼沱、易水。地方二千里，帶甲數十萬，車七百乘，騎六千匹，粟支十年。南有碣石、鴈門之饒，北有棗栗之利，民雖不田作，棗栗之實，足食於民矣。此所謂天府也。夫安樂無事，不見覆軍殺將之憂，無過燕矣。大王知其所以然乎？夫燕之所以不犯寇被兵者，以趙之爲蔽於其南也。秦、趙五戰，秦再勝而趙三勝。秦、趙相敝，而王以全燕制其後，此燕之所以不犯難也。且夫秦之攻燕也，踰雲中、九原，過代、上谷，彌地踵道數千里，雖得燕城，秦計固不能守也。秦之不能害燕亦明矣。今趙之攻燕也，發號出令，不至十日，而數十萬之衆軍於東垣_城矣。度呼沱，涉易水，不至四五日，而距國都矣。故曰，秦之攻燕也，戰於千里之外；趙之攻燕也，戰於百里之内。夫不憂百里之患，而重千里之外，計無過於此者。是故願大王與趙從親，天下爲一，則國必無患矣。"

燕王曰："寡人國小，西迫强秦，促近齊、趙，齊、趙强國，今

蘇轍曰：燕至戰國，亦以耕戰自守，安樂無事，未嘗被兵。自蘇秦入燕，始以從横之事説之，自是兵交中國，無復寧日，六世而亡。

楊慎曰：先誇言燕地廣兵强，次言燕不被兵者以趙蔽其南也。秦不能踰趙而攻燕，而趙則能攻之，謂無趙以蔽之，則燕被秦兵矣。此唇亡齒寒之喻，詞氣激昂，竦動人主。

朱焯曰：合從之説起於趙，故説燕專以趙喝之。

馮覲曰：趙爲之蔽，此燕當德趙也；趙難燕易，此燕當患趙也。

說得要領，故文侯①。

楊慎曰：後蘇代亦用此句。

張之象曰：孝如曾參，可移孝爲忠；廉如伯夷，正一心事主。與其反覆不常，寧信尾生哉！此秦說之不足訓也。

茅坤曰：秦說齊云燕雖弱小，强秦之少婿也。王利其十城，而深與强秦仇，此食烏

主君幸教詔之合從以安燕，敬以國從。”於是齎蘇秦車馬金帛以至趙。①

易王

蘇秦自解於燕王

人有惡蘇秦於燕王者，曰：“武安君，天下不信人也。王以萬乘下之，尊之於庭，示天下與小人群也。”

武安君從齊來，而燕王不館也。謂燕王曰：“臣東周之鄙人也，見足下身無咫尺之功，而足下迎臣於郊，顯臣於庭。今臣爲足下使，利得十城，功存危燕，易王初立，齊宣因燕喪攻之，取十城，秦說齊王，歸燕十城。足下不聽臣者，人必有言臣不信，傷臣於王者。且臣之不信，是足下之福也。使臣信如尾生，廉如伯夷，孝而②曾參，三者天下之高行也，而以事足下，可乎？”燕王曰：“可。”曰：“有此，臣亦不事足下矣。”

“且夫孝如曾參，義不離親一夕宿于外，足下安得使之之齊？廉如伯夷，不食素餐，素，空也。汙武王之義而不臣，辭孤竹之君，餓而死於首陽之山。廉如此者，何肯步行數千里，而事弱燕之危主乎？信如尾生，期而不來，抱梁柱而死。信至如此，何肯揚燕、秦之威於齊而取大功乎哉？且夫信行者，所以自爲也，非所以爲人也。皆自覆之術，非進取之道也。覆，

①“文侯”後似有脫文。

①“燕王”至文末一段，底本爲雙行小字，據《四部叢刊》本實爲正文，當因版刻篇幅所限而爲。

②而，當爲“如”，據上下文及《四部叢刊》本。

猶庇也。且夫三王代興，五霸迭盛，皆不自覆也。君以自覆爲可乎？則齊不益於營丘，<small>即北海營陵，太公所封。</small>足下不踰境，不窺於邊城之外。且臣有老母於周，離老母而事足下，去自覆之術，而謀進取之道，臣之趣固不與足下合者。足下皆自覆之君也，僕者進取之臣也，所謂以忠信得罪於君者也。"

　　燕王曰："夫忠信，又何罪之有也？"對曰："足下不知也。臣鄰家有遠爲吏者，其妻私人。其夫且歸，其私之者憂之。其妻曰：'公勿憂也，吾以①爲藥酒以待之矣。'後二日，夫至。妻使妾奉卮酒進之。妾知其爲藥酒也，進之則殺主父，言之則逐主母，乃陽僵棄酒。主父大怒而笞之。妾之棄酒，上以活主父，下以存主母也。<small>陽僵棄酒，事見《列女專②》。</small>忠至如此，然不免於笞，此以忠信得罪者也。臣之事，適不幸而有類妾之棄酒也。且臣之事足下，亢義益國，<small>亢，極高也，言高其義。</small>今乃得罪，臣恐天下後事足下者，莫敢自必也。且臣之説齊，曾不欺之也。使説齊者，莫如臣之言也，雖堯、舜之智，不敢取也。<small>言無成功者，雖聖智不足取也。</small>"

喙①之類也。故此《策》云"揚燕、秦之威"。

歸有光曰：以修行爲自覆，以孝行爲無用，傾壞心術，莫此爲甚。秦真反覆不信人哉。

劉知幾曰：蘇秦答易王，稱婦將殺夫，令妾進藥酒，妾佯僵而仆之。又甘茂謂蘇氏云，貧人女與富人女會績，曰無以買燭，而子之光有餘，子可分我餘光，無損于子。此並戰國説士寓言，説理以相比興。及劉向著書，用蘇氏之説，爲二婦人立傳，加其姓氏，妄矣。

許應元曰：忠信獲罪，自古有之。君子不以主闇易心，不以時危改行，其素所蓄積也。覆卮之妾，寧當以獲笞忘棄酒哉！

---

① 烏喙，即中葯烏頭，又名附子，有毒。宋陸游《避世行》詩云："君渴未嘗飲鴆羽，君飢未嘗食烏喙。"

---

① 以，當爲"已"，據《四部叢刊》本及《四庫全書》諸本。
② 專，當爲"傳"，據鮑注。

王會①

或説燕王以兵合三晋

或獻書燕王曰："王而不能自恃弱國必得援，不惡卑名以事强，事强可以令國安長久，萬世之善計也。以事强而不可以爲萬世，則不如合弱。將奈何合弱而不能如一，此臣之所以爲山東苦也。

"比目之魚，不相得則不能行，故古人稱之，以其合兩而如一也。今山東合弱而不能如一，是山東之智不如魚也。又譬如車士之引車也，三人不能行，索二人，五人而車因行矣。今山東三國弱魏、韓、趙也而不能敵秦，索二國，因能勝秦矣。然而山東不知相索者，智故不如車士矣。胡與越人，言語不相知，志意不相通，同舟而凌波，至其相救助如一也。今山東之相與也，如同舟而濟，人②之兵至，不能相救助如一，智又不如胡、越之人矣。三物者以上二事，人之所能爲也，山東主遂不悟，此臣之所爲山東苦也。願大王之熟慮之也。

"山東相合，之主者不惡③卑名，之國者可長存，言山東欲存，唯不羞自卑者可也。之卒者之，猶其也。出士以戍韓、梁之西邊，此燕之上計也。不急爲此，國必危矣，王必大憂。今韓、梁、趙三國已合矣，秦見三晋之堅也，

楊慎曰：事强終是朝秦之事，先言事强以起合弱，此到①法也，乃一篇主意。

按《爾雅》：東方有比目魚，不比不行，謂之鰈。

田藝衡曰：一喻魚，再喻車士，三喻越人，此三物喻從之精者也。雖燕噲庸主，亦能感動。惜乎！言猶在耳，而諸侯之心已變矣，非天亡之哉？

① 到，通"倒"。

---

① 會，當爲"噲"，據《四部叢刊》本及鮑本、吳本。

② 人，當爲"秦"，據《四部叢刊》本及《四庫全書》諸本。

③ 惡，同《四部叢刊》本及鮑本、吳本，姚本無"惡"字。鮑注："'惡'補。"

必南伐楚。趙見秦之伐楚也，必攻燕。物固有勢異而
患同者。秦之伐韓，故中山亡；秦不暇救，故趙亡之。今
秦之伐楚，燕必亡趙亡之。臣竊爲王計，不如以兵南合
三晉，約成韓、梁之西邊。山東不能堅爲此，此必皆
亡。”

燕果以兵南合三晉也。

按《趙策》蘇厲曰：“楚
人久伐而中山亡。”《魏
策》曰：“中山恃齊、
魏以輕趙，齊、魏伐楚
而趙亡中山。”

蘇代因淳于髡以説齊

蘇代爲燕説齊，未見齊王閔，先説淳于髡曰：“人
有賣駿馬者，比猶連三旦立市，人莫之知。往見伯樂曰：
‘臣有駿馬，欲賣之，比三旦立於市，人莫與言，子還
而視之，去而顧之，臣請獻一朝之費。’伯樂乃還而
視之，去而顧之，一旦而馬價十倍。今臣欲以駿馬見
於王，莫爲臣先後者爲之助，足下有意爲臣伯樂乎？臣
請獻白璧一雙，黃金千鎰，以爲馬食。”淳于髡曰：“謹
聞命矣。”入言之王而見之，齊王大説蘇子。

王偉曰：羈旅之士，疏
遠之臣，内無與援，而
欲托迹於人，鮮不比
三旦而市，人不顧矣。

穆文熙曰：伯樂爲不
輕顧，所以可重；若以
一朝之費得之，馬雖
駿不信矣。

昭王

張儀以連衡説燕

張儀爲秦破從連橫，謂燕王曰：“大王之所親，莫
如趙，昔趙王以其姊爲代王妻，欲并代，約與代王遇
於勾注之塞。乃令工人作爲金斗，長其尾，令之可以
擊人。與代王飲，而陰告厨人曰：‘即酒酣樂，進熱歠
飲也，即因反斗擊之。’於是酒酣樂，進取熱歠。厨人

楊慎曰：儀之説燕，直
言趙之狼戾無親，以
恐動之。又云不事秦
足以亡國，事秦有接，
而無齊、趙之患。大
抵雖反蘇秦之説，而
趙爲燕之南蔽者，卒

不能破也。

鮑彪曰：燕昭，賢智之主也，非儀此說所能震動。且自襄王至武靈七八傳矣，而欲以狼戾無親例之，人豈信之哉？然而燕昭之聽之者，以附[1]摩新附之民，勢未可以有事，又諸國從之者衆，故為卑詞以紓其國。是儀之橫，有天幸也。

鮑彪曰：燕昭、郭隗，皆三代人也，欲為國雪耻，君臣問對，無他言，專欲得賢士而事之，此“無競其人”之誼也。欲無興，得乎？

---

[1] 附，《四部叢刊》本及鮑本、吳本作“拊”。按，二字均通“撫”。

進斟羹，因反斗而擊代王，殺之，王腦塗地。其姊聞之，摩笄以自刺也。故至今有摩笄之山，天下莫不聞。事見《趙世家》。

“夫趙王武靈之狼戾無親，大王之所明見知也。且以趙王為可親耶？趙興兵而攻燕，再圍燕都而劫大王，大王割十城乃却以謝。趙王已入朝黽池，效河間以事秦。今大王不事秦，秦下甲雲中、九原，驅趙而攻燕，則易水、長城非王之有也。且今時趙之於秦，猶郡縣也，不敢妄興師以征伐。今大王事秦，秦王必喜，而趙不敢妄動矣。是西有强秦之援，而南無齊、趙之患，是故願大王之熟計之也。”

燕王曰：“寡人蠻夷僻處，雖大男子，裁如嬰兒，言不足以求正，謀不足以决事。今上客幸而教之，請奉社稷西面而事秦，獻常山之尾猶末也，恒山之東。五城。”

郭隗說燕昭王致士

燕昭王收破燕後即位，卑身厚幣，以招賢者，欲將報讎。故往見郭隗先生曰：“齊因孤國之亂，而襲破燕。孤極知燕小力少，不足以報。然得賢士與共國，以雪先王之恥，孤之願也。敢問以國報讎者奈何？”

郭隗先生對曰：“帝者與師處，王者與友處，霸者與臣處，亡國與役處。役，僕役。詘指折節而事之，北面而受學，則百己者至。先趨而後息，先彼趨走，後彼安息。

先問而後嘿，則什己者至。人趨①使人趨事之，則若己者至。馮几據杖，眄視指使，則厮役之人至。若恣睢奮擊，跔藉跳躍蹈藉叱咄，則徒隸之人至矣。此古服道事有道者致士之法也。王誠博選國中之賢者，而朝其門下，天下聞王朝其賢臣，天下之士必趨於燕矣。"

昭王曰："寡人將誰朝而可？"郭隗先生曰："臣聞古之君人，有以千金求千里馬者，三年不能得。涓人言於君曰：'請求之。'君遣之。三月得千里馬，馬已死，買其首五百金，反以報君。君大怒曰：'所求者生馬，安事死馬而捐五百金？'涓人對曰：'死馬且買之五百金，況生馬乎？天下必以王爲能市馬，馬今至矣。'於是不能期年，千里之馬至者三。今王誠欲致士，先從隗始；隗且見事，況賢於隗者乎？豈遠千里哉？"

於是昭王爲隗築宮而師之。樂毅自魏往，鄒衍自齊往，劇辛自趙往，士爭湊燕湊作趨。燕王弔死問生，與百姓同其甘苦。二十八年，國殷富，士卒樂佚輕戰。於是遂以樂毅爲上將軍，與秦、楚、三晉合謀以伐齊。齊兵敗，閔王出走於外。燕兵獨追北，入至臨淄，盡取齊寶，燒其宮室宗廟。齊城之不下者，唯獨莒、即墨。

蘇代爲燕紛齊趙

蘇代謂②奉陽君說燕於趙以伐齊，奉陽君不聽。乃入齊代入惡趙，令齊絕於趙。齊已絕於趙，因之燕，

楊道賓曰：臣役之對，天下之格言；市馬之喻，萬世之美譚。太史獨何爲削之？亦異於孔氏刪修之法矣。

陸深曰：隗之所陳說美矣，但其所論致士之道，爲出於有意，而非秉彝好德之良，非古也。然區區徇其主於報怨之爲，亦不類三代。

諸燮曰：報怨之師可也，取寶器過矣，燒宮室宗廟，抑又甚焉。嗟乎！仁義之師，不見於天下久矣。

---

① 人趨，同鮑本，吳師道補曰："一本'人趨已趨'，是。姚同。"
② 謂，姚本作"爲"。鮑彪改"爲"作"謂"，注："元作'爲'。"

楊慎曰："與"一作"令"。
又曰：遁取，陰也，與下文無涉。

穆文熙曰：人所告奉陽之言，於代，爲惡燕王善代，必患之。故代告王以告子爲其亂齊、趙，所以利燕也。

又曰：此一段乃代述奉陽之言。

陸深曰：倍燕，因齊不信趙與奉陽君，遂培①齊。"苟可循也"句疑有訛，注皆不通。或"可"上當有"不"字，方接得下文；或"可"即"不"字訛。代意謂使代死而齊、趙不相順可也，使齊、趙以交之分爲由，於代惡之，而復相順，此代所

① 培，當爲"倍"，據上下文。

謂公①王曰："韓爲謂臣曰：'人告奉陽曰：使齊不信趙者，蘇子也；令②齊王閔召蜀子齊將使不伐宋者，蘇子也；與齊王謀遁取秦以謀趙者，取，言與之合。蘇子也；令齊守趙之質子以甲者，又蘇子也。請告子以請齊，請以上四事告奉陽君，以請於齊。果以守趙之質子以甲，吾必守子以甲亦以甲守齊子。'其言惡矣。雖然，王勿患也。臣固知入齊之有趙累也言趙惡代。出爲之以成所欲，知有累，而奮爲之。欲，謂利燕。臣死而齊大惡於趙，臣猶生也。今齊、趙絶，可大紛亂也已。特③臣非張孟談也，使臣也如張孟談也，齊、趙必有爲智伯者矣。

"奉陽君告朱讙與趙足二皆趙人曰此下代稱奉陽之言：'齊王使公玉曰齊人命兌曰，必不反韓珉，今召之矣。言故反前，下類此。必不任蘇子以事，今封而相之。必不合燕，今以燕爲上交。吾所恃者順也，今其言變有甚於其父。順其順也甚於其丈④始以⑤蘇子爲讎。見之如無厲，今賢之兩之，以代爲賢，與之並愛。已矣，吾無齊矣！言與齊絶。'

"奉陽君之怒甚矣此下代自言。如齊王之不信趙，而小人奉陽君也待之爲小人，因是而倍之齊因此倍趙。不以今時大紛之，解而復合，則後不可奈何也。故齊、趙之合苟可循也，死不足以爲臣患；逃不足以爲臣恥；

① 公，當爲"昭"，據《四部叢刊》本及《四庫全書》諸本。
② 令，同《四部叢刊》本及鮑本、吳本，姚本作"今"。據下文，"今"是。
③ 特，《四部叢刊》本作"持"，鮑注："持，猶使。"吳補曰："'持'字疑'特'。"
④ 丈，當爲"父"，據正文及《四部叢刊》本、吳本。
⑤ 以，當爲"與"，據《四部叢刊》本及《四庫全書》諸本。

爲諸侯，不足以爲臣榮；被髮自漆爲厲，不足以爲臣辱。然而臣有患也，臣死而齊、趙不循，惡交分於臣也，而後相效二國相順而致效，是臣之患也。若臣死而必相攻也齊趙相攻，臣必免①之而求死焉。堯、舜之賢而死，禹、湯之智而死，孟賁之勇而死，烏獲之力而死，生之物固有不死者乎？在必然之物死者，人之必然。以成所欲，王何疑焉？

　　"臣以不若逃而去之詐以罪逃去。臣以韓、魏循自齊言假韓、魏而至齊，而爲之取秦，言爲齊以交秦，是勤齊所以怒趙也。深結趙以勤之。而燕復厚結於趙，是勤趙以怒齊也。勤，猶厚。如是則近於相攻也。臣雖爲之不累燕，奉陽君告朱讙曰此下言不累燕之實：'蘇子怒于燕王之不以吾故，以，用也。吾，指奉陽。弗予②相，又不予③卿也，子④，言蘇子自予也。殆無燕矣。'其疑至於此，燕王善代，而奉陽謂其怒燕者，疑也。故臣雖爲之不累燕，疑代怒燕，故代雖爲燕紛二國，二國不怨燕也。又不欲王。欲，猶須也。言其自相攻，不須燕。伊尹再逃桀而之湯，果與鳴條之戰，而以湯爲天子。伍子胥逃楚而之吳，果與柏舉之戰，而報其父之讎。今臣逃而紛齊、趙，始可著於春秋。且舉大事，孰不逃？桓公之難，管仲逃於魯；陽虎之難，孔子逃於衛。張儀逃於楚，白圭逃於秦。望諸相中山也，使趙，趙劫之求地，望諸攻關而出⑤；外孫之難，薛公釋載逃

以爲患，而朱①死也。

張洲曰：代既不死而爲逃，又謂韓、魏之順皆由于齊，于是爲之取秦，而深結趙以勤之，則三國不順，而近於相攻矣，雖爲之爲逃也。

穆文熙曰："伊尹"而下終上文逃之策，"且舉"而下再申所以逃之善。反覆言死言逃，主於紛齊。蓋齊得趙，猶不紛，故紛齊在于絕趙于齊，此代之本旨也，然游辭甚矣。

---

① 免，當爲"勉"，據《四部叢刊》本及《四庫全書》諸本。
② 予，同姚本，《四部叢刊》本及鮑本、吳本作"子"。
③ 予，同《四部叢刊》本及姚本、吳本，鮑本作"子"。
④ 子，當爲"予"，據正文。
⑤ 攻關而出，同《四部叢刊》本及鮑本、吳本，姚本作"攻關而出逃"。

---

① 朱，當作"誅"，據上下文。

出於關，三晋稱以爲好士。太史公曰：好客自喜。故擧大事，逃不足以爲辱矣。”

　　卒絕齊於趙，趙合於燕以攻齊，敗之。

蘇代獻書燕王

　　蘇代自齊獻書於燕王曰：“臣之行也，固知將有口事言人譖之，故獻御書而行獻侍① 御者以書，曰：‘臣貴於燕，燕大夫將不信臣；臣賤，將輕臣；臣用，將多望猶責於臣；齊有不善謂惡燕，將歸罪於臣；天下不攻齊，將曰善爲齊謀；天下攻齊，將與齊兼貿猶賣臣。臣之所處重卵猶言累卵也。’王謂臣曰：‘吾必不聽衆口與讒言，吾信汝也，猶列眉也。上可以得用於齊，次可以得信於下，苟無死，女無不爲也，以女自信可也。’與之言曰王與之：‘去燕之齊可也，期於成事而已。’臣受令以任齊得任於齊，及五年。齊數出兵，未嘗謀燕。齊、趙之交，一合一離，燕不與齊謀趙，則與趙謀齊。燕與齊謀趙，實欲離齊於趙，代因與趙謀齊，以成燕之謀。齊之信燕也，至於虛北地言不殺② 備，齊北近燕。行其兵以北兵伐它國。今王信田伐與參、去疾之言三人讒氏③ 者，且攻齊，使齊犬馬而不言燕。使齊如犬馬制於人，又不泄燕之謀。今王又使慶燕臣令臣曰：‘吾欲用所善。’王苟欲用之，則臣請爲王事之。王欲醳釋同臣專任所善，則臣請歸釋事。

　　① 待，當爲“侍”，據《四部叢刊》本及鮑本、吳本。
　　② 殺，當爲“設”，據《四部叢刊》本及鮑本、吳本，鮑注：“虛，言不設備。”
　　③ 氏，當爲“代”，因形近而誤，據鮑注。

陸深曰：爲人間者，均有此六患。

河洛文① 曰：以，即用也。

王世貞曰：爲人臣者，不患人之讒，而患己忠信之不立。以蘇代之險媚，其能免于讒耶？

　　① 河洛文，當爲“何洛文”，人名。據上下文。

臣苟得見，則盈願。”

蘇代約燕昭王書

　　秦召燕王，燕王欲往。蘇代約_{猶止}燕王曰：“楚得枳而國亡，齊得宋而國亡，齊、楚不得以有枳、宋事秦者，何也？是則有功者，秦之深讎也。_{言此以見克齊者，秦之所惡也。}秦取天下，非行義也，暴也。

　　“秦之行暴正告天下_{顯然而告天下}，告楚曰：‘蜀地之甲，輕舟浮於汶，乘夏水而下江，五日而至郢。漢中之甲，乘舟出於巴，乘夏水下漢，四日而至五渚。寡人積甲宛，東下隨，智者不及謀，勇者不及怒，寡人如射隼矣_{喻易}。王乃待天下之攻函谷，不亦遠乎？’楚王爲是之故，十七年事秦。

　　“秦王_①告韓曰：‘我起乎少曲，一日而斷太行。我起乎宜陽而觸平陽，二日而莫不盡繇_{音揺}。我離兩周而觸鄭，五日而國舉。’韓氏以爲然，故事秦。

　　“秦正告魏曰：‘我舉安邑，塞女戟，韓氏、太原卷_{所絶}。下軹道，道南陽、封、冀，_{封，封陵。冀，冀邑。皆魏境。}兼包兩周，乘夏水，浮輕舟，強弩在前，錟戟在後。決榮口，魏無大梁；決曰_②馬之口，魏無濟陽；決宿胥之口，魏無虛、頓兵_③。陸攻則擊河內，水攻則滅大梁。’魏以爲然，故事秦。

----

　　① 王，當爲“正”，據《四部叢刊》本及《四庫全書》諸本。

　　② 曰，當爲“白”，白馬乃地名。據《四部叢刊》本及《四庫全書》諸本。

　　③ 兵，當爲“丘”，頓丘乃地名。據《四部叢刊》本及《四庫全書》諸本。

楊慎曰：言秦之情，獨此無游辭，且曲盡其強詐反覆之態。

又曰：“行”“暴”二字，一篇關鍵。

凌稚凌^①曰：“正告”而下三段，此以威告喝諸侯以事秦也。

董份曰：“盡繇”，言韓徵民繇役而備，蓋騷動之意。

陸深曰：封冀，如封函谷之封。

----

　　① 凌稚凌，當作“凌稚隆”，應爲刊刻之誤。

凌稚隆曰：此下五段，乃以欺詐給諸侯，以成攻敗之計也。

鮑彪曰：秦之所以正告諸侯及其用詐，皆愚弄之也，而諸侯莫省。獨一燕昭知之，然亦不久矣。故秦橫之成，天幸也。

凌稚隆曰：“適燕”而下五段，所以繳前“秦欲攻安邑”以下之語。

“秦欲攻安邑，恐齊據之，則以宋委於齊，曰：‘宋王無道，爲木人以象寡人，射其面。寡人地絕兵遠，不能攻也。王苟能破宋有之，寡人如自得之。’已得安邑，塞汝 ① 戟，因以破宋爲齊罪。

“秦欲攻韓，恐天下救之，則以齊委於天下曰：‘齊人四與寡人約，四欺寡人，必率天下以攻寡人者三。有齊無秦，無齊有秦，必伐之，必亡之！’已得宜陽、少曲，致藺、離石，因以破齊爲天下罪。

“秦欲攻魏，重楚恐楚擊其後，則以南陽委於楚曰：‘寡人固以 ② 韓且絕矣！殘均陵，塞黽隘，苟利於楚，寡人如自有之。’魏棄與國而合於秦，因以塞黽隘爲楚罪。

“兵困於林中，重燕、趙，以膠東委於燕，以濟西委於趙。已講得 ③ 於魏，質公子延秦子，因犀首屬行而攻趙謂連兵相續。兵傷於譙石，遇敗於馬陽 ④ 並趙地，而重魏，則以葉、蔡委於魏。已得講於趙，則劫魏，魏不爲割。困則使太后、穰侯爲和，贏則兼欺舅與母。贏，謂勝。適燕者曰：‘以膠東。’適，譴 ⑤ 同，即上云因以爲罪。適趙者曰：‘以濟西。’適魏者曰：‘以葉、蔡。’適楚者曰：‘以塞鄲陌。’適齊者曰：‘以宋。’必令其言如循環，言其無窮，不可致詰。用兵如刺蜚喻易，母不能知，

① 汝，當爲“女”，據《四部叢刊》本及《四庫全書》諸本。吳師道正曰：“女戟，地名，在太行西。”

② 以，當爲“與”，據《四部叢刊》本及《四庫全書》諸本。

③ 講得，當爲“得講”，據《四部叢刊》本及《四庫全書》諸本。

④ 馬陽，當爲“馬陵”，據《四部叢刊》本及《四庫全書》諸本。吳補曰：“《史》‘馬陵’作‘陽馬’。”姚宏云：“曾改‘馬陵’作‘陽馬’。”

⑤ 譴，當爲“謫”，據《四部叢刊》本及《四庫全書》諸本。

舅不能約。龍賈之戰，岸門之戰，封陵之戰，高商之戰，趙莊之戰，秦之所殺三晉之民數百萬。今其生者，皆死秦之孤也。西河之外、上雒之地、三川，晉國之禍，三晉之半。言上三地被禍，居晉國之半。秦禍如此其大，而燕、趙之私交①秦者，皆以争事秦説其主，此臣之所大患。"

燕昭王不行，蘇代復重於燕。燕反約諸侯從親②，如蘇秦時，或從或否，而天下由此宗蘇氏之從約。代、厲皆以壽死，名顯諸侯。

朱之蕃曰：蘇代諸説，唯此篇深穩動事機。

蘇代鷸蚌之喻

趙且伐燕，蘇代爲燕謂惠王趙惠文曰："今者臣來，過易水，蚌方出曝，而鷸啄其肉，蚌合而箝其喙③。鷸曰：'今日不雨，明日不雨，即有死蚌。'蚌亦謂鷸曰：'今日不出，明日不出，即有死鷸。'兩者不肯相舍，漁者得而并擒之。今趙且伐燕，燕、趙久相支④，以敝大衆，臣恐强秦之爲漁父也。願王熟計之也。"惠王曰："善。"乃止。

《正義》曰：燕惠、武成皆與趙惠王相及，此《策》時不可考。

張之象曰：自卞莊刺虎之説，而後世遞相祖述，或爲田父之説，或爲鷸蚌之説，皆深中事宜，使人懼然。

---

① 私交，《四部叢刊》本及《四庫全書》諸本均無"私交"二字，吴補曰："'之'下恐有缺字。""私交"概爲選評者補之。又方苞云："之秦，爲奉使於秦者。"

② 燕反約諸侯從親，同姚本、鮑本，《四部叢刊》本、吴本作"燕反約從親"，無"諸侯"二字。

③ 啄，同鮑本，《四部叢刊》本及姚本、吴本作"喙"。

④ 支，同姚本、鮑本，《四部叢刊》本及吴本作"攻"。

惠王

樂毅去燕適趙

昌國君樂毅爲燕昭王合五國之兵而攻齊，下七十餘城，盡郡縣之以屬燕。三城未下，而燕昭王死。惠王即位，用齊人反間，疑樂毅，而使騎劫代之將。樂毅奔趙，趙封以爲望諸君。趙封毅以觀津，號望諸君。齊田單詐騎劫，卒敗燕軍，復收七十餘城以復齊。燕王悔，懼趙用樂毅，乘燕之敝以伐燕。

燕王乃使人讓樂毅，且謝之曰："先王舉國而委將軍，將軍爲燕破齊，報先王之讎，天下莫不振動，寡人豈敢一日而忘將軍之功哉！會先王棄群臣，寡人新即位，左右誤寡人。寡人之使騎劫代將軍，爲將軍久暴露於外，故召將軍自①休計事。將軍過聽，以與寡人有隙，遂捐燕而歸趙。將軍自爲計則可矣，而亦何以報先王之所以遇將軍之意乎？"

望諸君乃使人獻書報燕王曰："臣不佞，不能承奉②先王之教，以順左右之心，恐抵斧質之罪，以傷先王之明，而又害於足下之義，無罪而殺毅，非義也。故遁逃奔趙。自負以不肖之罪，故不敢爲辭説。今王使使者數之罪，臣恐侍御者之不察先王之所以畜幸臣之理，而又不白於臣之所以事先王之心，故敢以書對。

"臣聞賢聖之君，不以禄私其親，功多者授之；不以官隨其愛，能當者處之。故察能而授官者，成功之

陸深曰：首叙毅功，簡而盡。

穆文熙曰：樂毅始以昭王之賢而事之，后以惠王之疑而去之。擇主而事，全身遠害，殆非戰國之士，范蠡之流亞耳。

李性學曰：樂毅《報燕王書》，諸葛亮《出師表》，不必言忠，讀之可想見其忠。李令伯《陳情表》，不必言孝，讀之可想見其孝。杜子美之詩，黄魯直之文，亦然。

陸深曰：成功立名，是一篇主意。

---

① 自，當爲"且"，據《四部叢刊》本及《四庫全書》諸本。
② 承奉，當爲"奉承"，據《四部叢刊》本及《四庫全書》諸本。

君也；論行而結交者，立名之士也。臣以所學者觀之，先王之舉錯，有高世之心，故假節於魏王_{出關則以節傳之}，而以身得察於燕。先王過舉，擢之乎賓客之中，而立之乎群臣之上，不謀於父兄，而使臣爲亞卿。臣自以爲奉令承教，可以幸無罪矣，故受命而不辭。

"先王命之曰：'我有積怨深怒於齊，不量輕弱，而欲以齊爲事。'臣對曰：'夫齊霸國之餘教，而驟勝之遺事也，閑於兵甲，習於戰攻。王若欲攻之，則必舉天下而圖之。舉天下而圖之，莫徑於結趙矣。_{徑，捷也。}且又淮北、宋地，楚、魏之所同願也。_{楚欲得淮北，魏欲得宋，時皆屬齊。}趙若許，約楚、趙，宋盡力，四國攻之，齊可大破也。'先王曰：'善。'臣乃口受令，具符節，南使臣於趙。顧反命，_{回顧而反，言其速也。}起兵隨而攻齊。以天之道，先王之靈，河北之地，隨先王舉而有之於濟上。濟上之軍，奉令擊齊，大勝之。輕卒銳兵，長驅至國。齊王逃遁走莒，僅以身免。珠玉財寶，車甲珍器，盡收入燕。大呂陳於元英_{燕樂名}，故鼎反乎磨①室_{宮名}，齊器設於寧臺。薊丘之植，植於汶篁。_{言燕之薊丘所植，植齊王汶上之竹。}自五霸以來，功未有及先王者也。先王以爲慊於其志②，以臣爲不頓_墜命，故裂地而封之_{封昌國君}，使之得比乎小國諸侯。臣不佞，自以爲奉令承教，可以幸無罪矣，故受命而弗辭。

---

① 磨，《四部叢刊》本作"曆"，吳正曰："'曆'，《史》作'磨'。《周禮·遂師》'抱磨'，音'曆'。又《史·表》'磨侯'，《漢·表》作'曆'，古字通用。"

② 慊於其志，姚本作"愜其志"，《四部叢刊》本及吳本、鮑本作"順於其志"。黃丕烈云："《史記》作'慊於志'，《新序》作'快其志'。""慊"與"愜"均有"滿足、滿意"之意。

又曰："所學"與篇末"奉教君子"相應。

鄒守益曰：毅此書自陳功罪，意思委曲，詞氣謙遜，實得奏書之体。學者熟之，行文自無躁率簡略之患。

樓昉曰：此書可見燕昭王君臣相與之際，略似蜀昭烈、諸葛武侯，書辭明白，洞見肺腑。

陸深曰：言先王功大，隱然以自明。

董份曰：兩言"可幸無罪"，其詞雖謙，而意難奪。

"臣聞賢明之君，功立而不廢，故著於春秋；蚤知之士，名成而不毀，故稱於後世。若先王之報怨雪恥，夷萬乘之強國，收八百歲之蓄積通太公數之，及至棄群臣之日，餘令詔後嗣之遺義，執政任事之臣，所以能循法令，順庶孽者，新立之君皆患庶孽之亂，昭主預順之。施及萌隸，萌，甿同。皆可以教於後世。

"臣聞善作者，不必善成；善始者，不必善終。昔者伍子胥說聽乎闔閭，故吳王遠跡至於郢。夫差弗是也不然子胥之說，賜之鴟夷而浮之江。故吳王夫差不悟①先論之可以立功，故沉子胥而弗悔。子胥不蚤見主之不同量，故入江而不改。夫免身全功，以明先王之迹者，臣之上計也。離遭毀辱之非，墮先王之名者，臣之所大恐也。臨不測之罪，以幸為利者即所謂乘燕之敝，義之所不敢出也。

"臣聞古之君子，交絕不出惡聲；忠臣之去也，不潔其名。臣雖不佞，數奉教於君子矣。恐待御者②之親左右之說，而不察疏遠之行也。故敢以書報，惟君之留意焉。"

王喜

燕王以書謝樂閒於趙

燕王喜使栗腹以百金為趙孝成王壽，酒三日，反

<hr>

① 悟，同《四部叢刊》本，《四庫全書》諸本及黃氏影宋本作"悟"。又黃丕烈案："《史記》作'寤'，《新序》作'計'。"

② 待御者，當為"侍御者"，據《四部叢刊》本及《四庫全書》諸本。

湯賓尹曰：慎庶孽者，見不宜信左右。言萌隸者，見大將老臣不宜輕棄。

張洲曰：引子胥一段，悽愴感惻，所謂長歌之悲過於慟哭。

陸深曰：此段明其不輔趙攻燕，以解惠王之疑也。以戰國反覆之世，而有如毅，觀其言"數奉教於君子"，則所學亦必有自來矣。

黃震曰：按王喜方自救不暇，乃用栗腹攻趙，以自敗其從。豈必丹、軻之謀，而後燕滅哉！

報曰："趙民其壯者皆死於長平，其孤未壯，可伐也。"
王乃召昌國君樂閒毅子而問曰："何如？"對曰："趙，
四達之國也，其民皆習於兵，不可與戰。"王曰："吾
以倍攻之，可乎？"曰："不可。"曰："以三，可乎？"
曰："不可。"王大怒。左右皆以爲趙可伐，遂起六十
萬以攻趙。令栗腹以四十萬攻鄗，使慶秦以二十萬攻
代。趙使廉頗以八萬遇栗腹於鄗，使樂乘以五萬遇慶
秦於代。燕人大敗。樂閒入趙。

　　燕王以書且謝焉，曰："寡人不佞，不能奉順君意，
故君捐國而去，則寡人之不肖明矣。敢端正其願欲復用
之，而君不肯聽，故使使者陳愚意，君試論之。語曰：
'仁不輕絕，智不輕怨。'君之於先王也，世之所明知
也。寡人望有非則君掩蓋之，不虞君之明罪之也；望
有過則君教誨之，不虞君之明棄之也。且寡人之罪，
國人莫不知，天下莫不聞，君微出明怨言閒雖無出之趙，
以明有怨於我，人亦知之。以棄寡人，寡人必有罪矣。雖
然，恐君之未盡厚也。諺曰：'厚者不毀人以自益也，
仁者不危人以要名。'故掩人之邪者，厚人之行也；
救人之過者，仁者之道也。世有掩寡人之邪，救寡人
之過，非君孰望之？今君厚受位於先王以成尊，輕棄
寡人以快心，則掩邪救過，難得於君矣。且世有薄而
故厚施，行有失而故惠用。今使寡人任猶負不肖之罪，
而君有失厚之利①，於爲君擇之也擇其所處，無所取之。
國之有封疆，家之有垣墻，所以合好掩惡也。室不能
相和，出語鄰家，未爲通詐②也。怨惡未見而明棄之，

① 利，當爲"累"，據《四部叢刊》本及《四庫全書》諸本。
② 詐，當爲"計"，據《四部叢刊》本及《四庫全書》諸本。

楊慎曰：一篇俱是自
飾不肖之罪，明閒①失
厚之非，然書辭條達，
婉麗可愛。

馮覲曰：只把"微出
明怨"一意，辨難攻
擊到底，樂閒亦不能
逃其失厚之罪。

許應元曰：此處委曲
溫厚，該本人情，揆彼

　　① 閒，即正文樂
閒。"閒"是後起字，本
字作"閒"。《索隱》云：
"閒，紀閒反。"後同。

量己，極得書意。

歸有光曰：懌然可思，彼非明智者，信有罪矣，見此而不幡然思歸者，非人情也。

楊慎曰：文章固能達意，亦能飾意。燕王遺樂間書者，是怨間責間，然詞氣委婉，讀者不覺其有怨責，非以其文之故耶？

王偉曰：燕王以不用樂間，致使入趙，其過本自不容掩。此書首尾略見自罪，然其大意，專在責間，自責者特爲責間發端耳，何以使間之釋憾而反國也？

未爲盡厚也。寡人雖不肖乎，未如殷紂之亂也；君雖不得意乎，未如商容、箕子之累也。然則不內蓋寡人，而明怨於外，恐其適足以傷於高而薄於行也，非然也。苟可以明君之義，成君之高，雖任惡名所謂任不肖之罪，不難受也。本欲以爲明寡人之薄，而君不得厚；揚寡人之辱，而君不得榮①，此一舉而兩失也。義者不虧人以自益，況傷人以自損乎！君無以寡人不肖，累往事之美。昔者，柳下惠吏於魯，三黜而不去。或謂之曰：'可以去。'柳下惠曰：'苟與人之異，惡往而不黜乎？猶且黜乎，寧於故國耳。'柳下惠不以三黜自累，故前業不忘；不以去爲心，故遠近無議。今寡人之罪，國人未知，而議寡人者遍天下。語曰：'論不修心，凡有修者，先必有失，而善論者不然。議不累物，仁不輕絕，智不簡猶棄功。'簡棄大功者，輟也；輕絕厚利者，怨也。輟而棄之，怨而累之，宜在遠者疏遠臣可耳，不望之乎君也。今以寡人無罪，君豈怨之乎？願君捐怨，追惟先王，復以教寡人。意君曰，余且愍心畜不善於心以成而過，不顧先王以明而惡，使寡人進不得修功，退不得改過，君之所揣也。惟君圖之。此寡人之愚意也。敬以書謁之。"

樂閒、乘②怨不用其計，二人卒留趙，不報。

---

① 榮，當作"榮"，據《四部叢刊》本及《四庫全書》諸本。

② 乘，或即上文"樂乘"。于鬯《戰國策注》云："此及樂乘，却與《燕世家》《（樂）毅傳》可合，與上文以樂乘爲趙將不合。樂乘既爲趙將，則非新奔者矣，何與於此書？"金正煒《戰國策補釋》云："'樂乘'及'二人'四字並衍。"

燕丹使荆軻刺秦

　　燕太子丹質於秦，忘①歸。見秦且滅六國，兵已臨易水，恐其禍至。太子丹患之，謂其太傅鞠武曰："燕、秦不兩立，願太傅幸而圖之。"武對曰："秦地遍天下，威脅韓、魏、趙氏，則易水以北，未有所定也。奈何以見陵之怨，<small>丹質秦，秦遇之不善。</small>欲批其逆鱗哉？"太子曰："然則何由？"太傅曰："請入，圖之。"<small>請太子入息，己乃圖之。</small>

　　居之有間，樊將軍亡秦之燕，太子客之。太傅鞠武諫曰："不可。夫秦王<small>始皇</small>之暴，而積怨於燕<small>怨其亡歸</small>，足爲寒心，又況聞樊將軍之在乎！是謂委肉當餓虎之蹊<small>徑也</small>，禍必不振<small>救矣</small>！雖有管、晏，不能爲之謀也。願太子急遣樊將軍入匈奴以滅口。請西約三晋，南連齊、楚，北講於單于，然後乃可圖也。"太子丹曰："太傅之計，曠日彌久，心惛然，恐不能須臾。<small>言憂思昏瞀且死，須臾不能待。</small>且非獨於此也。夫樊將軍困窮於天下，歸身於丹，丹終不迫於强秦，而棄所哀憐之交置之匈奴，是丹命固卒之時也。<small>知禍且至，而猶爲之，自疑命止於此。</small>願太傅更慮之。"鞠武曰："燕有田光先生者，其智深而慮沉②，可與之謀也。"太子曰："願因太傅交於田先生，可乎？"鞠武曰："敬諾。"出見田光，道：

<small>① 忘，當作"亡"，據《四部叢刊》本及《四庫全書》諸本。</small>
<small>② 其智深而慮沉，同《四部叢刊》本及鮑本、吳本，姚本作"其智深其勇沉"。</small>

張之象曰：一篇中如田光、荆軻、樊於期、高漸離，皆激烈士，何其巧相值也。

朱之蕃曰：批，擊也。按《説难》："龍可擾而騎也，然喉下有逆鱗徑尺，人有嬰之則必殺人，人主亦有之。"

楊道賓曰：鞠武之策，乃合從之遺意，可以緩亡，不可以救亡。然此時亦难功矣，倘以刺秦罪丹，則韓、趙亦刺秦耶，何國亡又在燕之前乎。

丘濬曰：至此入田光。

又曰：到此引入荆軻。

陸深曰：几①刺文至申說處極難，唯古人能之，後世不免爲贅語矣。

楊慎曰：光之死，非爲泄，欲屬勉軻，使死之耳。

"太子①願圖國事於先生。"田光曰："敬奉教。"乃造焉。

太子跪而逢迎，却行爲道不敢背之，跪而拂口②。田先生坐定，左右無人，太子避席而請曰："燕、秦不兩立，願先生留意也。"田光曰："臣聞騏驥盛壯之時，一日而馳千里。至其衰也，駑馬先之。今太子聞光壯盛之時，不知吾精已消亡矣。雖然，光不敢以乏國事也不令所圖有闕。所善荆軻衛人，可使也。"太子曰："願因先生得交荆軻，可乎？"田光曰："敬諾。"則起，趨出。太子送之至門，戒曰："丹所報，先生所言者，國大事也，願先生勿泄也。"田光俛而笑曰："諾。"

僂行僂，致敬貌。見荆軻，曰："光與子相善，燕國莫不知。今太子聞光壯盛之時，不知吾形已不逮也，幸而教之曰：'燕、秦不兩立，願先生留意也。'光竊不自外言不自疏於軻，言足下於太子，願足下過太子於宮。"荆軻曰："謹奉教。"田光曰："光聞長者爲行，不使人疑之，今太子約光曰：'所言者，國大事也，願先生勿泄也。'是太子疑光也。夫爲行而使人疑之，非節俠士也。立氣勢，作威福，結私交，以立强於世，謂之俠。"欲自殺以激荆軻，曰："願足下急過太子，言光已死，明不言也。"遂自刭而死。

軻見太子，言田光已死，致光之言。太子再拜而跪，膝下以膝行，不立行，故言下。行流涕，有頃而後言曰：

---

① 几，當作"凡"。或又爲古人刻字習慣，如"筑"作"筑"。

① 太子，同《四部叢刊》本及鮑本、吳本，姚本作"太子曰"。鮑注："衍'曰'字。"

② □，原文漫漶不清，當爲"席"，據《四部叢刊》本及《四庫全書》諸本。

"丹所請田先生不言者,欲以成大事之謀,今田先生以死明不泄言,豈丹之心哉?"荊軻坐定,太子避席頓首曰:"田先生不知丹不肖,使得至前,願有所道,此天所以哀燕而不棄其孤也。今秦有貪利之心,而欲不可足也,非盡天下之地,臣海内之王者,其意不饜。今秦已虜韓王,<small>秦十七年,虜王安。</small>盡納其地,又舉兵南伐楚,北臨趙。王翦數十萬之衆距漳、鄴,而李信出太原、雲中。趙不支秦,必入臣。入臣,則禍至燕。燕小弱,數困於兵,今計舉國不足以當秦。諸侯服秦,莫不①合從。丹之私計,愚以爲誠得天下之勇士,使於秦,闚以重利,<small>示之以利,使之見而欲也。</small>秦王貪其贄,必得所願矣。誠得劫秦王,使悉反諸侯之侵地,若曹沫之與齊桓公,則大善矣;則不可,因而刺殺之。使②大將擅兵於外,而内有大亂,則君臣相疑。以其間諸侯,得合從,其償秦必矣。此丹之上願,不知所以委命,<small>委棄其命,猶言不知死所。</small>唯荊卿留意焉。"久之,荊軻曰:"此國之大事也,臣駑下,恐不足任使。"太子前頓首,固請無讓。然後許諾。於是尊荊軻爲上卿,舍上舍,太子日造門下,供太牢具異物,間進車騎美女,恣荊軻所欲,以順適其意。

久之,荊軻未有行意。秦將王翦破趙,虜趙王遷<small>秦十九年,</small>盡收其地,進兵北略地,至燕南界。太子丹恐懼,乃請荊卿曰:"秦兵旦暮渡易水,則雖欲長侍足下,豈可得哉?"荊卿曰:"微太子言,臣願得謁之。今行而無信,則秦未可親也。夫樊將軍,秦王購之金

陸深曰:此段遥應前田光。

朱之蕃曰:桓公以信義服衆,管仲以信義佐君,故不貪地負約,以招謗於天下,柯盟一劫,而三北之所喪者,一朝而反之。秦之君何如桓公,其相何如管仲,乃欲以曹子之待秦者,付燕于一擲,是丹之慮疏,而田光諸人之計過也,其敗宜矣。

茅坤曰:荊卿不逮聶政遠甚,政之辭仲子也以百金,荊軻則恣于車騎、美女之奉矣。

---

① 不,當爲"敢",據《四部叢刊》本及《四庫全書》諸本。
② 使,當爲"彼",據《四部叢刊》本及《四庫全書》諸本。

劉向《別録》云:督亢,
膏腴之地。蓋欲献之,
故盡圖。

千斤,邑萬家。誠得樊將軍首,與燕督亢之地圖献秦
王,秦王必説見臣,臣乃得有以報太子。"太子曰:"樊
將軍以窮困來歸丹,丹不忍以己之私,而傷長者之意,
願足下更慮之。"

荆軻知太子不忍,乃遂私見樊於期曰:"秦之遇
將軍,可謂深矣。父母宗族,皆爲戮没。今聞購將軍
之首,金萬金①,邑萬家,將奈何?"樊將軍仰天太息
流涕曰:"吾每念,常痛於骨髓,顧計不知所出耳。"

楊一奇曰:不爲萬全
必勝之計,徒爲匹夫
投死之机謀,壯士一
去不復返,宜也。

軻曰:"今有一言,可以解燕國之患,而報將軍之仇者,
何如?"樊於期乃前曰:"奈何?"軻曰:"願得將軍
之首以献秦王,秦王必喜而善見臣,臣左手把其袖,
而右手揕刺也其胸,然則將軍之仇報,而燕國見陵之
恥除矣。將軍豈有意乎?"樊於期偏袒扼腕而進曰:

楊慎曰:函封於期之
首,以爲見秦之媒,是
燕怨未報,而秦仇已
先釋矣。

"此臣之日夜切齒腐心②痛極,乃今得聞教。"遂自刎。
太子聞之,馳往,伏屍而哭,極哀。既已,無可奈何,
乃遂盛樊於期之首,函封之。

於是,太子預求天下之利匕首,得趙人徐夫人匕

董份曰:叙匕首縷縷,
惜荆卿之虚發也。

首,徐,姓;夫人,男子名也。取之百金,使工以藥淬之以
毒藥染鍔而淬之,以試人,血濡縷沾縑③衣之一縷,人無不
立死者。乃爲裝行具遣荆軻。燕國有勇士秦武陽,年
十三,殺人,人不敢忤視逆視。乃令秦武陽爲副。荆

又曰:以十三歲之童
子輔行,噫,亦疏矣!
此軻之所以不逮聶政
也。

軻有所待,欲與俱,其人居遠未來,而爲留待。頃之
未發。太子遲之,疑其有改悔,乃復請之曰:"日已盡
矣,荆卿豈無意哉?丹請先遣秦武陽。"荆軻怒,叱

---

① 萬金,當爲"千斤",據《四部叢刊》本及《四庫全書》諸本。
② 腐心,同《四部叢刊》本及鮑本、吳本,姚本作"拊心也"。
③ 縑,姚本無此字,《四部叢刊》本及鮑本、吳本均作"濡"。

太子曰："今日往而不反者，豎子也！今提一匕首入不測之強秦，僕所以留者，待吾客與俱。今太子遲之，請辭決矣！"遂發。

太子及賓客知其事者，皆白衣冠以送之。至易水上，既祖，取道。祖，行祭也。高漸離擊筑，荊軻和而歌，爲變徵之聲，變徵爲商，蓋悲音。士皆垂淚涕泣。又前而爲歌曰："風蕭蕭兮易水寒，壯士一去兮不復還！"復爲羽聲其音怒忼慨壯士不得志也，士皆瞋目，髮盡上衝冠。於是荊軻遂就車而去，終已不顧。

既至秦，持千金之資幣物，厚遺秦王寵臣中庶子蒙嘉。嘉爲先言於秦王曰："燕王誠振怖大王之威，不敢興兵以逆軍吏，願舉國爲内臣，比諸侯之列，給貢職如郡縣，而得奉守先王之宗廟。恐懼不敢自陳，謹斬樊於期頭，及獻燕督亢之地圖，函封，燕王拜送於庭，使使以聞大王。唯大王命之。"秦王聞之，大喜。乃朝服，設九賓，見燕使者咸陽宫。荊軻奉樊於期之頭函，而秦武陽奉地圖匣，以次進。至陛升高陛也，秦武陽色變振恐，群臣怪之，荊軻顧笑武陽顧武陽而笑，前爲謝曰："北蠻夷之鄙人，未嘗見天子，故振慴懼也，願大王少假借之，使得畢使於前。"秦王謂軻："起，取武陽所持圖。"軻既取圖奉之秦王，發圖，圖窮而匕首見。因左手把秦王之袖，而右手持匕首揕之。未至身，秦王驚，自引而起，袖絶。拔劍，劍長，操其室。操，把持也。時惶急，劍堅，故不可立拔。荊軻逐秦王，秦王環柱而走。群臣驚愕，卒起不意，盡失其度。而秦法，群臣侍殿上者，不得持尺寸之兵。諸郎中執兵，皆陳於殿下，非有詔不得上。方急時，不及召下兵，

《正義》云：凡祭道路之神，封土爲山象，伏牲其上，既祭，處者餕之，飲畢，乘車轢之而去。

應邵云：筑似琴而大，頭安絲，以竹擊之，故名。按劉子云："荊軻如秦，宋意擊筑。"《文選》："高漸離擊筑，荊軻歌，宋如意和之。"

《正義》曰：《礼》大小行人，以九儀掌賓客之礼。

孫應鰲曰：顧秦武陽一笑，真有壯士輕生之志。

《索隱》曰：古者帶劍上長，拔之不出室，欲王推之於背，令劍前短易拔，故云"王負劍"。

穆文熙曰：刺客當如急疾之鳥，間不容髮。

圖盡而後見匕首，把袖而後揕其身，軻太易視之矣，宜其事之不成也。

林之奇曰：良之錐，軻之劍，蓋積怨深怒於秦，不知其所不可者。

陸深曰：軻之有高漸離，即聶政之有姊，皆天生奇絕也。

以故荊軻逐秦王，而卒惶急無以擊軻，而乃以手共搏之。是時侍醫夏無且，以其所奉藥囊提撾也荊軻。秦王方環柱走，卒惶急不知所爲，左右乃曰："王負劍！王負劍！"遂拔以擊荊軻，斷其左股。荊軻廢，乃引其匕首以提秦王，不中，中柱。秦王復擊荊軻，軻被八創。軻自知事不就，倚柱而笑，箕踞以罵曰："事所以不成者，乃欲以生劫之，必得約契復地之契以報太子也。"左右既前斬荊軻，秦王目眩良久。已而論功賞群臣及當坐者罪所當坐，各有差。而賜夏無且黃金二百鎰，曰："無且愛我，乃以藥囊提荊軻也。"

於是，秦大怒燕，益發兵詣趙，詔王翦軍以伐燕。十月而拔燕薊①城。燕王喜、太子丹等，皆率其精兵東保於遼東。秦將李信追擊燕王，王急，用代王嘉計，殺太子丹，欲獻之秦。秦復進兵攻之。五歲而卒滅燕國，而虜燕王喜，秦兼天下。

其後荊軻客高漸離以擊筑見秦皇帝，而以筑擊秦皇帝，爲燕報仇，不中而死。

---

① 蘇，當爲"薊"，據《四部叢刊》本及《四庫全書》諸本。

○宋

景公

墨子説止楚王攻宋

公輸般爲楚設機_{雲梯之屬}，將以攻宋。墨子聞之，百舍_{百里一舍}重繭_{累胝如繭}，往見公輸般，謂之曰："吾自宋聞子，吾欲藉子殺王。"公輸般曰："吾義固不殺王。"墨子曰："聞公爲雲梯，攻以攻宋①。宋何罪之有？義不殺王而攻國，是不殺少而殺衆。敢問攻宋何義也？"公輸般服焉，請見之王。

墨子見楚王曰："今有人於此，舍其文軒，鄰有敝輿而欲竊之；舍其錦繡，鄰有短褐而欲竊之；舍其梁肉，鄰有糟糠而欲竊之。此爲何若人也？"王曰："必爲有竊疾_{猶癖}矣。"

墨子曰："荆之地方五千里，宋方五百里，此猶文軒之與敝輿也。荆有雲夢，犀兕麋鹿盈之，江、漢魚鱉黿鼉爲天下饒，宋所謂無雉兔鮒_{鮒，魚之小者。}魚者也，此猶梁肉之與糟糠也。荆有長松、文梓、梗、楠、豫章，宋無長木，此猶錦繡之與短褐也。臣以王吏之攻宋，爲與此同類也。"王曰："善哉！請無攻宋。"

_{高注云：機械，雲梯之屬也。《索隱》云：械者，飛梯撞車，飛石車弩之具。}

_{鮑彪曰：翟之説美矣。然此時諸侯强吞弱，大併小，直患其力不足耳，豈爲若説止攻哉？意者，墨守之嚴，輸般服焉。假此説以縮兵則有之矣，彼楚國，非止足而無有竊疾者也。}

---

① 攻以攻宋，當爲"將以攻宋"，據《四部叢刊》本及《四庫全書》諸本。

○ 衛

悼公

南文子知智伯之谋

智伯欲伐衛，遺衛君野馬四百，璧一[①]。衛君大説，群臣皆賀，南文子有憂色。衛君曰："大國一懽[②]，而子有憂色何？"文子曰："無功之賞，無力之禮，不可不察也。野馬四百，璧一，此小國之禮，而大國致之，君其圖之。"衛君以其言告邊境。智伯果起兵而襲衛，至境而反曰："衛有賢人，先知吾謀也。"

唐順之曰：智伯之厚賂衛，蓋重幣以觀釁也。衛無南文之智，必且受而無備，衛之亡也忽焉。

按：《説苑》吳赤市使智氏及趙簡子以乘璧遺衛事，相類。

嗣君

左氏易胥靡

衛嗣君時，胥靡有罪，蓋賢人也。逃之魏，衛贖之百金，不與。乃請以左氏。衛地，缺。請，亦贖也。群臣諫曰："一[③]百金之地，贖一胥靡，無乃不可乎？"君曰："治無小，亂無大。小、大，謂國。教化喻於民，三百之城，足以爲治三百家也；民無廉恥，雖有十左氏，將何以用

楊慎曰：嗣君之時，其爲胥靡多矣，不易他而易此者，知非其罪也。賢者屈於不知己，而伸於知己。明君録人之善，而忘人之過，此足以觀矣。

---

① "野馬四百，璧一"，同《四部叢刊》本及鮑本、吳本，姚本作"野馬四百，白璧一"。姚注："野馬，駒騄也，四百乘也。璧，玉環也，肉倍好曰璧。"

② 一，當爲"大"，據《四部叢刊》本及《四庫全書》諸本。又金正煒《戰國策補釋》云："'大懽'當爲'交懽'，'交'字殘損，因誤爲'大'。"

③ 一，當爲"以"，據《四部叢刊》本及《四庫全書》諸本。

之？”

鮑彪曰：衛君之言，君人之言也，其足以興乎！而卒不得伯者，以輔之者無其人耳。然以蕞爾之衛，界在强戰之世，而不亡者，其賴是乎？

至言失時之喻

衛人迎新婦，婦上車，問：“驂馬，誰馬也？”御曰：“借之。”新婦謂僕曰：“拊驂，無笞服。”皆言愛也。車至門，扶扶婦下，教送母曰：“滅竈，將失火。”入室見臼，曰：“徙之牖下，妨往來者。”主人笑之。此三言者，皆至言也，然而不免爲笑者，蚤晚之時失也。初爲婦而云然，失之早也。

<穆文熙曰：三言雖淺近，然切中交淺言深之病。世爲新婦者何限，顧不自知耳。>

<薛應旂曰：忠言至計，言之非時，豈不爲人所訕？>

◉ 中山

中山君以壺飱得士

中山君饗都士大夫，都，試也。言已試而饗之。司馬子期中山人在焉。羊羹不遍，司馬子期怒而走於楚，説楚王昭伐中山，中山君亡。有二人挈戈而隨其後者，中山君顧謂二人：“子奚爲者也？”二人對曰：“臣有父，嘗餓且死，君下壺飱臣父①。臣父且死，曰：‘中山有事，汝必死之。’故來死君也。”中山君喟然而仰嘆

<張洲曰：中山以壺飱得士，趙盾以壺飱免難，士固不在平日豢養哉。>

<穆文熙曰：失羊羹於子期，是謂傷心。下壺飱於二人之父，是謂當厄。此可爲用息怨者之戒。>

---

① 壺飱臣父，同《四部叢刊》本、鮑本，姚本作“壺飱餌之”。吳師道補曰：“一本‘壺飱餌之’，‘臣父’字不重出。”

曰：“與不期衆少，其於當厄言施與當在厄時；怨不期深淺，其於傷心。傷人之心雖淺，怨也。吾以一杯羊羹亡國，以一壺飱得二死士[1]。”

---

[1] 二死士，《四部叢刊》本及《四庫全書》諸本作“士二人”。

後　記

　　瀋陽師範大學圖書館藏《鼎鐫金陵三元合評選戰國策狐白》四卷刻本爲海内外孤本，2010 年入選《第三批國家珍貴古籍名録》，具有重大版本價值。但作爲珍貴的文物級藏品，普通讀者與之緣慳一面，難睹真容。爲了更好地發揮該書的社會價值和史料研究價值，瀋陽師範大學圖書館將該書加以點校整理，申報並獲批 "2017 年全國高校古籍整理委員會專案"，現以点校本《鼎鐫金陵三元合評選戰國策狐白》面世，實現 "繼絶存真，傳本揚學" 之目的，意義重大。

　　《鼎鐫金陵三元合評選戰國策狐白》四卷刻本，原編者湯賓尹、朱之蕃和龔三益等。明代文人重視歷史與史書評論，彙集注釋和評點《戰國策》的前人和時賢之語，真正體現了書名 "狐白" 之意，在普及歷史知識和歷代名人歷史見解以及綿延傳承歷史文化方面發揮了重要作用。刻印者建陽余氏 "自新齋" 書坊也在中國出版史上佔有重要地位，其所處的年代正逢民間坊刻最爲鼎盛的明代萬曆年間，是鄭振鐸先生稱之爲印刷史上光芒萬丈的時代。該本的發現，彌補了存世明刻 "建本"《戰國策》的空白，對於《戰國策》研究和建陽刻書史的研究均大有裨益，也提供了研究明代人文、政治、民俗的第一手資料。此書的點校出版屬於中國善本古籍原典的追尋、整理、點校、編纂及其編著者的研究，全部工作歷時 5 年，不僅通校、並參校多種善本，嚴謹比勘、精細點校，終將深藏於古籍善本書庫的此書重新面世，使其化身千百，成爲可靠的、便於閲讀的再生珍品，爲世人所共用，讓廣大讀者得以瞭解珍稀古籍的風貌並在此基礎上深入研究，更是功莫大焉，善莫大焉。

《鼎鐫金陵三元合評選戰國策狐白》點校本的出版使得這一珍稀文獻，第一次以完整的面貌，清晰地呈現在世人面前，這是課題組成員對《鼎鐫金陵三元合評選戰國策狐白》的敬意，對優秀傳統文化的傳承與弘揚。在策劃出版此書的過程中，我們得到了國內眾多專家學者的鼎力相助，倘若沒有他們的發現與研究、支持與幫助，沒有全國高校古籍整理委員會對點校專案的扶持，本書絕無可能問世。爲此，由衷感謝瀋陽師範大學圖書館潘德利研究館員，是她在古籍室窮經皓首的整理保護工作中，獨具慧眼發現《鼎鐫金陵三元合評選戰國策狐白》這一孤本，並在指導論證該課題獲批 "全國高校古籍整理委員會" 立項和具體實施過程中做出重要貢獻。感謝瀋陽師範大學圖書館古籍專家朱凡老師對該書點校工作的全程指導和最終審校。真摯感謝遼寧省圖書館館長、遼寧省古籍保護中心主任杜希林研究館員，以及遼寧省圖書館古籍文獻中心主任劉冰研究館員對該專案的大力支持與悉心指導。特別感謝天津師範大學古籍保護研究院常務副院長姚伯嶽教授，他是國內古籍保護研究界頗具代表性的學科帶頭人，一向關心、支持古籍保護研究事業的發展，是他撥冗垂閱，更使此書一顧千價。還要感謝湖北長江出版傳媒集團崇文書局的編輯，努力擔當引領學術的責任，躬身力行，爲本書出版付出辛勞，讓這部珍稀古籍更完善、更出色地出版面世，實乃典籍之幸，學者之幸，更是文化之幸。

《鼎鐫金陵三元合評選戰國策狐白》作爲一項課題研究，雖然可以暫時告一段落，但作爲一個值得保護傳承的珍稀文獻，給我們留下了不少未竟的問題和繼續思考的空間。我們將不遺餘力地進行古籍保護傳承實踐和理論研究，懷揣 "爲往聖繼絕學" 的使命感，保持對古籍整理出版的敬畏，讓孤罕古籍再造重生，助力學術研究，促進文化傳承，喚起人們的文化自尊、自覺、自信、自愛，推動中華文明的偉大復興。我們相信，只要古籍文獻還存在，有關它的詮説就永遠嶄新。由於我們學識水準與文獻資料的局限，疏失在所難免，敬請各位專家學者及同仁批評指正。

課題組

2021 年 10 月於瀋師圖書館